Florian Langenscheidt (Hrsg.)
Bei uns zu Hause

Florian Langenscheidt
(Hrsg.)

Bei uns zu Hause

Prominente erzählen von
ihrer Kindheit

ECON

Der Beitrag »Erste Liebe« von Loriot ist dem Band *Loriots heile Welt* entnommen, © 1973 by Diogenes Verlag AG, Zürich (Abdruck mit freundlicher Genehmigung des Verlages). Bildquellennachweis: S. 18 Loriot, *Möpse & Menschen*, © 1983 by Diogenes Verlag AG, Zürich; S. 117 Andreas Laible; S. 157 Isolde Ohlbaum; S. 195 Marianne Fleitmann; S. 200 Klaus-Jürgen Freund; S. 201 Marianne Fleitmann; S. 235 Benno Kraehahn; S. 261 Deutsche Presse-Agentur GmbH; S. 271 Peter Geller; S. 297 Jupp Darchinger

Die Deutsche Bibliothek – CIP-Einheitsaufnahme

Bei uns zu Hause: Prominente erzählen von ihrer Kindheit / Florian Langenscheidt (Hrsg.). –
Düsseldorf: ECON, 1995
ISBN 3-430-15945-8
NE: Langenscheidt, Florian [Hrsg.]

Lektorat: Bettina Eltner
Gesetzt aus der Garamond, Berthold
Satz: Dörlemann Satz, Lemförde
Papier: Papierfabrik Schleipen GmbH, Bad Dürkheim
Druck und Bindearbeiten: Bercker Graphischer Betrieb GmbH, Kevelaer
Printed in Germany
ISBN 3-430-15945-8

Meiner Familie gewidmet

Inhalt

Inhalt

Vorwort

Was für eine Traumkonstellation! Lesend alles über die Kindheiten von Christiane Hörbiger, Alfred Biolek, Rudolf Scharping oder Niki Lauda zu erfahren; mit einem kleinen Schuß Voyeurismus in Kinderzimmern und Speichern von zahlreichen anderen deutschen Prominenten herumzustöbern; die erste Liebe von Loriot lächelnd und zitternd mitzuerleben; und dabei mit dem Blick der prägenden Jugendjahre durch deutsche Geschichte vom Dritten Reich bis 1968 zu streifen. Ich als Herausgeber kehre erfüllt und fasziniert von dieser imaginären Reise durch Kindheiten in Deutschland zwischen den dreißiger und den sechziger Jahren zurück und freue mich darüber, daß Sie, lieber Leser oder liebe Leserin, sich jetzt auf dieselbe begeben können.

Ohne Ihnen die Spannung nehmen zu wollen: Was habe ich gelernt auf meiner Reise?

Daß es so etwas wie die ideale Erziehung nicht gibt. Aus jedem der in diesem Buch Versammelten ist »etwas geworden«, und doch ist keiner der dahinterstehenden Erziehungsstile miteinander vergleichbar. Beeindruckt haben mich natürlich geistige Grundhaltungen wie die »Zuversicht zum Leben – auch ohne Geld« im Haus der kleinen Renate Schmidt, aber verallgemeinern lassen sie sich nicht. Sicher gibt es in jedem Jahrzehnt spürbar neue Prioritäten in der Erziehung, nur letztlich ist deren konkrete Umsetzung eine ganz persönliche Sache – und der Erfolg oder Mißerfolg entsprechend auch. Innerlich stimmen muß es eben für Eltern und Kinder …

Das wird in den Beiträgen sehr deutlich angesichts der großen politischen Markierungen, die das Leben in Deutschland zwischen 1930 und 1970 prägten. Sie kommen immer wieder vor: Faschismus und Zweiter Weltkrieg, Währungsreform, Mauerbau und die 68er Unruhen. Aber die Perspektiven darauf und die Folgen für das eigene Leben und Wertsystem unterscheiden sich enorm. Helmut Zilk sagt von sich, daß er »das Lesen mit der Muttermilch und den Antifaschismus durch die Vaterliebe« aufgenommen habe; Alfred Biolek nutzt die sehr lebendige Beschreibung von Kriegszeiten und -ende zu einem großartigen Porträt seines fernen, nahen Vaters; Jürgen Flimm stellt fest: »Bei uns zu Hause war immer ein bißchen nach dem Krieg«; Regine Hildebrandt erzählt, wie sie ihre Wohnung in der Bernauer Straße nach dem Mauerbau kurz verließ, damit sich ihr Bruder daraus in den Westen abseilen konnte; Michel Friedman denkt als Jude laut über Oskar Schindler, das Warum und die Hoffnung nach; Peter Roos läßt den Geist von 1968 auf fast nostalgische Weise wieder lebendig werden (für seine Eltern waren Jeans mit Schlag »Nietenhosen«, und die »Negermusik« der Beatles machte den Saphir des Plattenspielers kaputt), während die gleiche Zeit für Margarita Mathiopoulos und Friedbert Pflüger als Beginn ihres politischen Denkens und Handelns gilt. Die Ungleichzeitigkeit des Gleichzeitigen erlebt man hier lesend hautnah – und deshalb habe ich die Beiträge auch in der historischen Abfolge und nicht einfach alphabetisch angeordnet.

Für alle Autoren/-innen war sicher schwer zu trennen zwischen wirklich selbst Erinnertem und von anderen Familienmitgliedern Überliefertem, zwischen Legende und Realität, Dichtung und Wahrheit. Beim Verfassen meines eigenen Beitrags war ich verblüfft darüber, wie sich alles ineinanderschiebt und wie wenig man dem eigenen Gedächtnis vertrauen kann. Wir müssen einfach konstatieren: Unsere Wirklichkeit setzt sich nur zur Hälfte aus den »objektiven« Außeneindrücken zusammen; die andere Hälfte bildet, was wir daraus mit unseren Gefühlen, Gedanken und Phantasien machen. Ich sitze in meinem Auto im Stau – eine klar vorgegebene »objektive« Situation. Und doch wird diese für jeden Fahrer in den umliegenden Autos anders »wirklich«: der eine beißt ins Lenkrad vor Frust und Ärger, der andere lehnt sich zurück, da er ohnehin nichts ändern kann, und hört entspannt Mozart. So ist das auch mit den Kindheitserinnerungen und deren »Objektivität«.

Damit relativiert sich auch, was man seit Freud über die absolute Prägung des Menschen durch seine Kindheitserlebnisse denkt. In gewissem Maße sucht sich jeder seine Prägungen und wird damit nicht zum Ball des Schicksals, sondern geht in eine faire und ausgeglichene Auseinandersetzung zwischen dem Vorgegebenen wie Vererbung und soziales Umfeld und dem Gestaltbaren aus eigener Kraft und Phantasie heraus. Davon bin ich seit langem zutiefst überzeugt, und die Beiträge dieses Buches belegen die Annahme deutlichst. Es gibt keinen Automatismus in der persönlichen Entwicklung. Manche/r entwickelt sich wegen seines familiären Umfeldes zu dem, was er oder sie ist, und manche/r trotzdem. Das macht die Lektüre der Kindheitsberichte so faszinierend: Wir nehmen teil an einem offenen Prozeß, kennen das Ergebnis jedoch schon und können daher immer wieder sagen: »Ah ja, natürlich, da erkennt man ja schon den kleinen ...«

Robert Van Ackeren traktiert seine Familie mit frühen überehrlichen Dokumentarfilmen aus dem Badezimmer; Andreas Lukoschik führt seine Neigung zu Psychologie und Fernsehen auf das »Pandämonium skurriler Zeitgenossen« in seiner Kindheit zurück; Reimer Claussen hat schon in seinem kleinen Kaufmannsladen mehr Sinn für die Dekoration als für das Kaufmännische; Burkhardt Driest machte früh durch kleine Delikte und Sympathie für Außenseiterpositionen auf sich aufmerksam; und Niki Lauda düste bereits als Jugendlicher mit den Autos aller Gäste auf dem elterlichen Grundstück herum. Und trotzdem sind sie alle viel mehr als das, was unser Hang zum Klischee aus ihnen machen will! »All I Really Need To Know I Learned In Kindergarten« heißt ein wunderbarer kleiner Bestseller aus den USA – nur meint er die Fülle von Werkzeugen, die wir im positiven Falle in das Leben mitnehmen und eben nicht nur eingeschränkt einsetzen können.

Kinder sind – davon lesen wir im folgenden viel – kleine Meister des Trotzdems. Sie sind wehrlos und enorm verletzlich, erfahren Unordnung und frühes Leid. Aber sie schaffen es, dem Schrecklichen durch ihre Phantasie Gegenwelten entgegenzusetzen. Sie bauen sich in ihrer unendlichen Imaginationskraft noch im Bunker ihre kleinen Glücksmomente und können nur so überleben. Diese Grundhaltung spürt man in vielen Beiträgen, und die Großen unter uns behalten sie tief innen auch für das Erwachsenenleben.

Kinder sind Meister des großen Gefühls. Zwar wollen sie alle erwachsen sein, aber tief innen stehen sie voller Unverständnis vor der Abgestumpftheit und Routiniertheit der Großen. In den meisten der beschriebenen Kindheiten jedoch gibt es wenigstens eine oder zwei Personen, die wirklich offen waren für die Gefühle der Kinder. Eine Oma, die immer Zeit hatte, oder einen Onkel, mit dem man einfach alles bereden konnte. Diese Persönlichkeiten brennen sich ein in die kindliche Psyche und sind von unendlicher Bedeutung für die persönliche Entwicklung. Lassen Sie uns, die wir inzwischen Kinder oder gar Enkel haben, da einmal innehalten und fragen, ob unsere eigenen Prioritäten eigentlich richtig gesetzt sind ...

Für die Autoren/-innen bot das Verfassen der Beiträge offensichtlich eine seltene Chance zur intensiven Beschäftigung mit der eigenen Geschichte. Jede/r erhielt die Gelegenheit zu Dank, Abrechnung, Bewertung und Analyse und nutzte sie voller Intensität und Ehrlichkeit. Nach simpler Glorifizierung kann man lange suchen. Statt dessen lesen wir brillante Porträts prägender Persönlichkeiten und erleben mit, wie aus kleinen unsicheren Wesen Menschen mit Strahlkraft und Charisma wurden. Wir bekommen ein Gefühl dafür, wie umwerfend wichtig Familie für die Entstehung von Gefühlen, Werten und Traditionen ist – und wie selten sie in ihrer Idealkonstellation geworden ist. Wir erhalten nebenbei Einblicke in die Geschichte der Rollenverteilung zwischen Mann und Frau, in die des Spielens, der Eßkultur, des Wohnens und des Feierns. Und wir können uns in den Bann ziehen lassen von der verrückten Vielfalt möglicher Geschwisterkonstellationen (vom bevorzugten Bruder der Karin Struck bis hin zu Elvira Bachs Zwillingsstatus), von Haß und Liebe, Schlagen und Küssen, Eifersucht und Harmonie zwischen Brüdern und Schwestern.

Am meisten erfahren wir natürlich von den Eltern. Mal sind sie Vorbild, mal Stein des Anstoßes – in jedem Fall prägen sie lebenslang.

Absetzungsbewegungen zur Identitätsfindung sieht man heute als notwendig und normal, und trotzdem läßt sich Erwachsenwerden vielleicht dadurch definieren, daß man zu akzeptieren und zu schätzen gelernt hat, den Eltern in mancher Hinsicht zu ähneln.

Eltern heute nehmen ihre Kinder vielleicht ernster, als dies in den vorliegenden Familienporträts der vergangenen Jahrzehnte spürbar wird. Sie bringen ihnen tendenziell mehr Respekt entgegen und gehen sehr viel sensibler auf ihre Bedürfnisse ein (und können sich das auch leisten). Allerdings: Konsum ist oft wichtiger geworden als Kommunikation. Wolfgang Herles thematisiert diese Veränderungen auf wunderbare Weise im Schreiben über seine eigenen Kinder (»Sie kennen heute mehr Sorten Schokoriegel als Märchen«). Zu gerne würde ich schon jetzt die Kindheitserinnerungen derer lesen, die in den neunziger Jahren aufwachsen! Leider wird das entsprechende Buch (»Kindheit am Ende des Jahrtausends« o. ä.) erst im nächsten Jahrhundert erscheinen.

Auf den folgenden Seiten lesen Sie nun die Kindheitsaufzeichnungen von heute erwachsenen Prominenten aus Film, Kunst, Mode, Fernsehen, Buch, Politik und Sport. Die Fülle der Geschichten und Lebensentwürfe ist atemberaubend und vermittelt ein Gefühl von der Vielfalt deutschsprachigen Lebens und Arbeitens. Von einfachsten Verhältnissen (des Heim- und Schlüsselkindes Freimut Duve) über die glückliche DDR-Kindheit Wolfgang Lipperts bis zur heimatlosen Künstlerfamilie des Frank Elstner, von schönster Harmonie bis zum aufreibenden Chaos – alles liegt vor Ihnen und will entdeckt werden. Viel Spaß dabei!

Florian Langenscheidt

LORIOT alias Vicco von Bülow wurde 1923 in Brandenburg an der Havel geboren. Nach dem Abitur war er erst Offizier, dann Holzfäller. Von 1947 bis 1949 studierte er an der Landeskunstschule Hamburg und arbeitete anschließend als Werbegraphiker. 1950 veröffentlichte der *Stern* erste Cartoons, und 1954 erschien sein erstes Buch, *Auf den Hund gekommen*. Seit 1956 ist er ständiger Mitarbeiter der Illustrierten *Quick* (bis zu deren Einstellung) und *Stern*. Von 1967 bis 1972 war er Leiter und Moderator von *Cartoon*, 1974 bzw. 1976 Autor, Regisseur und Hauptdarsteller der Fernsehserien »Telecabinet« und »Loriot 1–6« und 1980 Autor politischer Satiren für die Sendereihe »Report«. Seit 1979 arbeitet er mit dem Berliner Philharmonikern zusammen. 1985 führte Loriot die Regie bei der Inszenierung seiner »Dramatischen Werke« im Stadttheater Aachen. 1985/86 wurde die Oper »Martha« unter seiner Regie an der Staatsoper Stuttgart aufgeführt; Bühnenbild und Kostüme waren ebenfalls von Loriot. Am 10. März 1988 war die Pre-

miere seines Spielfilms »Ödipussi« in Berlin Ost und
West. Im selben Jahr, anläßlich der Ludwigsburger
Schloßfestspiele, inszenierte er die Oper »Der Frei-
schütz«. 1991 folgte die Premiere seines zweiten
Spielfilms, »Pappa ante Portas«, 1992 die von Wag-
ners »Ring der Nibelungen« in einer Fassung für Er-
zähler, Sänger und Orchester am Nationaltheater
Mannheim. 1993 erhielt er die Ehrenbürgerschaft der
Stadt Brandenburg und die der Gemeinde Münsing.
Die Gesamtauflage seiner Bücher betrug 1995 rund
fünf Millionen.

Loriot lebt in Ammerland am Starnberger See. Er ist
verheiratet und hat zwei Töchter.

Loriot
Erste Liebe

Wenn ich mein erstes Lebensjahr nach Liebesdingen abtaste, stoße
ich auf nichts, was dienlich wäre. Vielleicht habe ich einschlägige
Erlebnisse aus Reue oder falscher Scham verdrängt. Aber da ich fülligen
Blondinen seinerzeit nur in ausschweifender Ernährungsabsicht nachzu-
starren pflegte, ist anzunehmen, daß ein bis zwei der goldenen zwanziger
Jahre erotisch ungenutzt an mir vorüberstrichen.

Vom männlichen Standpunkt betrachtet, zeigte ich mich schon bei
meiner Taufe von einer beklagenswert unergiebigen Seite. Damals beabsichtigte noch ein weiterer, mir unbekannter weiblicher Säugling, sich am
selben Tage taufen zu lassen. Kirchlicherseits war man auf diesen An-
drang offensichtlich weder räumlich noch moralisch vorbereitet, denn
wir wurden bis zum Beginn der Feierlichkeiten abseits in einen gemeinsamen Wagen gebettet. Für Säuglinge von heute unbegreiflich: Ich mißach-
tete die Gunst der Stunde. Es ist immerhin möglich, daß mich der mangelnde Liebreiz meiner Partnerin oder die Würde des Ortes schreckte.
Ich fürchte jedoch, mein damaliges Versagen beruhte auf reiner Prüderie.
Der Ballast überalteter abendländischer Erziehungskonventionen mag

Brüderchen und ich 1931 in Berlin auf dem Hohenzollernplatz (den nach dem Krieg
barbarische Stadtväter durch eine Fahrbahn zerschnitten). Die Aufnahme machte
Onkel Carli, der uns die Mützen von sich und seiner Freundin aufgesetzt hatte.

dabei eine Rolle gespielt haben. Leider wurde mir im Arrangieren ähnlicher Situationen bis heute kein kirchlicher Beistand mehr zuteil, womit der modernen Seelsorge natürlich kein Vorwurf gemacht werden soll.

Vom Zeitpunkt meiner Taufe bis zu jenem Ereignis, das erste amouröse Züge trägt, vergingen sieben Jahre. Ich befand mich, um den zermürbenden geistigen und körperlichen Anforderungen des zweiten Schuljahres weiterhin gewachsen zu bleiben, in einem Kinderheim an der Ostsee. Die Anwesenheit von mehreren Mädchen im Alter zwischen fünf und acht Jahren verlieh der Atmosphäre des Hauses etwas unerwartet Prickelndes. Durch gänzliches Fehlen leiblicher Schwestern und täglichen Besuch einer ahnungslosen Knabenschule war mir das weibliche Geschlecht im passenden Alter weithin unbekannt. Bei einem der häufigen Aufenthalte am Strand hob sich mein Blick von unschuldiger Sandbäckerei und blieb an einer siebenjährigen Heiminsassin haften, die sich ihrer nassen Badehose zwar sittsam unter dem Bademantel entledigt, letzteren zu schließen aber verabsäumt hatte. In unbewegter Blöße musterte sie Horizont und Wellenspiel. Ich war mir der ungeheuren Bedeutung des Augenblicks bewußt. Denn, so schloß ich, um auch nur einmal im Leben ein Mädchen unbekleidet zu sehen, bedarf es einer Zufallskette, deren Zustandekommen nach menschlichem Ermessen mindestens zweifelhaft, wenn nicht unmöglich erscheinen muß. Die Gewißheit, innerhalb der männlichen Welt nun zu einer sicher kleinen Gruppe von Glückspilzen zu gehören, bewirkte ein kurzes, dumpfes Gefühl der Zuneigung. Der Bademantel schloß bald wieder korrekt, die Erbsünde aber hatte ihr Haupt erhoben.

Nach dieser noch sehr im Irdisch-Fleischlichen befangenen Erfahrung läuterte ich mich der entscheidenden geistigen Phase meines erwachsenden Liebeslebens entgegen. Zu Beginn des dritten Grundschuljahres erschien mir nämlich im Traum ein Huhn, weiß, mittelgroß und von ungewöhnlich sanfter Wesensart. Eigentlich ging es nur schweigend auf und ab oder saß versonnen neben mir, aber ich fühlte, ein Weiterleben ohne Huhn würde sinnentleert und freudlos sein. Mit Anbruch des Tages verließ mich meine erste große Liebe, um düsterer Verzweiflung Raum zu geben. Nutzlos blieb jahrelange Hühnersuche. Es zeigte sich, daß keines der vielen gebildeten, formschönen Hühner mit dem verlorenen zu vergleichen war.

Prof. Dr. Helmut Zilk wurde 1927 als Sohn eines Zeitungsangestellten in Wien geboren. Von 1947 bis 1958 unterrichtete er als Volks- und Hauptschullehrer in Wien und studierte gleichzeitig Philosophie und Germanistik (1951). Von 1956 bis 1966 war er Professor für Pädagogik an der Lehrerbildungsanstalt in Wien. Seit der Einführung des Fernsehens in Österreich (1955) gestaltete Zilk zahlreiche Sendereihen und Serien für das Fernsehen, vor allem im Bereich der Jugend- und Bildungsarbeit. Ab 1962 leitete er die Diskussionssendung »Stadtgespräche«. Von 1967 bis 1974 war er Programmdirektor des österreichischen Fernsehens, danach Ombudsman der *Kronen Zeitung*. 1979 wurde er vom Wiener Gemeinderat zum amtsführenden Stadtrat für Kultur und Bürgerdienst gewählt und 1983 zum Bundesminister für Unterricht und Kultur ernannt. Von 1984 bis 1994 war er Bürgermeister von Wien.

Helmut Zilk ist verheiratet mit der Schauspielerin Dagmar Koller und hat einen Sohn.

Helmut Zilk

Zufällig in Wien geboren

Daß ich in Wien geboren wurde, ist reiner Zufall. Mein Vater, damals Angestellter einer englischen Zwirnfabrik in der polnischen Stadt Lodz, wollte, daß ich in St. Pölten zur Welt komme, denn er selbst stammte aus Wilhelmsburg an der Traisen im Bezirk St. Pölten und fühlte sich seiner Heimat sehr zugetan. So reiste meine Mutter von Lodz nach St. Pölten und vertrödelte sich, wohl vom Prunk der Großstadt geblendet, in Wien. Ich war etwas zu früh dran und kam daher völlig planlos in der Gebärklinik Lucina zur Welt. Diese Klinik lag im Wiener Bezirk Favoriten, weshalb ich durch eine Fügung des Schicksals tatsächlich in dem Bezirk geboren wurde, in dem ich Jahrzehnte danach als Spitzenkandidat kandidieren und auch gewählt werden sollte.

Meine ersten Lebensjahre verbrachte ich in Lodz. Als mein Vater seine Stellung verlor, übersiedelten wir nach Wien, wo er zunächst kaufmännischer Angestellter der »Radiowelt«, einer dem damals neuen Medium Rundfunk gewidmeten Zeitung, wurde. 1933 stieg er zum Expeditleiter des »Neuen Wiener Tagblatts« und der »Volkszeitung« auf.

Diese Tätigkeit meines Vaters hat mein Leben geprägt. Damals erschienen die Tageszeitungen nicht am Vorabend, sondern in den frühen Morgenstunden, mein Vater war daher ein echter Nachtarbeiter, er kam in aller Frühe nach Hause, brachte alle Zeitungen mit und weckte mich schon um sechs Uhr. Durch ihn wurde ich zum Frühaufsteher. Da meine Mutter Spätschlafengeherin war, zähle ich zur seltenen Spezies derer, die sowohl Morgen- als auch Abendmenschen sind.

Ich verschlang die von meinem Vater mitgebrachten Zeitungen und besuchte ihn auch des öfteren im alten Pressehaus auf dem Wiener Fleischmarkt. Mich faszinierte der Geruch des Zeitungspapiers und der frischen Druckerschwärze. Die Arbeiter behandelten mich wie ein kleines Zeitungspaket, schickten mich auf den Förderbändern hin und her, und so war das Pressehaus mein Paradies. Ich sollte diesem Geruch erst wiederbegegnen, als ich rund vierzig Jahre später für die »Kronen Zeitung« schrieb und im neuen Pressehaus aus und ein ging. Ich fühlte mich damals ein wenig zurückversetzt in die Tage meiner Kindheit.

Mein Vater stammt aus einer bäuerlichen Familie, seine Eltern hatten einen Hof in St. Veit an der Gölsen. Seinen Vater, also meinen Großvater, habe ich noch als einen ebenso imposanten wie interessanten Mann in Erinnerung. Als etwa siebzehnjähriger Bursche war mein Großvater vom Fernweh gepackt worden, er legte die Sense hin und verließ bei Nacht und Nebel den Hof seines Vaters, mit dem er sich nicht besonders gut verstand. Er ging hinaus in die Welt, ließ sich dann in Bayern nieder, wo er das Handwerk eines Formers, eines gehobenen Stahlarbeiters also, erlernte. In Bayern verliebte er sich auch in eine junge Frau und kehrte mit ihr – meiner Großmutter – zurück nach Niederösterreich. Er wohnte nur wenige Kilometer von seinen Eltern entfernt, aber er hat sie nie wiedergesehen, in seinem ganzen Leben nicht besucht, nie wieder Kontakt mit ihnen gehabt.

Mein Vater hatte viele Geschwister, einige verstarben – wie es damals häufig geschah – sehr früh, die anderen lebten in den verschiedensten sozialen Schichten. Einer war Eisenbahner und Kleinkaufmann, eine Schwester war Frau eines Fabrikdirektors, und es gab einen Schulwart. Ja, und dann noch den Onkel Willi. Und der sollte in meinem Leben eine wichtige Rolle spielen.

Meine Großmutter, die aus Bayern stammte, hatte in Wilhelmsburg eine kleine Greißlerei betrieben, um mit den erhofften Einkünften dabei

»Mich fasziniert die Druckerschwärze.« Helmut Zilk als junger Zeitungsfan (oben) sowie
mit Eltern Stefanie und Franz (unten)

behilflich zu sein, die große Familie zu ernähren. Viel Geld brachte die
Greißlerei nicht ein, denn ihre Kunden ließen in diesen schweren Zeiten
nur allzuoft »anschreiben«, und so ging sie mit ihrer Greißlerei bald
zugrunde. Doch sie ließ sich nicht entmutigen und gründete eine weitere
Greißlerei – und als sie die zusperren mußte, eine andere, und war die
eingegangen, hatte sie schon wieder eine neue. So gab es in den letzten
Jahren der Monarchie in St. Pölten und Umgebung eine ganze Reihe von
Greißlereien, die von meiner Großmutter betrieben wurden.

Nun zum Elternhaus meiner Mutter, die böhmisch-österreichischer
Herkunft war. Ihre Mutter, also meine Großmutter mütterlicherseits,
stammt aus Zeiselmauer, ihr Vater aus Znaim. Die Großeltern lernten einander in einem Gasthaus in Siebenhirten – damals bei Wien,
heute ist es ein Teil der Stadt – kennen, meine Großmutter war dort
Serviererin. In der Wirtsstube kam auch meine Mutter, ihre älteste
Tochter, zur Welt, und meine Mutter hat immer scherzhaft gesagt, sie
trinke so gern ein Glaserl Wein, weil sie in einer Gastwirtschaft geboren
wurde.

Irgendwann übersiedelte meine Mutter mit ihren Eltern und Geschwistern nach Ybss an der Donau, wo der Vater Stadtwachtmeister wurde.
Ebenso wie meine andere Großmutter mußte auch seine Frau sich eine
Nebenbeschäftigung suchen, denn auch hier reichten die kargen Ein-
künfte nicht aus, die große Familie zu ernähren. So wusch meine Großmutter nebenbei die Wäsche anderer Leute und eröffnete so etwas wie
ein »privates Arbeitsamt«, in dem Dienst- und Kindermädel, Mägde und
Knechte vermittelt wurden. Mit der Zeit entwickelte sich der Geschäfts-
betrieb dahin gehend, daß meine Großmutter nicht nur Stellen, sondern
auch Ehen vermittelte.

Die Ehe ihrer ältesten Tochter mußte sie nicht vermitteln – die hat
meinen Vater allein gefunden. Auf recht kuriose Weise: Meine Mutter
sollte kurz vor Ausbruch des Ersten Weltkriegs als Kindermädchen einer
Arztfamilie in Debreczin ihre erste Stelle antreten. Schon beim Umstei-
gen am Wiener Westbahnhof wurde ihr das kleine Holzköfferchen
gestohlen, mit dem sie unterwegs war, so daß sie ohne ihr Hab und Gut
in Debreczin ankam.

Die erste Stelle endete schon nach wenigen Tagen damit, daß der feine
Herr Doktor das bildhübsche Mädchen verführen wollte. Meine Mutter

lief auf die Polizeistelle von Debreczin, wo ihr die Beamten rührend halfen, indem sie das Geld für ihre Rückreise nach Ybbs sammelten. Als ich vor wenigen Jahren, als Unterrichtsminister, nach Debreczin kam, haben die Leute sich dort natürlich über die in ihrer Stadt handelnde kleine Geschichte gefreut, die ich aus meiner Familienchronik zu berichten wußte.

Meine Mutter arbeitete dann in der Munitionsfabrik von Wöllersdorf, wo sie wie durch ein Wunder eine schreckliche Explosion überlebte, bei der viele Arbeiter ums Leben kamen. Sie verließ Wöllersdorf in panischer Angst, um nach Wien zu gehen. Hier lernte sie einen wesentlich älteren Mann kennen, einen jüdischen Industriellen, der sich in sie verliebte und sie vom Fleck weg heiratete.

Jetzt kehre ich zurück zu meinem Vater, dessen Elternhaus in Wilhelmsburg von dem meiner Mutter in Ybbs nicht allzuweit entfernt war. Nach dem Ersten Weltkrieg war mein Vater eine Zeitlang »Ernährungskommissar«, zu dessen Aufgaben es gehörte, den damals blühenden Schleichhandel zu unterbinden. Er kontrollierte die Taschen der Leute, die in der Eisenbahn fuhren, und traf auf dem Bahnhof von Ybbs auf ein junges Mädchen, zu dem er sagte: »Zeign S' mir Ihre Tasche!« Das Mädel weigerte sich, das zu tun, und wurde festgenommen. Das war meine Mutter. Sie verliebte sich in den »Ernährungskommissar«, reichte die Scheidung vom wohlhabenden Industriellen ein und heiratete meinen eher armen Vater. Als dieser dann Zwirnereileiter bei der Harlandner Zwirnfabrik in Lodz wurde, ist sie mit ihm dorthin gezogen.

Mein Vater war ein politisch denkender Mann. Aus Lodz kommend, wohnten wir in der Wiener Lange Gasse Nr. 16, gleich hinter dem Parlament – ganz nahe dem Zentrum der Politik. Ich habe noch, an der Hand meines Vaters, Karl Seitz bei der Parade zum 1. Mai gesehen, aber auch die Straßensperren und die bewaffneten Soldaten im Februar 1934, ich habe also die Zeitgeschichte hautnah miterlebt. Mein Vater war das Musterbeispiel eines linksliberalen Menschen, stand der Sozialdemokratie nahe – besonders als sie in die Illegalität gedrängt wurde –, ohne sich politisch zu betätigen oder je einer Partei anzugehören.

Und jetzt kommt das Jahr 1938, ein tiefer Einschnitt in der Geschichte unserer Familie wie in der Geschichte jeder österreichischen Familie.

Zwar hatte keines der vielen Geschwister meiner Eltern vor dem

Einmarsch der Hitler-Truppen mit den Nazis kollaboriert, doch nach dem »Anschluß« gab es auch in unserer Familie Sympathisanten, die vom Rausch der Ereignisse fasziniert waren. Als einziger Turm in der Schlacht blieb mein Vater ein geradezu fanatischer Antinazi, der sich aus diesem Grund mit dem Rest der Verwandtschaft total zerstritt. Auch mit meiner Mutter, die eher dazu neigte, sich den Gegebenheiten der Zeit anzupassen, gab es ein tiefes Zerwürfnis, er kam tagelang nicht nach Hause, wollte mit dem »Gesindel«, wie er sagte, nichts zu tun haben.

Ich war gerade elf Jahre alt und durch das ständige Zeitunglesen bereits sehr wach, so daß die Haltung meines Vaters großen Eindruck auf mich machte.

Ich sage immer, daß ich das Lesen mit der Muttermilch und den Antifaschismus durch die Vaterliebe aufgenommen habe. Er hat sich mit seiner Haltung natürlich sehr viele Schwierigkeiten eingehandelt, sowohl bei seinen Arbeitern im Expedit der Zeitung als auch bei seinen Vorgesetzten.

Als ich viele Jahre später für das Österreichische Fernsehen in der DDR zu tun hatte, löste ich bei einigen hohen Herren betretenes Schweigen aus, denen ich eine Episode aus dieser Zeit erzählte. Der seinerzeitige »Reichspressechef« Otto Dietrich hatte nämlich einen Herrn Dertinger als neuen Generaldirektor der jetzt »Ostmärkischer Zeitungsverlag« genannten Firma, in der mein Vater arbeitete, nach Wien geschickt, um die angeblich so faulen Ostmärker »auf Vordermann« zu bringen. Derselbe Georg Dertinger war denn nach dem Krieg Außenminister der DDR. Eine Entwicklung, die meinen Vater später natürlich sehr amüsierte.

Da ich diese Zeit, die Umstände und die Menschen, die damals lebten, schon sehr bewußt mitverfolgen konnte, habe ich es nie jemandem zum Vorwurf gemacht, der sich von den scheinbaren Idealen der Nazis gefangennehmen ließ – zumindest dann, wenn er daraus gelernt, und natürlich nur dann, wenn er niemanden verfolgt, eingesperrt, gequält oder vernichtet hat. Denn man muß dem kleinen Mann zubilligen, daß er dieselben Fehler begeht, zu denen sich auch ein Karl Renner oder ein Kardinal Innitzer hinreißen ließen.

Als Expeditleiter einer großen Zeitung war mein Vater in Wien unabkömmlich, und so fiel es ihm leichter als anderen, sich den Kriegsdienst zu ersparen, auch hat er mit allen Mitteln versucht, sich vor der Front zu drücken. Er hatte im ersten Krieg zwei Jahre am Isonzo gekämpft, doch der neue Krieg, sagte er, »ist der Krieg des Herrn Hitler und nicht meiner. Und jeder Mensch hat das Recht, sich davor zu drücken, solange es geht.« In den Mitteln konnte man dabei nicht sehr wählerisch sein, und so ist er am Beginn des Krieges zwar nicht der Partei beigetreten, aber er war »Anwärter« für den Beitritt zur NSDAP, anderenfalls hätte er 1939 nach Polen gemußt. Die Heldentat meines Vaters fand statt im Winter 1942/43, als er einen Brief an die Nationalsozialistische Partei abschickte, in dem er den Verzicht seiner Anwärterschaft mitteilte. Das war ein mutiger Schritt, der ihn nach dem Krieg von der Registrierungspflicht befreite, denn auch als »Anwärter« wäre er belastet gewesen.

Der Schlüssel zu diesem Brief und zur konsequenten Haltung meines Vaters war die Affäre des erwähnten Onkels Willi, eines seiner Brüder. Dieser Willi Zilk war im Ersten Weltkrieg am Isonzo verschüttet worden und kam als nicht mehr voll zurechnungsfähig zurück. Er lebte in der Anstalt für Geistesgestörte in Gugging, wo ich ihn gemeinsam mit meinem Vater immer wieder besuchte. Sicher war da eine Ausnahmeregelung getroffen worden, denn Kinder durften diese Anstalt normalerweise gar nicht betreten. Onkel Willi war manchmal vollkommen normal, dann wieder ganz weggetreten, zeichnete immerfort Möwen und schrieb Kriminalgeschichten. Man hatte den Eindruck, daß er sich seines Lebens erfreute. Doch wie die meisten Geisteskranken wurde auch er von den Nazis »verschickt«, und im Jahre 1942 erhielten wir einen Brief des Reichsgesundheitsamtes, daß Onkel Willi an einer Lungenentzündung gestorben sei. Der Bruder meines Vaters war also der »Euthanasie« zum Opfer gefallen.

Von da an war mein Vater nicht nur Antinazi, sondern ein geradezu militanter Antinazi, er lehnte es ab, sich über dieses Thema auch nur in eine Diskussion einzulassen, und er schrieb den besagten Brief an die NSDAP, mit der er seine »Anwärterschaft« zurückgab. Diese dramatische Episode aus meiner Familie und die Haltung meines Vaters sollten einen nachhaltigen Einfluß auf mich ausüben.

Im vorletzten Kriegsjahr, als die Not immer größer wurde, hatte mein Vater eine fast revolutionäre Idee, welche die Zustellung der Zeitungen –

auch wenn er mit deren Inhalten absolut nichts zu tun haben wollte –
sicherte. Da es weder Benzin noch Autos gab, stellte er den Vertrieb auf
Pferdetransport um. Er akquirierte kleine, in Rußland erbeutete Panje-
pferde samt Fuhrwerken von »Anker«- und »Hammer«-Brot und übernahm selbst, aufgewachsen auf einem Bauernhof, die Leitung der Pferde-
stallungen. Das hat unserer Familie das Überleben in dieser schlimmen
Zeit erheblich erleichtert, denn mein Vater betrieb nebenbei einen um-
fangreichen Tauschhandel mit den Bauern, von denen er Heu und Stroh
bezog. Für Uhren und andere Wertgegenstände erhielt er sowohl für uns
als auch für Freunde und Bekannte die damals so raren Lebensmittel.

1943 mußte ich mich, knapp siebzehn Jahre alt, zum erstenmal einer
Musterungskommission stellen. Da sagte mein Vater, nein, den Buben
lasse ich mir nicht für einen idiotischen Krieg nehmen. Wie er das
angestellt hat, zeigt, was für ein couragierter Mann er war. Den Generaldirektor – und späteren DDR-Außenminister – Dertinger gab es schon
nicht mehr, der neue hieß Winkler und hatte sich vom Betriebsarzt des
Verlags selbstverständlich untauglich schreiben lassen. Dieser Arzt war
ein prominenter Nazi im Generalsrang, der zuvor als Leibarzt von
Tschiang Kai-schek in China gelebt hatte. Mein Vater wußte, daß der
Betriebsarzt den Generaldirektor Winkler – wie auch andere leitende
Mitarbeiter – durch Gefälligkeitsgutachten vor dem Einrücken gerettet
hatte. Da ging er zu dem Arzt hin und sagte: »Herr General, ich weiß,
daß Sie diesem und jenem geholfen haben, nicht an die Front zu kommen. Entweder Sie schreiben jetzt auch meinem Sohn ein bestimmtes
Brieferl an die Musterungskommission, oder ich werde Ihr Vorgehen
melden.« Der General hatte sicher keine Angst vor den Drohungen
meines Vaters, denn er saß natürlich am längeren Ast, aber irgendwie
dürfte ihm die Courage imponiert haben, und so »diagnostizierte« er bei
mir eine Art Herzschwäche oder etwas Ähnliches. Mit dem Schreiben
des Generalsarztes trat ich vor den Arzt der Musterungskommission,
den ich heute noch genau vor mir sehe, da er ein Zwillingsbruder des
Schauspielers Oskar Sima hätte sein können. Und dieser Arzt schrieb
mich für begrenzte Zeit untauglich, womit die Sache für die nächsten
sechs Monate erledigt war. Ich mußte nicht einrücken.

Als ich den vierten Jahrgang der Lehrerbildungsanstalt in der Hegel-
gasse besuchte, sagte mein Vater zu mir: »Ich höre von Werbekommis-

sionen der SS, die eines Tages auch in deine Schule kommen werden. Das eine sag' ich dir, wenn du dort unterschreibst, dann ist zwischen uns alles aus. Du brauchst nie mehr nach Hause zu kommen, es kann nie wieder eine Versöhnung geben, dann hast du dich für immer von mir losgesagt, dich meiner Liebe entzogen.«

Einige Zeit später, etwa im Frühjahr 1944, wurden wir tatsächlich in den Zeichensaal geführt, wo uns ein paar SS-Offiziere empfingen. Dem einen fehlte ein Bein, dem anderen ein Arm, und sie waren gekommen, dem Führer das letzte Aufgebot zu besorgen. Wir waren 200 bis 300 Burschen und wurden einzeln aufgerufen, um die Unterschrift zu leisten und damit der SS beizutreten. Die geradezu neurotische Zuneigung meinem Vater gegenüber verhinderte, daß ich dieses Anmeldeformular unterschrieben habe. Der Offizier hat natürlich mit allen Mitteln versucht, mir die Unterschrift zu entlocken, doch ich blieb standhaft. Ich bin ehrlich genug, um zuzugeben, daß ich ohne den Einfluß meines Vaters – wie alle meine Schulfreunde – der SS beigetreten wäre. Ich werde nie vergessen, wie ich am ganzen Körper gezittert habe, aber die Angst vor meinem Vater war größer als die Angst vor diesen Leuten. Der Offizier schaute mich an und brüllte: »Hinaus!« Ich verließ das Zimmer und dachte, es würde mir irgend etwas passieren. Aber es ist nichts geschehen. Sehr viele meiner Klassenkameraden sind – als Angehörige der SS – aus diesem Krieg nicht zurückgekommen.

Im Herbst 1944 wurde ich, wieder durch Intervention meines Vaters, als Kutscher seines Pferdestalls zwangsverpflichtet, und so lieferte ich die Zeitungen aus, was mir vorerst das Einrücken zum Volkssturm ersparte.

Obwohl er damals schon Ende der Vierzig war, wurde er selbst zum Volkssturm verpflichtet. Wiederum bewahrte ihn seine bäuerliche Intelligenz vor dem fast sicheren Tod. Mein Vater mußte ins Piaristengymnasium kommen, wo er wie Hunderte andere Ausrüstung, Stahlhelm, ein altes Gewehr, Uniform und Armbinde erhalten sollte. Mein Vater kannte das Haus, weil ich dort einmal glücklos zur Schule gegangen war. Nachdem er unsere Anwesenheit gemeldet hatte, sagte er zu einem Aufsichtsorgan, er müsse auf die Toilette. In Wahrheit sind wir über den Schulhof durch irgendeinen Hinterausgang verschwunden und wurden nie wieder gesehen. Als wir dann zu Hause ankamen, sagte er, daß wir uns ab jetzt versteckt halten müßten, doch das Chaos war bereits so groß, daß man gar nicht mehr kontrollierte, wer tatsächlich eingerückt war und wer im Piaristengymnasium nur seinen Namen genannt hatte.

Das bißchen Lebenstüchtigkeit, über das ich verfüge, verdanke ich zweifellos meinem Vater.

Als der Krieg endlich vorbei war, ging mein Vater ins alte, mittlerweile von den Russen besetzte Pressehaus auf dem Fleischmarkt, wo man jetzt die »Österreichische Zeitung« herausgab, das erste Zeitungsorgan der sowjetischen Besatzer. Als mein Vater an seinem Arbeitsplatz dieselben alten Nazis antraf, die gerade noch auf die »Wunderwaffe« gehofft hatten, und sah, wie sie jetzt die Kommunisten hofierten, hatte er endgültig genug von der Zeitung. Er wollte nicht schon wieder benützt werden. Statt dessen fristete er sein Dasein durch Gelegenheitsarbeiten, eröffnete schließlich eine kleine Handelsvertretung und ging dann in Pension. Im Jahre 1975 erlitt er, im Alter von 78 Jahren, während einer Autofahrt einen Schlaganfall. Er saß allein im Wagen, stürzte in einen kleinen Bach und war auf der Stelle tot.

Meine Mutter starb, als ich bereits Wiener Bürgermeister war, im Alter von 88 Jahren.

Prof. Dr. Alfred Biolek wurde 1934 in Freistadt (ČSSR) geboren. Er studierte Jura in München, Wien und Freiburg im Breisgau. Nach seiner Promotion (1962) arbeitete er zunächst beim ZDF als Assessor im Justitiariat, dann bis 1970 als Redakteur, Abteilungsleiter und stellvertretender Hauptabteilungsleiter in den Abteilungen Kultur und Unterhaltung. Von 1970 bis 1973 leitete er die Abteilung Unterhaltung bei der Bavaria Filmgesellschaft, danach arbeitete er drei Jahre lang als freier Producer verschiedener Sendungen, zum Beispiel »Am laufenden Band« und »Kölner Treff«.

Von 1978 bis Ende 1982 moderierte und produzierte er die Sendung »Bio's Bahnhof«. 1978 folgte er einem Ruf an die Universität Bochum im Bereich Medienkunde. Der Adolf-Grimme-Preis in Gold für die Sendereihe »Bio's Bahnhof« wurde ihm 1982 verliehen. 1983 und 1984 moderierte und produzierte Alfred Biolek die Sendereihe »Bei Bio« und 1985 bis 1991 die Sendereihe »Mensch Meier«. Im Oktober

1990 nahm er eine Professur an der Kunsthochschule für Medien TW Köln an. Seit August 1991
ist er Moderator und Produzent der wöchentlichen
ARD-Talkshow »Boulevard Bio« und seit Sommer
1994 der Koch-Show »Alfredissimo«.

Alfred Biolek

Mein ferner, naher Vater

Wie die meisten Menschen meiner Generation habe ich eine bewegte Kindheit gehabt. Ich war gerade fünf Jahre alt, als mein Vater einrücken mußte. Wir hatten Glück, er mußte nicht sofort an die Front. Als er 1945 auf abenteuerlichen Wegen aus Rußland heimkehrte, war ich bereits elf Jahre alt und hatte am eigenen Leib erfahren, was es heißt, ein Kriegskind zu sein. Am Schicksal meines Vaters, dem ich mich immer sehr verbunden fühlte, ist die Zeit ablesbar, in der ich aufwuchs. Deshalb habe ich ihn in den Mittelpunkt der folgenden Seiten gestellt.

Ich bin ein typisches Kind jener Jahre. Zunächst verlief mein Leben sehr behütet, ruhig und harmonisch, später urplötzlich und praktisch über Nacht veränderte es sich auf dramatische Weise. Ich teilte dieses Los mit vielen Kindern, die aus dem ehemaligen Osten des Deutschen Reiches kamen. Ganz gleich, was ich an Schönem oder Schrecklichem erlebte, immer wurde ich von meiner Mutter begleitet, mit Ausnahme von wenigen Monaten, die ich mal bei einer Tante verbrachte. Die Mutter war immer dabei, ob wir zusammen wanderten oder im Schnee spielten oder ob wir, wie später, auf der Flucht und im Internierungslager waren.

Insofern verlief ihr Schicksal parallel zu meinem. Das Leben meines Vaters hingegen steht symbolhaft für die wahnsinnige Zeit, in der die Völker ganz Europas damals lebten. Ich war fünf Jahre alt, als Hitler die polnische Kriegsmarine auf der Westerplatte bombardierte und der Zweite Weltkrieg ausbrach. Ich erinnere mich, wie wir, meine Mutter, mein Vater und meine beiden Brüder Joseph und Herbert vor dem Volksempfänger saßen und ein Rundfunksprecher unter schneidigen Fanfarenklängen die Kriegserklärung an Polen verkündete. Das war am 1. September 1939. Ich konnte damals nicht begreifen, was vor sich ging, aber ich bekam mit, wie entsetzt meine Eltern auf diese Meldungen reagierten. Niemand konnte wissen, wie barbarisch der Krieg noch werden würde. Vielleicht ahnten meine Eltern bereits, daß auch wir vom Krieg nicht verschont bleiben sollten.

Wir lebten damals in Freistadt, im östlichsten Zipfel Mährens. Es war ein Paradies für uns Kinder, weil wir inmitten von Grün und umgeben von Bergen und kleinen Seen aufwuchsen. Nach dem Krieg gab es diesen Ort lange nicht; denn er war in den Nachbarort Karwina eingemeindet worden. Karwina liegt auf dem Gebiet Tschechiens, nahe der slowakischen Republik und ist gerade einmal fünf Kilometer von der polnischen Grenze entfernt. Wir bewohnten damals eine große Bauhausvilla, mit deren Erbauung sich eine besondere Geschichte verbindet, die sehr viel über das Wesen meines Vaters aussagt.

Mein Vater war ein konservativer Mann. Er stammte aus einer gläubigen Bauernfamilie und hatte eine streng katholische Erziehung genossen. Als Jugendlicher lebte er bei Jesuiten und sollte Priester werden. Doch er entschied sich anders. Er ging nach Wien, studierte Jura und schloß sich dort einer katholischen Studentenverbindung an. Meine Mutter, eher künstlerisch ambitioniert, kam aus Morawska Ostrava, dem damaligen Mährisch-Ostrau. Sie spielte als junge Frau in einem Laientheater. Mein Vater sah sie auf der Bühne – und da war es um ihn geschehen. Es war Liebe auf den ersten Blick. Er holte meine Mutter nach Freistadt und dort heirateten sie.

Das weltläufige Wien hat meinen Vater ebenso geprägt wie die strenge Erziehung. Er war zwar konservativ, doch gleichzeitig liberal, tolerant und allem Fortschritt gegenüber aufgeschlossen. Dieses Zusammenspiel unterschiedlicher Eigenschaften hat mich an meinem Vater immer faszi-

Die Eltern, Hedwig und Josef Biolek, während des Krieges in Freistadt

niert. Wir hatten als erste Bewohner in der Stadt einen Volksempfänger, eine Schmalfilmkamera und einen Filmvorführapparat. Er fotografierte gern und archivierte Tausende von Dias. Er hatte eine stattliche Figur, war nicht groß, trug die Haare sehr kurz und rauchte flache ägyptische Zigaretten. Dazu lutschte er immer Mentholbonbons, die ihm das Gefühl geben sollten, als rauchte er Zigaretten mit frischem Geschmack. Er liebte es gut zu essen, Weißweine aus Österreich zu trinken und zu feiern. Man lebte gut im Hause Biolek und hatte viele Freunde. Zu ihnen zählten der Erzpriester, die Familie des Apothekers und des Hausarztes, und mit ihnen trafen sich meine Eltern sehr oft und regelmäßig. Mein Vater wählte immer genau aus, wer in seinem Hause zu Gast war. Mit Stil leben oder untergehen, hieß seine Devise. Eine Auffassung übrigens, die ich von ihm übernommen habe. Vielleicht war es gerade diese Mischung aus seinen Freunden, seinen Interessen und Vorlieben, die den eigentlich Konservativen so lebensfroh und sinnlich machten.

Das Familienleben verlief sehr harmonisch. Ich war das Nesthäkchen und hatte zwei Brüder, die sechs und acht Jahre älter waren. Wenn es Streit gab, dann eher zwischen Herbert und Joseph. Schläge für mich gab es nur einmal: Ich hatte meine körperbehinderte Tante ausgelacht, die unter einer Hüftverrenkung litt und immer etwas schief ging. Mein Vater machte daraufhin kurzen Prozeß. Er gab mir ein paar kräftige Hiebe auf den Hintern. Ich empfand dies damals als sehr demütigend. Im nachhinein hielt ich aber die Prügel für gerechtfertigt. Andere Frechheiten ließ er großzügig durchgehen. Vielleicht gehe ich auch deshalb heute so sensibel mit dem Thema Behinderung um, wer weiß. Geprägt hat mich auch, daß weder Mutter noch Vater Vorschriften machten, wie ich zu leben hätte. Sie verzichteten auf alle Moralpredigten. Wichtig war für mich deshalb nicht, was sie sagten, sondern was sie mir vorlebten. Und ich habe sie immer genau beobachtet und meine eigenen Schlüsse daraus gezogen.

Als Rechtsanwalt und Notar verdiente mein Vater sehr gut. Schon früh, noch bevor ich geboren wurde, konnten sich meine Eltern eine Wohnung von über 200 Quadratmetern leisten. Irgendwann sollte es dann ein eigenes Haus sein. Und wie das so war, irgendein guter Freund, ein Architekt, der wahrscheinlich auch im katholischen Volksverein war, bekam den Auftrag für einen Entwurf. Den Plänen nach sollte es eine verwinkelte, von der Gründerzeit inspirierte Villa mit Erkerchen und

merkwürdigen Mauervorsprüngen werden. Kurz vor Baubeginn jedoch
erhielt mein Vater Besuch von zwei jungen Männern. Sie seien Architekten und hätten gehört, daß mein Vater dieses wunderbare Grundstück
gekauft hätte, um dort etwas zu bauen. Und sie würden gerne den
Auftrag übernehmen. Mein Vater erklärte ihnen, daß bedauerlicherweise
bereits alles entschieden sei. Doch hartnäckig wie sie waren, boten sie
ihm an, unentgeltlich einen Entwurf zu machen. Und mein konservativer
Vater sah diesen modernen Entwurf, zahlte den alten Architekten aus
und ließ die Jungen bauen.

Es entstand eine Villa im Bauhausstil mit drei Ecken. Sie hätte eine
quadratische Form gehabt, wenn die vierte Ecke nicht abgerundet gewesen wäre. Dort waren bullaugenartige Fenster eingelassen. Durch das
gesamte Gebäude führte eine enorm breite Treppe, die an vier Meter
hohen Fenstern vorbei ging. Mauervorsprünge verbanden die Fenster mit
Treppenabsätzen. Im Erdgeschoß lagen die Büros meines Vaters. Im
ersten Stock befanden sich eine große Küche, ein Eßwohnzimmer und
ein Speisezimmer, das nur zu festlichen Anlässen genutzt wurde. Hier
standen alte Möbel aus der Maria-Theresia-Zeit: schwer, ausladend, aber
elegant. Außerdem gab es noch den Salon, in dem ein schwarzer Flügel
stand, auf dem ich sehr oft übte. Im selben Raum war auch die Bibliothek
untergebracht, die von den jungen Architekten im Stil der damaligen Zeit
entworfen worden war. Eine breite Diele verband die Räume. Hier
hatten die Architekten-»Youngsters« eine speziell für das Haus entwor-
fene und angefertigte Sitzecke geschaffen. Im zweiten Stock lagen die
Schlafzimmer, Kinderzimmer und weiß gekachelte Bäder. Außerdem
gab es noch Gästezimmer, die immer gut besucht waren. Die Villa Biolek
wurde 1932 fertiggestellt. Zwei Jahre später bin ich in einem der Zimmer
geboren worden.

Es wohnten immer mindestens sechs Menschen hier: meine Eltern,
meine zwei Brüder, eine Tante und ich. Die Dienstmädchen oder Kö-
chinnen wohnten meistens bei ihren Eltern, gelegentlich auch bei uns.

Und so saßen wir alle an jenem 1. September 1939 im Wohnzimmer um
diesen Volksempfänger, und es tönten markige Sprüche aus dem Gerät.
Vierzehn Tage später rückte mein Vater zum Militär ein.

Die Zusammenhänge konnte ich damals noch nicht verstehen. Ich merkte aber, wie der Weggang meines Vaters eine Lücke in mein Leben riß. Niemand kann von mir heute erwarten, daß ich mich an bestimmte Abschiedsszenen oder andere mir nahegehende Gefühle erinnern kann. Ich war zu jung damals. Ich spürte nur, ein Mensch ist weg, der sonst jeden Tag, jede Stunde und jede Minute für mich Zeit hatte. Gegenwärtig ist mir noch, daß mein Vater kurze Zeit später wieder nach Hause kam. Es gab freudige, überraschte Gesichter. Ich dachte, er käme wieder zurück aus dieser Sache, die alle Krieg nannten. Natürlich hatte er nur Urlaub; er blieb nicht für immer. Doch wenig später erhielten wir eine Mitteilung, die für meine Mutter sehr wichtig schien: Mein Vater war als stellvertretender Leiter des Wehrbezirkskommandos im nahe gelegenen Teschen eingeteilt worden. Von nun an hatte er die Aufgabe, Soldaten für den Krieg zu rekrutieren. Diesen vergleichsweise harmlosen Einsatz erklärte sich mein Vater damit, daß ihm als Leutnant der k.u.k. Zeit die Erfahrung für eine solche Mobilisierung zugetraut würde. Mir waren diese Hintergründe damals völlig egal. Ich lernte damals gerade lesen und schreiben und war froh, meinen Vater wenigstens am Wochenende zu sehen. Wegen der geringen Entfernung nach Freistadt konnte mein Vater seinen Beruf als Anwalt und Notar sogar weiter ausüben. Er hatte verschiedene Assistenten, die seine Aufträge unter der Woche erledigten. Trotz des Krieges mußten wir also daheim keinen Mangel leiden.

In der Gegend, wo wir wohnten, schien die Zeit stillzustehen. Abgesehen von der modernen Villa, die auf die Nachbarn wie ein importierter Fingerzeig der Großstadt-Moderne gewirkt haben muß, lebten wir von den Wirren der Zeit fast völlig abgeschottet. Dieser besondere Charme des Unberührten, die von den Krankheiten der Industriestädte weitgehend verschonte Landschaft ließen Gedanken an ein mögliches Unheil absurd erscheinen.

Zwei Straßen von uns entfernt wohnte ein Bauer, von dem wir uns sehr oft Pferd und Kutsche liehen. Im Sommer fuhren wir damit zu Verwandten und machten unterwegs halt an ländlichen Gasthöfen. Fast immer hatte meine Mutter Picknickkörbe zusammengestellt. Im Winter wurden den Pferden große Schlitten angeschirrt. Mit Schellengeläut ging es dann durch die schneebedeckte Landschaft, während wir Kinder in großen Fußsäcken steckten, um uns vor der Kälte zu schützen. Manchmal durften wir auch unsere Rodelschlitten anhängen und hopsten

Alfred Biolek, circa fünf Jahre, mit Freundin

begeistert über die Schneehaufen. Im Sommer wanderten wir oft in den Beskiden, einem Gebirge unweit der Karpaten. Von dort aus, so wissen wir längst, ist es nicht mehr weit zum Schlosse Draculas. Trotzdem haben wir auf das Heulen der Wölfe vergeblich gewartet. Mein Vater kannte einen Forstmeister, der eine Jagdhütte besaß und in der wir dann Ferien machten. Sie lag mitten in den Bergen, umgeben von Nadelwäldern und klarer Luft.

Da die Behörden an Feiertagen geschlossen blieben, war mein Vater zu
Ostern, Pfingsten oder Weihnachten bei uns zu Hause. Zu Silvester
spielte er mit uns Kindern immer *Grüne Wiese*. Es war ein Riesenvergnü-
gen. Das Spiel ging so: Mein Vater hatte Kindergeld besorgt, das wir auf
rote oder schwarze Spielkarten setzten. Wie beim Roulette konnte man
gewinnen oder verlieren. Mit etwas Glück kam am Ende ein hübsches
Sümmchen Kindergeld zusammen. Mein großzügiger Vater tauschte es
in Reichsmark um, was damals für ein Kind die halbe Welt war. Obwohl
ich das Spiel damals faszinierend fand, interessierten mich später Karten-
oder Glücksspiele überhaupt nicht mehr. Weder Skat noch Roulette.
Dabei begleitete ich oft spielwilde Freunde in die Casinos von Monte
Carlo, Baden-Baden oder Las Vegas. Ich habe aber nie mitgespielt, es hat
mich nicht gejuckt. *Grüne Wiese* war für uns Kinder das aufregendste
Spiel aller Zeiten.

Die Familie Biolek pflegte eine ausgiebige Geselligkeit. Selten waren bei
den Picknicks im Sommer weniger als zehn Leute beisammen. Alles
passierte gemeinsam, entweder mit der Familie oder zusammen mit
Freunden unserer Eltern. Auch die Feste daheim, die ohne die Lust und
den Spaß meiner Mutter und meiner Tante am Kochen undenkbar
gewesen wären, sind mir sehr gegenwärtig. Dieses gesellige Leben hat
mir immer gutgetan; deshalb fühle ich mich heute noch in großen
Runden mit Freunden am wohlsten.

Während all dieser schönen Momente, den unzähligen Erlebnissen in
einer behüteten Welt tobte ein unsäglicher Krieg. Aber nicht einmal in
dieser Zeit zwischen 1939 und 1945 hörten wir Kanonenlärm, gingen die
Sirenen oder durchdrang dieses typische Heulen fallender Bomben unsere mährische Stille. Und hätte es nicht diese Freitage gegeben, an denen
mein heimkehrender Vater uniformiert in der Eingangstür stand, wäre
niemand auf die Idee gekommen, daß das Deutsche Reich dabei war, den
halben Kontinent auszuradieren.

Mit dem Vormarsch der Roten Armee über Polen und der Tschechoslowakei nach Deutschland 1944/45 jedoch änderte sich unser Leben
abrupt. Innerhalb weniger Wochen wurde mein Vater an die Front
befohlen. Mein ältester Bruder Herbert, inzwischen achtzehn Jahre alt,
folgte ihm kurz danach. Der sechzehnjährige Joseph mußte zum Volks-

Erstkommunion von Alfred Biolek (links)

sturm. Freistadt war fast ohne Männer; selbst die Greise hatte man unter Waffen gestellt. Ich war beinahe zehn und noch der einzige »Mann« im Hause. Für meine Mutter, meine Verwandten und mich begann das dramatische Wechselspiel zwischen Hoffnung und Angst, Flucht und Heimkehr.

Auf Geheiß meines Vaters begannen wir, die wir im Haus zurückgeblieben waren, mit dem Packen der wichtigsten Sachen. Im Radio hörten wir, daß die Ostfront täglich näher kam. Diese propagandistisch gefärbten Meldungen umschrieben damit den erfolgreichen Vormarsch der Russen. Es war kurz vor Weihnachten. Da mein Vater glaubte, wir könnten unser schönes Haus irgendwie halten, mauerten wir kurzerhand das Silberbesteck, Leuchter und andere Wertgegenstände ein. Die Schmalfilme und Dias vergruben wir im Garten. Was sonst noch alles hinter Schichten aus Zement und einer Ladung Klinker verschwand und wahrscheinlich heute noch dort ruht, weiß ich nicht mehr. Die interessantesten Mauerverstecke lagen unten im Keller, im Vorraum vom Büro meines Vaters. Tote Winkel eigneten sich für Regale, in die wir Porzellan und Vasen stellten. Davor wurden Klinker gesetzt, verputzt und schließlich gestrichen. Auf den ersten Blick verrieten die geglätteten Winkel nicht, welche kostbaren Dinge sich dahinter befanden. Wahrscheinlich ruhen noch heute einige versteckte Sachen in ihren Mauergräbern.

Als sehr richtig erwies sich damals auch die Idee meiner Mutter und Tanten, Maria-Theresia-Taler aus Gold und Edelsteine in ihre Schulterpolster einzunähen. Das hat uns auf der Flucht nachher, als wir hungerten und bei Bauern um Essen baten, das Leben gerettet.

Schließlich machten wir uns auf die erste schwere Reise unseres Lebens. Gemeinsam mit Freunden, die Pferd und Wagen besaßen, flüchteten wir aus Freistadt. Ich habe das erste Mal das Haus verlassen, ohne zu wissen, ob wir je wieder an diesen Ort zurückkehren würden. Ich war zwar noch ein Kind, aber in meinem Kopf rumorten Gedanken, die zu meinem damaligen Glücklichsein nicht mehr passen wollten. Ich spürte eine merkwürdige Angst und Anspannung, die ich nicht genau lokalisieren konnte, weil das, was auf uns zukam, noch so verschleiert war und im Nebel lag. Es war das unbestimmte Gefühl von Verlust und die Furcht davor, das Neue könnte von mir nicht zu meistern sein. So fühlte ich damals, als das Haus langsam unseren Blicken entschwand. Eingehüllt in Decken, saß ich neben meiner Mutter, meinen Großeltern, Tanten und der kleinen Tochter unserer Freunde. Sehr weit sind wir mit unserem Treck nicht gekommen. Wir hielten rund 60 Kilometer westwärts an einem Pfarrhaus und blieben dort.

Die Truppen der Roten Armee waren schon sehr viel weiter vorgestoßen, als wir geahnt hatten. Als sie in den Ort einmarschierten, verschanzten wir uns im Keller. Durch Lichtluken sahen wir die dicken Stiefel der Soldaten. Russische Vokabeln schwirrten durch die Luft. Wir verstanden kein einziges Wort. Es waren dramatische Tage. Ich bekam mit, daß die Frauen eine wahnsinnige Angst vor Vergewaltigungen durch die russischen Soldaten hatten. Sie zitterten, wenn die Hacken vorbeiknallten, und das kleine Mädchen und ich zitterten mit. Obwohl wir von solchen Ängsten noch nichts verstanden, spürten wir deutlich die Furcht der Frauen. Weder uns noch den Frauen hat aber jemand etwas angetan.

Als wir uns an die Rotarmisten gewöhnt hatten, berieten meine Mutter und die Verwandten darüber, was nun zu tun sei. Wie naiv alle damals waren, zeigte die Entscheidung, kehrtzumachen und nach Hause zurückzukehren. Wir dachten, der Krieg sei zu Ende und die Präsenz der Russen würde sich von selbst erledigen. Offenbar glaubte dies selbst mein Vater, denn auch er schlug sich nach Kriegsende nach Freistadt durch. Wie es ihm gelang, der russischen Kriegsgefangenschaft zu entkommen, erfuhren wir erst sehr viel später. Er meldete sich damals bei der dort ansässigen Polizei und sagte, hier bin ich, Josef Biolek, wohnhaft in Freistadt. Obwohl er sich nie politisch betätigt hatte, wurde er sofort verhaftet und eingesperrt. Innerhalb weniger Wochen war das Personal der Sicherheitsbehörden und Verwaltungen bereits kommunistisch gewendet. Es war ungewiß, ob er jemals wieder gesund aus dem Gefängnis heimkehren würde.

Als wir in Freistadt ankamen, hatte die russische Stadtkommandantur unsere Villa beschlagnahmt. Das Haus war verloren. Da wir nicht wußten, wo wir wohnen sollten, schickte mich meine Mutter zu einem Onkel aufs Land. Er hatte eine Tschechin geheiratet. Weil sie sich, wie man damals sagte, »zu Hause durchgesetzt« hatte, sprach die Familie ausschließlich tschechisch. Ich sprach allerdings nur deutsch. Aber da es sehr gebildete Leute waren – beide führten eine Arztpraxis –, sprachen sie

ein wunderbares Tschechisch, das ich nach wenigen Wochen bereits gut
verstand. Beim Spielen mit Cousin und Cousine vervollständigte ich
meinen Wortschatz. Leider kann ich heute kein einziges Wort mehr.
Dafür rolle ich das R immer noch so perfekt wie damals.

An eine Begebenheit erinnere ich mich noch sehr genau: Wir Kinder
hüteten mit Vorliebe die einzige Kuh der Familie. Eines Tages waren wir
unaufmerksam, die Kuh brannte durch und zerriß sich auf ihrer Flucht
das Euter in einer Brombeerhecke. Das arme Tier konnte zwei Wochen
nicht gemolken werden, weil sich die Wunden entzündet hatten. Die
Klagelaute des Tieres habe ich bis heute im Ohr. Ich nehme an, daß wir
für diese Untat hart bestraft wurden.

Da unsere Villa besetzt war, ging meine Mutter in der Altstadt von
Freistadt auf Zimmersuche. Dabei stieß sie auf einige wundersame Dinge.
Die Schaufensterauslage der Sparkasse zierte ein Perserteppich, der ein-
mal bei uns im Salon gelegen hatte. Er diente als »roter Teppich« für ein
Bild des neuen Staatspräsidenten. Ein nahe gelegenes Fotogeschäft bot
unseren Filmvorführapparat zum Verkauf an. Sollte doch einer der
Handwerker ausgeplaudert haben, hinter welchen Mauersteinen die
Bioleks ihre Wertsachen versteckt hatten? Nachdem meine Mutter ein
Zimmer gefunden hatte, war es mit dem ruhigen Kinder-Landleben
vorbei. Der Tausch hieß Landidylle gegen enges Kabuff, das ausgerechnet auf die Straße hinausging, an der morgens und abends Strafgefange-
nentruppen vorbeitrotteten. Und eines Tages, es war unfaßbar, waren
mein Vater und mein sechs Jahre älterer Bruder Joseph unter ihnen. Ich
brauche wohl nicht weiter auszuführen, was für ein Gefühl es ist, seinen
Vater und den gerade 17jährigen Bruder in Sträflingskleidung unter
Bewachung am Haus vorbeigehen zu sehen, sie nicht einfach ansprechen
zu dürfen, zu umarmen und zu fragen: Was wollt ihr heute abend daheim
essen? Es war demütigend. Wir durften sie nicht einmal besuchen. Von
Freunden erfuhren wir, daß man die beiden gemeinsam in eine Zelle
gesteckt hatte, was ja ganz anständig war. Sie mußten natürlich arbeiten
gehen, in einer Dachpappenfabrik für wenig Lohn. Das Essen war
sicherlich nicht gut, aber sie waren auch nicht abgemagert. An Weihnachten durfte die Bevölkerung sogar Geschenke bringen. Es kamen unglaublich viele Tschechen, aber auch Polen, denen mein Vater während der
Nazizeit geholfen hatte. Bei jedem Paket, das an ihn adressiert war,

wurde mein Vater im Gefängnisgang aufgerufen. Sein Name soll, so hat man es uns erzählt, allein 38mal genannt worden sein: Biolek, Josef, wieder ein Geschenk. Ich war sehr stolz darauf, daß mein Vater offensichtlich so viel Gutes getan hatte, daß er jetzt so viel Gutes zurückbekam. Natürlich ist ein Leben unter Gefängnisbedingungen immer voller Entbehrungen. Ich will hier nichts verharmlosen. Und doch waren die Inhaftierungsmethoden der tschechischen Kommunisten mit den Nazi-Kerkern in keiner Weise vergleichbar. Sie trugen nicht die Spur jener Handschrift, die die Maschinerie Hitlers in vielen Zuchthäusern und Lagern hinterlassen hatte.

Seit unserer Flucht aus dem Haus waren drei oder vier Monate vergangen. Es hatte sich natürlich auch bis zu uns nach Mähren herumgesprochen, daß Berlin gefallen und der schwarze Schatten, den Hitler auf Europa geworfen hatte, den Alliierten und der roten Fahne der Russen gewichen war.

Wir wußten nicht, wie zerstört das Land jenseits von Oder und Neiße war. Es war nur jedem klar, daß es Tod und Verwüstung allerorten gegeben haben mußte. Jetzt war die Zeit gekommen, in der sich gerade im Osten neue Ideologien breitzumachen begannen.

Die Sieger versuchten, das Land von vermeintlichen Nazi-Sympathisanten zu säubern. Polen und die Tschechoslowakei waren in kommunistischer Hand. Das sollte auch ich bald zu spüren bekommen.

Eines Abends rüttelte es an der Tür unseres kleinen Zimmers. Milizsoldaten mit Gewehren bauten sich vor uns auf und befahlen uns, das Haus sofort zu verlassen.

Ich erschrak so sehr, daß ich mir die Hosen naß machte. Meine Mutter wurde ganz weiß im Gesicht und fragte, wohin wir denn sollten. Die Soldaten zeigten auf einen Lastwagen, der vor unserem Haus parkte. »Sofort?« fragte meine Mutter ungläubig. »Sofort«, kam es im Befehlston zurück. Panisch verpackten wir unter den Augen der Miliz unsere wenigen Klamotten, rannten die Treppen hinunter und kletterten auf die Ladefläche. Unsere Panik blieb, weil wir nicht wußten, wohin es ging. Was würde man mit uns anstellen? Wer würde den Vater informieren? Tausend Fragen gingen uns durch den Kopf. Was mit uns passierte, passierte mit vielen. Doch Millionen anderer Menschen traf es schlimmer

als uns. Heute wissen wir aus Zeitdokumenten und Filmen, wie es den
Juden, Zigeunern und Homosexuellen erging, als man sie abholte und
verschleppte. Ihre Fahrt auf Lastwagen oder in Viehwaggons war meist
eine Fahrt in den Tod.

Auch wir wußten zum damaligen Zeitpunkt nicht, was uns erwartete.
Die Fahrt dauerte etwa eine Stunde. Der LKW stoppte vor dem Tor eines
großen Lagers. Hier fanden wir auch die Großeltern und drei Tanten
wieder. Für mich gab es viele Spielkameraden in meinem Alter. Außer
den Bewachern waren hier nur Männer inhaftiert, die bereits im Greisen-
alter waren. Es war kein Konzentrationslager, sondern ein Internierungslager, das von Stacheldrahtzäunen und Wachtürmen umgeben war. Ein
Erholungsheim war es allerdings auch nicht. Gewaltsame Übergriffe der
Aufseher gab es auch hier. Mein Großvater bekam dies einmal am
eigenen Leib zu spüren. Gewalttätige Exzesse waren aber eher die Ausnahme. Die Frauen hatten immer Angst: Sie fürchteten sich vor Vergewaltigungen durch das Lagerpersonal. Ich bemühte mich, alle Sorgen
fernzuhalten, und suchte Ablenkung im Spielen und beim Erkunden des
Lagergeländes. Wahrscheinlich probierten wir sogar das Spiel vom Soldaten, der einen Lagerflüchtling jagt.

Die Unterkünfte waren alles andere als komfortabel. Es sah so aus, als
hätte ein Trupp Arbeiter hier in aller Eile ein paar hundert Holzbretter zu
Baracken zusammengenagelt. Wanzen und andere Kleintiere hatten es
sich in den Ritzen bequem gemacht und fielen nachts über uns her.
Unzählige Male wurde ich von den Biestern gebissen. Es juckte fürchter-
lich, und ich kratzte mich so heftig, daß die Stellen zu bluten begannen.
Schließlich entzündeten sie sich und bildeten eitrige Herde auf der Haut.
Die Frauen versuchten, mit heißem Wasser die Betten abzubrühen – viel
genützt hat es nicht. Nachdem wir den Wanzen mehrere Wochen als
Blutgericht dienten, war ich ziemlich froh, als wir zusammen mit anderen
Frauen und deren Kinder, die nicht älter als vierzehn Jahre waren, in ein
anderes Lager verlegt wurden. Hier gab es Steinhäuser und Metallbetten.
Mal abgesehen davon, daß sie quietschten, störte kein Ungeziefer unseren
Schlaf. Jetzt sorgte die Ungewißheit über unser zukünftiges Schicksal für
unruhige Nächte. Wieder standen überall bewaffnete Wächter, und wieder konnte uns anfangs niemand sagen, wie es dem Rest der Familie ginge
und wann dieses demütigende, ungewisse Lagerleben ein Ende haben

würde. Erst als die Abschottung von der Außenwelt etwas gelockert wurde, gab es die ersten Nachrichten. Und die waren sehr spannend.

So erfuhren wir über Freunde, daß mein Vater das Privileg eines Freigängers genoß. Tagsüber durfte er als Häftling Dr. jur. Josef Biolek dem städtischen Gericht in der Registratur dienen. Abends mußte er zurück in den Knast. Irgendwann legte er dieses Privileg recht großzügig aus. Er türmte, als die miefige Gerichtsluft rein war. Eine klassische Güterabwägung im juristischen Sinne. Was hatte er schon zu verlieren? Beherzt schlug er sich nach Österreich durch, obwohl nach Kriegsende überall Soldaten und Milizionäre patrouillierten. Aber mein Vater wäre nicht mein Vater gewesen, wenn er diese Hürde mit seinem unerschütterlichen Gottvertrauen und gesundem Menschenverstand nicht genommen hätte.

In Wien hatte er Jura studiert; hier kannte er sich aus. Doch hier erwartete ihn nun die schlimmste Hungersnot, die die Stadt in diesem Jahrhundert bisher erlebt hatte. Wie er später erzählte, ernährten sich die Menschen aus Mülltonnen – wenn in ihnen überhaupt etwas zu finden war. Mein Vater, der sonst eher wohlgenährt war, magerte auf 45 Kilo ab.

Die Berichte, die über unseren Vater ins Lager drangen, endeten mit den Informationen über die Hungerkatastrophe in Wien. Wir erfuhren erst sehr viel später, was aus ihm geworden war. Neun Monate dauerte unsere Gefangenschaft. Gesundheitlich blieben wir alle stabil, selbst die Großeltern. Die erste richtige Hochstimmung nach langer Zeit kam auf, als mein älterer Bruder Joseph im Lager zu uns stieß. Er war nur knapp einer mehrjährigen Verurteilung entkommen. Man hatte ihn zwar nicht mit der Flucht meines Vaters in Verbindung gebracht; Gefängnisaufseher wollten ihm den Verrat an einem Tschechen anhängen. Er wurde jedoch freigesprochen.

Mehrere Wochen später forderte die russische Kommandantur in einem Dekret alle Deutschstämmigen auf, das Land zu verlassen. »Tschechischer Boden den Tschechen«, hieß es. Meine Mutter, meine Großeltern, meine Tanten, mein Bruder und ich wurden samt karger Habe, die aber noch die wertvollen Schulterpolster enthielt, zu einem Zug gebracht und in Viehwaggons verladen. Niemand wußte, wohin die Reise gehen würde. Nach Weißrußland, in die Ukraine oder nach Sibirien? Alles war möglich. Wir saßen auf Strohsäcken, die Türen knallten zu. Dunkelheit. Durch Atemschlitze fielen ein paar dünne Lichtpunkte. Damit das »Vieh« nicht verdurstete, war für Wasser gesorgt. Mehr gab es nicht. Der Zug rumpelte eine Nacht und einen halben Tag geradeaus. Irgendwohin. Und irgendwann hielt der Zug, es gab etwas Suppe, dann flogen die schweren Schiebetüren wieder zu. Die Rumpelei ging weiter.

Als der Zug erneut hielt, konnten wir ein Bahnhofsschild mit der Aufschrift *Althegnenberg* erkennen. Wir atmeten auf, denn wir waren nicht irgendwo in Rußland, sondern ziemlich genau zwischen Augsburg und München gelandet. Wir glaubten, die nächste Nacht in deutschen Betten verbringen zu können. Doch da irrten wir uns. Busse karrten uns zu einem Gasthof, luden uns ab und fuhren weiter. Die Nacht mußten wir auf Tischen und Bänken schlafen. Wenn man heute als Kid per billigem Interrail-Ticket quer durch Europa fährt, mag das sehr romantisch sein. Wir hatten von hartem Holz die Nase voll. Am nächsten Tag verteilte man uns auf umliegende Bauernhöfe. Die Bauern waren dazu verpflichtet, Aussiedler beziehungsweise Vertriebene aufzunehmen. Ihre Stimmung war dementsprechend gereizt. Doch weil meine Mutter eine kluge Frau war, hat sie den Bauern unsere Anwesenheit vergoldet. Sie trennte ihre Schulterpolster auf und holte die Maria-Theresia-Taler und die Edelsteine hervor, die sie vor etlichen Monaten in unserer Freistädter Villa eingenäht hatte. Plötzlich waren wir alle wohlgelitten.

Mir ist selbst heute noch ein Rätsel, wie meine Mutter es schaffte, die wertvollen Kleider trotz Flucht und Lager durchzubringen. In Anlehnung an das Bibelwort sei mir hier gestattet zu schreiben: »Die Taten der Frauen sind unergründlich« ...

Wir sammelten Ähren und Bucheckern und brachten sie in Getreidebeziehungsweise Ölmühlen. Dafür bekamen wir Mehl und Öl. Wir buken Brot, kauften für die Klunker Eier und Butter bei den Bauern. Damit war unser Bedarf an Grundnahrungsmitteln gedeckt, und wir konnten ganz gut leben. Manchmal gab es auch ein Hühnchen. Gemüse wächst ja bekanntlich fast von alleine.

Zu dieser Zeit fehlte von einem Teil der Bioleks noch immer jede Spur. Den Vater wähnten wir in Wien, Herbert, meinen ältesten Bruder, glaubten wir in Rußland. Wir zogen wieder mit den drei Tanten und den Großeltern zusammen. Gemeinsam in der Familie, sagten wir damals, sind wir stärker. Diese Ansicht ist ja heute eher unpopulär. Über Verwandte, die wußten, wo wir gestrandet waren, erfuhren wir irgendwann, daß sich mein Vater aus Österreich hatte aussiedeln lassen, um nach Deutschland zu kommen. Auch er landete in einem Aussiedlerzug, auch bei ihm öffneten sich die Türen irgendwo. Auf seinem Bahnhofsschild stand *Waiblingen*. Er war von uns rund 120 Kilometer entfernt. Was für ein Zufall! Wieder waren es Verwandte, die ihm unseren Aufenthaltsort sagen konnten.

Es war aufregend, meinen Vater wiederzusehen. Jetzt fehlte nur noch einer, Mutters Ältester. Wir drängten meinen Vater, unbedingt zu erzählen, wie er der russischen Kriegsgefangenschaft entkommen war, und endlich konnten wir aus seinem Munde erfahren, wie es ihm ergangen war: Als die deutsche Front endgültig zerschlagen worden war, flohen die verbliebenen Einheiten kopflos in alle möglichen Richtungen. Jeder versuchte auf eigene Faust durchzukommen. Da nichts auffälliger war als eine deutsche Wehrmachtsuniform, mußte mein Vater die verhaßte Kampfmontur loswerden. In einem Dorf bot er einer Familie seine Feldflasche und seinen Fernstecher zum Tausch gegen zivile Kleidung an. Seine Uniform warf er in einen zerschossenen Panzer, der mitten auf einer Straße stand. Dann meldete er sich bei der örtlichen Polizei und erzählte in fließendem Tschechisch, er sei ein von den Deutschen verschleppter tschechischer Gastarbeiter und wolle dringend wieder nach Hause. »Au fein«, habe daraufhin die Polizei gesagt, »auf Sie haben wir schon gewartet. Sie bleiben erst mal hier und arbeiten als Milizionär.« Mein Vater bekam eine rote Armbinde und mußte deutsche Kriegsgefangene beaufsichtigen. Da dies nicht sein Ziel war, sprang er auf den ersten Zug, der vorbeikam, riß sich auf dem Waggonklo die rote Armbinde ab, spülte sie weg und kam auf Umwegen in Freistadt an. Weil er hier für die Tschechen Deutscher war, landete er, wie ich schon schrieb, in der städtischen Haftanstalt.

Da wir in Deutschland bleiben mußten, hieß die Frage: Wohin jetzt? Mein Vater kalkulierte ganz kühl. Er sagte, da Waiblingen größer sei als Althengnenberg und die Industriestadt Stuttgart in der Nähe liege, seien die Arbeits- und Verdienstmöglichkeiten dort auch besser. Er fuhr voraus und suchte eine Wohnung. Wir verpackten mal wieder unsere Sachen, diesmal in Persil- und Ata-Kartons, und versuchten einige Tage später, ihm nachzufolgen. Leider schlug der Plan fehl, weil uns der Lastwagen, der uns abholen sollte, nicht kam. Nach einer ungemütlichen Nacht auf Kartons in einem Gasthof bestiegen wir den nächsten Zug und fuhren nach Waiblingen. Mit seiner vorzüglichen Ausbildung fand mein Vater auch sofort eine Stelle in der Rechtsabteilung des Landwirtschaftsministeriums.

Ich lernte sehr schnell ein deutsches Gymnasium von innen kennen. Ganz langsam fing das Leben an, sich zu normalisieren. Die positiven Gefühle verstärkten sich, als mein Bruder Herbert plötzlich vor unserer Tür stand. Man hatte den Zwanzigjährigen endlich aus der russischen Ferne nach Deutschland entlassen. Wieder hatte der Verwandtenfunk bei seiner Suche nach uns funktioniert. Das waren Reichweiten, traumhaft; Familie gefunden, 100 Prozent Quote.

Während ich Schulprobleme wälzte, hatten meine Eltern, Großeltern und die Tanten ganz andere Sorgen. Wieder kündigte sich eine dramatische Veränderung an, die Währungsreform 1948. Das Geld wurde abgewertet, was für uns allerdings mit keinem allzu großen Schrecken verbunden war, weil wir kaum Geld besaßen. Kurze Zeit später zogen wir in eine andere Wohnung, in der mein Vater auch wieder eine Rechtsanwaltspraxis eröffnete. Keinen klassischen Arbeitsraum etwa, nein: Er »mißbrauchte« aus Platzgründen das Eßzimmer. So mußten, immer wenn Besuch erwartet wurde, Akten, Mappen und Schriftstücke zusammengeräumt werden. Über die Schreibmaschine warfen wir ein Tuch.

Als 1950 die Lebensmittelrationierungen aufgehoben wurden, gaben wir uns auch sehr bald wieder den Traditionen einer böhmischen Familie hin: Essen, Trinken, Reden. Es waren spannende Stunden, wenn mein Vater und meine Brüder von ihren Front- und Fluchtabenteuern erzählten und wir darüber sprachen, wie es zu diesen Ereignissen seit 1939 kommen konnte.

Die gewaltsame Aussiedlung hatte bei meinen Eltern einen tiefen Schock hinterlassen. Sie brauchten einige Zeit, ihre persönlichen Erlebnisse zu überwinden. Dennoch war und ist unser Schicksal, bei aller Dramatik, nicht vergleichbar mit den Repressalien und der Gewalt, die die Nazis Millionen Menschen aus ganz Europa angetan haben. Zwar litten wir darunter, daß wir alles verloren hatten. Aber es war uns klar, daß wir das Wichtigste behalten hatten: unser Leben.

Freimut Duve wurde 1936 in Würzburg geboren. Seine Kindheit verbrachte er in Hamburg, wo er auch Geschichte, Anglistik und Soziologie studierte. Von 1966 bis 1969 war er persönlicher Referent des Hamburger Wirtschaftssenators, danach politischer Redakteur bei der Zeitschrift *Stern* und von 1970 bis 1989 Lektor im Rowohlt Verlag und Herausgeber verschiedener Buchreihen und Zeitschriften. Seit 1966 ist Freimut Duve Mitglied der SPD, seit 1980 Mitglied des Vorstandes der SPD-Fraktion. Er ist Autor bzw. Herausgeber zahlreicher Bücher, unter anderem: »Die Restauration entläßt ihre Kinder« (Hrsg./1968), »Der Rassenkrieg findet nicht statt. Entwicklungspolitik zwischen Angst und Armut« (Hrsg./1970), »Aufbrüche« (Hrsg./1986), »Vom Krieg in der Seele. Rücksichten eines Deutschen« (1994).

Freimut Duve ist verheiratet und hat drei Kinder.

Freimut Duve

Schlüssel auf der Kommode

1

Irgendwann hat meine Tochter diese alte Kommode weggeräumt. Sie hatte nie – auch in meiner Kindheit nicht – Füße. Die waren irgendwann, lange vor mir, weggebrochen. Damals stand sie auf zwei Holzpflöcken vorne und zwei schmaleren Backsteinen hinten. Die aufgeleimten Zierleisten an der Kommodenecke – mit dem schönen Muster – hatte ich selbst abgebrochen. Nicht aus Absicht, sondern im Spiel. Sie hatten sich oben erst nur ganz leicht vom Leim gelöst und waren unten noch fest. Wenn man sie vom Kommodenkörper sanft wegzog und plötzlich losließ, dann schnellten sie wie eine Stahlfeder an ihren Platz zurück, trafen dort auf und machten zuerst einen leichten Knall und dann ein sirrendes Geräusch. Die wohlgeformte Leiste zitterte noch ein wenig nach. Je größer ich wurde, um so weniger blieb vom angeleimten Teil – ich wurde ja kräftiger. Bis die Zierleisten, erst die eine, dann die andere, einfach wegbrachen. An die beiden hinteren kam ich nicht so gut heran – darum hatten sie meine Kindheit überlebt.

Auf dieser Kommode also lag er. Neben einer Wollmütze. Ziemlich nah bei der Kante. Der zweite Türschlüssel lag da eigentlich nie, denn er gehörte in die oberste Schublade von der Kommode. Nun lag er da, und ich konnte ihn sehen. Ich linste durch den Briefschlitz in der Tür. Und drinnen war es ziemlich dunkel – aber meine Mutter hatte wohl die Küchentür zum Flur angelehnt gelassen, so konnte ich Kommode, Schlüssel und Mütze klar erkennen.

Ich stand im Treppenhaus, letzte Etage, wo es zum Boden und zur Dachwohnung ging, vor der zugeschlossenen Tür. Erst setzte ich mich auf die Treppenstufen.

Nach einer Weile ging ich zwei Stockwerke tiefer zu Frau Türk. Ich klingelte, sie öffnete schnell. Ob sie einen festen Draht habe oder einen dünnen Stock. Wozu ich den brauche, und was ich überhaupt mitten in der Woche dort zu suchen habe?

Noch war ich Heimkind und kein Schlüsselkind, und darum lag der Schlüssel auf der Kommode und nicht in meiner Hosentasche. Ich war sieben und war direkt von der Volksschule abgehauen aus Langenhorn und wollte zu meiner Mutter. Abgehauen aus dem Heim. Das erste Mal in meinem ganzen Leben. Weggelaufen war ich hin und wieder, aber nur kurz und meistens nur bis zum U-Bahnhof. Jetzt war ich losgefahren – im Frühjahr 1944.

Frau Türk gab mir einen dünnen Stiel mit einem Staubfänger dran. Umgedreht wurde mein Werkzeug draus. Vorne ein Stück Draht mit einem kleinen Haken. Für den Schlüsselring. Frau Türk half mir bei der Arbeit. Mit dem selbstgemachten Werkzeug rannte ich nach oben. Noch lag er still und verlockend auf der Kommode.

Der Stiel paßte gut durch den Briefschlitz, und ich kam auch mit einiger Anstrengung mit dem Haken bis zur Kommode, ein bißchen schwierig, weil das Endstück wegen dieses Staubbüschels ja nicht durch den Schlitz paßte. Und ich hatte den Schlüssel auf dem Haken. Wenn ich mich heute, 51 Jahre später, an glückliche Momente erinnere, dann war das vielleicht einer der glücklichsten. Ich hatte ihn auf dem Haken!

Langsam zog ich zurück. Und dann hatte ich ihn auf dem Haken gehabt. Ziemlich rasch rutschte er von meinem wackligen Werkzeug und landete mit richtigem Schlüsselklirren auf dem Boden.

Jetzt lag nur noch die Mütze auf der Kommode. Und wenn ich mich

Freimut Duve, im Sommer 1938, auf dem Arm seiner Mutter

heute, 51 Jahre später, an unglückliche Momente erinnere, dann war das
vielleicht einer der unglücklichsten.

Frau Türk gab mir ein Stück Schwarzbrot. Ich verkroch mich auf
ihrem Küchensofa. Meine Mutter kam um 10 Uhr abends. Frau Türk
hatte einen Zettel an die Tür gemacht. Am nächsten Morgen um 6 Uhr
mußte ich zurück ins Heim und zur Schule.

2

Bei uns zu Hause? Das war kompliziert. Beim Milchmann Heinsen sagte
ich »oben« und meinte die Wohnung meiner Oma. Im Keller gab es
Quark und Milch von Heinsen. In der Volksschule sagte ich: »bei Frau
Krohn« und meinte die Heimleiterin, die mich gegen den Spott verteidigte, den dieser Nazilehrer an meiner Geige ausließ. Zu Hause, das war
ohne jeden Zweifel die Wohnung mit der Kommode, in der es ein Bett für
mich gab für das Wochenende. Drei Orte, weit auseinander: Oma in
Altona, Frau Krohn in Langenhorn, die Mutter in Eimsbüttel. Und
vorher gab es Frau Lax im Karolinenviertel und eine Familie in Bahren-
feld und ein Heim in Bergedorf und eine Familie in Barmbek und später
eine Familie in Iserbrook. In Pflege oder im Heim. Mal so, mal so. In
vielen Stadtteilen. Die alleinerziehenden Mütter hatten nicht viel Wahl.
Vor den Autos und dem Achtstundentag mußte das Kind auch über
Nacht abgegeben werden. Wenn meine Mutter mich nach dem Wochenende wieder ins Heim oder zur Pflegefamilie am Montag bringen mußte,
standen wir um 4 Uhr auf. Um halb acht mußte sie spätestens im Büro
sein. Und Hamburg war groß zwischen Heim und Pflege und S- oder U-
oder Straßenbahn.

Es war immer aufregend, selten langweilig. Und weiß Gott lehrreich.

3

Damals gab es wenig Steckdosen. Darum hing die Verlängerungsschnur
manchmal aus der Deckenlampe. Damals gab es Stecker, die wir in die
Lampe schrauben konnten. Zwischen Fassung und Birne. Die Schnur

hing ins Zimmer, und da konnten wir noch eine Lampe anbringen oder das Bügeleisen. Elektrisch bügeln. Oma bügelte noch mit dem Bügel-Eisen, das auf dem Kohleherd heiß gemacht wurde. Warum fallen mir die Schnüre aus der Deckenlampe ein? Sie waren das Moderne. Neben den elektrischen Lampen von der Decke konnte man an diese Verlängerungs-schnüre anderes anschließen. Im Bodenraum – meiner Mutter Schlaf-zimmer – gab es am Anfang nicht einmal die Innenauskleidung der Dachziegeln. Es gab keine Heizung, und es war kalt. Meine Mutter konnte an die Schnur das neumodische Heizkissen anschließen. Später gab es Stromausfall und einen Kanonenofen für die ganze Wohnung. Nun hing nicht mehr die Verlängerungsschnur von der Decke, sondern der Ofen hatte seinen langen, rostigen, angewinkelten Arm durch das ganze Zimmer gestreckt bis zum Fenster. Da war das Glas dem Blech mit dem Loch für das Rohr gewichen. Ofenrohre und die Zylinder für die Petroleumlampen waren das Kostbarste, was der schwarze Markt zu bieten hatte. Nach 1945. Im Bitterwinter 1946/47.

Im Heim gab es ein modernes Badezimmer. Das heiße Wasser wurde (wenn Strom da war) elektrisch geheizt. Bei Oma gab es den großen rotbraunen Kohleofen für das Heißwasser. Das Bad war kein Zimmer, eher eine Abstellecke mit einem Spiegel. Da hing Opas Rasierschleifle-der, da gab es eine schmale Wanne, in der immer die großen Eimer und Schüsseln standen, und dahinter eine Schiebetür zu einem anderen Zim-mer. Das hatte keinen Flur. Und wenn Opa sich rasierte, dann konnte Frau König, die Einquartierung aus Ostpreußen, nicht raus. Dann war sie eingesperrt.

Bei der Oma zu Hause. Plötzlich wohnte in jedem Zimmer jemand anders. Im Eßzimmer die Familie Klein aus Westpreußen, im Zimmer hinter dem Bad Frau König aus Pommern, im Balkonzimmer die Tante aus Preußisch Stargard. Das Wohnzimmer war geblieben und das Schlaf-zimmer. Für die Großeltern.

Die Küche war für alle da, aber nur nacheinander.

Im Heim wurden 1944 immer mehr Betten ins große Zimmer gestellt, man kam kaum noch durch. Sie standen nur ein Fußbreit voneinander.

Vielleicht zwölf Kinder im Zimmer. Aber auch im einzigen großen Bett die fast erwachsene Tochter der Heimleiterin. Sie hatte einen Bade-mantel und durfte alleine ins Bad. Aber nur zehn Minuten. Wir anderen standen Schlange vor dem Becken. Wir wurden immer mehr, weil jetzt Flüchtlingskinder kamen, die ihre Eltern verloren hatten.

Ich hatte die Mutter in der Stadt, die hatten die Mutter im Kopf, als Bild. Hatten sie verloren auf irgendeinem Treck. Fremde hatten sie nach Hamburg mitgenommen. Jetzt waren wir zusammen. Zu Hause. Im Heim.

4

Ich hatte Glück. Ich hatte ja noch zwei andere Zuhause, das eine bei meiner Mutter unterm Dach, das andere bei den Großeltern: ein altes Haus aus den achtziger Jahren des vorigen Jahrhunderts. Hinten im Hof hatte Herr Lage seine Schmiede. Noch in den zwanziger Jahren kamen die Pferde durch den großen Toreingang, unter der Wohnung von Lages im 1. Stock und neben der Wohnung von Heinsen und ihrem Milchladen. Herr Lage ging nur über den Hof, in seine Schmiede. Auf dem Hof standen zwei Bäume, und wir durften spielen. In der Schmiede sprühte es Funken: Herr Lage war nicht im Krieg, aber seine Leute mußten in den Krieg. So stand Herr Lage wochenlang ganz allein in der riesigen Schmiede und schmiedete: Gestelle für Schottsche Karren, manchmal auch Zäune, aber auch Abflußrohre. Jetzt kamen ganz selten Pferde auf den Hof und kriegten Herrn Lages Eisen auf die Füße gekloppt.

Die Duves wohnten über Lages. Die große doppelte Tür. Gleich gegenüber beim Eintreten stand Omas Kommode im Flur. Die war größer und heller als die meiner Mutter. Da drauf das schwarze Telefon. In der obersten Schublade fanden wir – meine Cousine aus Stargard und ich –, schon versteckt und eingewickelt in den zwanziger Jahren, die Schlittschuhschlüssel unserer Mutter. Und alte Fotos und Papierkram von früher.

5

Nach Kriegsende, nach 1945, war ich kein Heimkind mehr. Da wurde ich Schlüsselkind. Darum waren einige sehr wichtige Wörter für mich eher schwierige Wörter: *Familie, Elternhaus, Vaterland, Muttersprache,*

Vaterstadt. Von diesen Wörtern konnte ich als Kind nur eines für mich beanspruchen: *Muttersprache.* Sie wimmelten in den Büchern meiner Mutter und ihres Vaters. Immer wieder tauchten diese Wörter auf, an denen ich keinen Anteil hatte. Deutschland war nicht das Land meines Vaters, sondern das Land meiner Mutter. *Mutterland* hätte mir gut gefallen, aber die Mutter ist für die Sprache vorgesehen. *Elternhaus.* Das Wort ärgert mich bis heute. Es wird vielen Deutschen ähnlich gehen. Eherne Worte der bürgerlichen Welt des 19. Jahrhunderts kränken und schmerzen die Millionen Kinder, die ohne Eltern oder nur mit der Mutter aufgewachsen sind. »Mein Elternhaus«. Unter diesem Titel ist 1984 ein Sammelband bei ECON erschienen. Meine Schwierigkeit mit dem Wort wird dort von vielen Autoren, die meisten geboren vor dem Ersten Weltkrieg, geteilt. Das Buch beginnt mit Ida Ehre, der großen Schauspielerin, sie schreibt trotzig vom »Mutterhaus«.

Die Wohnung meiner Mutter war kein »Elternhaus«, die wechselnden Kinderheime auch nicht. Ein erstes richtiges »Elternhaus« lernte ich auf unangenehme Weise kennen: Ich hatte mich nach dem Krieg mit einem Jungen in der Schule angefreundet. Er wollte, daß ich ihn besuche. Sein Zuhause war eine mehrstöckige Villa an der Rothenbaumchaussee. Die Küche allein schien mir größer als die ganze Anderthalb-Zimmer-Wohnung meiner Mutter. Seine Eltern waren berühmt, beide waren bedeutende Professoren an der Universitätsklinik. Ich hatte solche Räume noch nie gesehen, solche Eltern auch nicht. Wenige Tage danach bekam meine Mutter einen Brief von der Professorin: Sie solle mich sofort zu einer TB-Untersuchung bringen, bevor ich wieder in ihr Haus dürfe, ich sehe so abgemagert aus, die Gefahr bestehe, daß ich ihren Sohn mit Tuberkulose anstecke. Meine Mutter war wütend. Und ich wollte niemals wieder in dieses Haus. Es siegte meiner Mutter Respekt vor der medizinischen Autorität und ihr Wunsch, daß ich weiter mit diesem netten Jungen spielen sollte. TB hatte ich nicht.

Während ich dies schreibe, merke ich, daß ich dieses schreckliche Wort vermutlich nie ausgesprochen oder geschrieben hatte. Ein Leben lang. Es geisterte als Fremdwort in meinem Kopf. Ich hatte geglaubt, mit ihm nichts zu tun zu haben, und es hat mein Leben wahrscheinlich stärker mitbestimmt als Leute, die ein Elternhaus hatten.

6

Frau Türk habe ich die Kommodengeschichte vierzig Jahre später noch einmal erzählt. Sie war über achtzig. Diese hatte sie vergessen. Aber eine andere nicht, und die hat meine Erinnerung an die Kindheit mindestens so geprägt wie die Schlüsselgeschichte. Eine politische: Am 20. April wurde zum Geburtstag Hitlers geflaggt. Die Flaggen waren mit einem Blick zu sehen, von der Straße, auch die Fenster ohne Flaggen. Vier Etagen, zwei Dachwohnungen. Meine Mutter meinte, man könne die Fahne von unten doch nicht sehen, und am Dachfenster sei sie zu schwer anzubringen. Aber Frau Türk hatte keine Fahne. Von viermal acht Wohnungen war sie die einzige. Sofort erkennbar: rechts in der zweiten Etage von unten. Ich ging zu ihr. »Tante Türk, warum hast du keine Hitlerfahne am Fenster?« Ihre Antwort war die erste Widerstandserfahrung meines Lebens. Sie hat sich mir eingeprägt. Darum habe ich sie besucht, vierzig Jahre später, und ihr für diese heiter formulierte, aber todernst gemeinte Antwort gedankt. Sie hatte am 20. April 1944 zu mir gesagt: »Mein Junge, an meinem Geburtstag hängt auch keiner eine Fahne raus.« Sie war Sozialdemokratin.

(In diesem Text ist auch ein Element aufgenommen, das ich in meinem 1994 erschienenen Buch »Vom Krieg in der Seele – Rücksichten eines Deutschen« ausführlicher behandelt habe.)

Dr. rer. oec. Franz Vranitzky wurde 1937 als Sohn von Rosa und Franz Vranitzky in Wien geboren. Er studierte an der Hochschule für Welthandel in Wien Betriebswirtschaft. Noch während des Studiums arbeitete er bei der Firma Siemens-Schuckert im Rechnungswesen und in der Österreichischen Nationalbank. Von 1970 bis 1976 war er wirtschafts- und finanzpolitischer Berater von Finanzminister Androsch, danach stellvertretender Generaldirektor der Creditanstalt und Länderbank, der er ab 1981 als Generaldirektor vorstand. 1984 wurde er Finanzminister der Regierung Sinowatz, seit 1986 ist er Bundeskanzler der Republik Österreich und seit 1988 auch Vorsitzender der Sozialistischen Partei.

Franz Vranitzky ist verheiratet und hat zwei Kinder. Er lebt in Wien.

Franz Vranitzky

»Einen Posten bei der Bank
verläßt man nicht«

Den Beruf des Eisengießers werden heute wahrscheinlich nicht mehr
sehr viele Menschen ausüben. Mein Vater, 1907 als eines von vier
Kindern in Wien zur Welt gekommen, hat diesen Beruf erlernt und war
auch als Eisengießer tätig. Er mußte all das miterleben, wozu seine
Generation verdammt war: Erster Weltkrieg, Arbeitslosigkeit, Inflation,
Ständestaat, Bürgerkrieg, Naziherrschaft. 1939 wurde er zur deutschen
Wehrmacht einberufen, 1945 geriet er in russische Kriegsgefangenschaft.
Er kam dann zurück, war wieder Eisengießer und wurde schwer verletzt,
als ihm flüssiges Eisen ins Auge sprang; daraufhin mußte er den Beruf
wechseln. Als Werkmeister der Wiener Wasserwerke ging er in Pension.
Mit achtzig Jahren ist er gestorben.

Meine Mutter, drei Jahre jünger, entstammt einer sieben Kinder zählen-
den Familie aus einem kleinen burgenländischen Dorf. In jungen Jahren
kam sie als Dienstmädchen nach Wien. Sie lernte, wenn ich der Überliefe-
rung glauben darf, in einem Tanzcafé in der Hauptallee meinen Vater kennen, und sie heirateten – sie »mußten« heiraten, wie man damals sagte –,
als ich unterwegs war. Drei Jahre später kam meine Schwester zur Welt.

Das war 1940, und da war mein Vater bereits »an der Front«, und so
mußte meine Mutter mit ihren beiden Kindern allein zurechtkommen.
Von gelegentlichen Heimaturlauben abgesehen, habe ich meinen Vater in
diesen Jahren kaum zu Gesicht bekommen, erst als er aus der Kriegsgefangenschaft zurückkehrte, »gehörte« er wieder uns.

Es waren ärmliche Verhältnisse, in denen ich aufwuchs, die Souterrain-
wohnung in der Braungasse in Wien-Dornbach war klein und düster.
Nach der Volksschule kam ich – wofür meine Eltern ziemliche Opfer auf
sich nahmen – ins Realgymnasium Geblergasse, ebenfalls im 17. Bezirk.
Nach eher durchschnittlichen Leistungen in den ersten Jahren entwik-
kelte ich mich später zu einem Schüler mit guten Noten, wobei ich für die
Fächer Latein, Philosophie und Geschichte wesentlich größeres Interesse
aufbrachte als für Physik und Mathematik. Trotzdem entschied ich mich
nach der Matura für das Welthandelsstudium.

Das Geld reichte gerade, um einem der beiden Kinder eine höhere
Ausbildung zu finanzieren, so viel war nicht da, daß auch meine Schwester ins Gymnasium hätte gehen können. Es galt das damals durchaus
übliche Motto: »Für beide Kinder geht sich's nicht aus, und da ist es
gescheiter, man läßt den Buben studieren.« Meine Schwester hat diese,
als solche nicht beabsichtigte Zurücksetzung glänzend gemeistert; sie
betreibt heute ein kleines Geschäft und stellt ihre Frau.

Unser Vater war Sozialdemokrat mit ziemlich linker Ausprägung, was
sich aus seiner Herkunft logisch ergab. Die ganze Umgebung lieferte ja
eine fast automatische Voraussetzung, sich politisch links anzusiedeln.

Als einer seiner besten Freunde im Februaraufstand 1934 durch eine
Kugel ums Leben kam, stand mein Vater direkt daneben, ein Erlebnis,
das ihm selbstverständlich sehr naheging. In den folgenden Jahren gab es
unter etlichen Sozialdemokraten – die meinten, das nicht bleiben zu
können – ein Phänomen: So mancher wanderte nach rechts ab, fühlte
sich eher den Nazis zugehörig. Andere siedelten sich noch weiter links
an, als sie vor 1934 waren – und zu denen zählte mein Vater.

Die politischen Ansichten meines Vaters haben seine Lebensbedin-
gungen in der Nazizeit noch mehr erschwert. Da er seine ausgesprochen
antifaschistische und antinationalsozialistische Haltung vor niemandem
verbarg, wurde er in der Wehrmacht kaum befördert, er war, glaube ich,
erst kurz vor Kriegsende Obergefreiter geworden. Im Verlauf dieser

 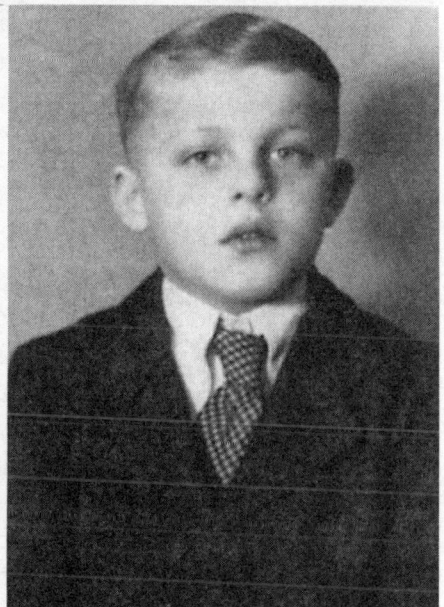

Oben: Franz Vranitzky mit Mutter Rosa und seiner Schwester

Unten: »Von gelegentlichen Heimaturlauben abgesehen, habe ich meinen Vater in diesen Jahren kaum zu Gesicht bekommen« (links). Der spätere Bundeskanzler im Alter von etwa sechs Jahren (rechts)

nicht gerade blühenden Karriere hat man ihn darüber hinaus auch immer an besonders schwierigen Frontabschnitten eingesetzt. Er war sowohl in Rußland als auch in der Normandie.

Von der politischen Grundstimmung in unserer Familie habe ich viel mitbekommen, auch wenn ich keineswegs politisch »trainiert« wurde. Auch meine Mutter, die im Gegensatz zu meinem Vater kaum belesen war, hatte einen guten Instinkt für politische Anständigkeit, und ich kann mich erinnern, daß sie die Nazis in meiner Kindheit oft als »Gesindel« bezeichnet hat, vermutlich ohne intellektuell erfaßt zu haben, was bei diesen genau abzulehnen sei. Eher hat sie es emotional mitbekommen.

Dabei spielte eine Familie in der Nachbarschaft eine bestimmende Rolle. Ganz in unserer Nähe lebte ein jüdisches Ehepaar, das oft bei uns zu Besuch war, und meine Mutter stand vor allem dem Mann, der sehr gebrechlich war, zur Seite, half bei Fliegeralarm und anderen für ihn gefährlichen Situationen. Das Ehepaar überlebte die Nazizeit in Wien, und meine Mutter hat wesentlich dazu beigetragen.

In der Haltung meiner Eltern liegen zweifellos die Wurzeln meiner heutigen Einstellung als Sozialdemokrat. Es ergab sich schon aus meiner familiären Situation und den geschilderten Erlebnissen, daß ich jeglicher Form von Faschismus, Antisemitismus und Rassenhaß den Kampf ansagte.

Ich war erst acht Jahre alt, als der Krieg zu Ende ging, aber ich habe die Zeit in sehr klarer Erinnerung. Ich erinnere mich an Fliegerangriffe, an die bangen Stunden im Luftschutzkeller, an die Rückkehr in die Wohnung, deren Fenster und Türen aus den Angeln gesprungen waren, an das von Bomben zerfetzte Dach unseres Hauses. Ein Mann starb nach entsetzlichen Qualen. Kindheitserinnerungen, die sich für immer einprägen.

Im Gedenkjahr 1988 mußte ich zu meinem Leidwesen erkennen, daß viele Menschen Schwierigkeiten haben, sich mit Themen wie NS-Zeit, »Anschluß«, Faschismus und Konzentrationslager einigermaßen objektiv auseinanderzusetzen. Dies wurde mir im besonderen bei der Enthüllung des Hrdlicka-Mahnmals an der Albertina bewußt. Da herrschte eine für mich schaurige Atmosphäre. Denn die einen standen mit Tränen in den Augen da; sie hatten ihre nächsten Angehörigen im KZ verloren, wie man den Gesprächen entnehmen konnte. Und dann waren da andere, die recht locker sagten: Was soll denn das Ganze, das alles ist doch schon so lange her.

Die Veranstaltung fand unter starkem Polizeischutz statt, und das war wohl das Betrüblichste: daß man im Jahre 1988 die Übergabe eines Mahnmals gegen Krieg und Faschismus nicht ganz selbstverständlich ohne Polizei abwickeln konnte.

Es waren auch Leute dabei, die gegen den Polizeischutz demonstrierten, und im Zuge dieser Demonstrationen kam es zu kleineren Handgemengen. Ich ging nach der Veranstaltung durch den inneren Burghof in mein Büro und fühlte eine Mischung aus Trauer über diesen Ablauf und ungeheure Befriedigung über die letztendlich doch gelungene Errichtung eines solchen Mahnmals.

Ich erachte es als besonders wichtigen Teil meiner Arbeit, mich für Toleranz einzusetzen. Es ist eine nicht ganz leichte, aber – und davon bin ich überzeugt – lohnende Aufgabe. Denn unser Land wird in den vor uns liegenden Jahren der Öffnung des Ostens in verstärktem Ausmaß mit Zuwanderern und Durchreisenden konfrontiert werden. Und dies wird eine große Bewährungsprobe für uns sein.

Zurück zu meinem Elternhaus, von dem ich mich jetzt nicht so weit entfernt habe, wie es scheinen mag, denn Toleranz spielte hier eine wichtige Rolle.

Mein Vater, dem die Sozialdemokraten vor dem Krieg zu wenig links waren, ist der SPÖ nach dem Krieg wieder beigetreten, aber sie war ihm auch da noch zu weit rechts.

Als ich 1970 von der Nationalbank wegging, um in der Minderheitsregierung Kreisky einen Posten als wirtschafts- und finanzpolitischer Berater von Finanzminister Androsch anzutreten, da sagte mein Vater, daß er damit überhaupt nicht einverstanden sei. Erstens einmal, lautete seine Erklärung, verläßt man nicht den sicheren Arbeitsplatz bei einer Bank (dies, obwohl ich ein Rückkehrrecht hatte). Und zweitens, und das lag ihm noch viel mehr am Herzen, arbeite man nicht mit Leuten wie Kreisky und Androsch zusammen. Die waren ihm zu weit rechts, in den parteiinternen Auseinandersetzungen der sechziger Jahre stand er eindeutig auf seiten Bruno Pittermanns, Kreisky war kein Thema für ihn. Im Laufe der Jahre ist es mir, salopp ausgedrückt, gelungen, meinen Vater aus der ganz linken Ecke herauszuholen, so daß er in seinen letzten

Lebensjahren meiner politischen Heimat angehörte. Er hat noch miterlebt, wie ich Bundeskanzler wurde, und er war natürlich sehr stolz darauf.

War mein Vater mir in der Kindheit Lehrer, so konnte ihm der erwachsen gewordene Sohn später einiges »zurückgeben«. Und er hat es angenommen. Ihm habe ich zu danken, daß ich früh Zugang zur Literatur fand, denn in unserer Familie wurde viel gelesen. Er selbst hat immer irgendwelche Kurse besucht, um sich fortzubilden, brachte unzählige Bücher aus der städtischen Bücherei mit nach Hause. Gemeinsam lasen wir vor allem politische Bücher. So erhielt ich meine ersten Informationen über die Existenz von Konzentrationslagern, über die österreichischen Teilnehmer im spanischen Bürgerkrieg. Und über diese und viele andere Themen wurde dann heftig diskutiert.

Meine Großmutter hat mir einmal von der Herkunft der Vranitzkys erzählt. Unsere Urahnen kamen aus dem russischen Sprachraum über Polen in die Tschechoslowakei, von wo sie nach Wien gelangten. Jahrhundertelang hießen sie – und so kann man es noch in frühen Papieren meines Vaters nachlesen – Vranicky mit »ck«. Als er einmal in der Nazizeit im Wiener Rathaus zu tun hatte, sagte ihm ein Beamter, sein Name wäre nicht »deutsch«, ab sofort müßte er sich mit »tz« schreiben. Sein noch lebender Bruder schreibt sich immer noch mit »ck«, weil er damals zufälligerweise nicht ins Rathaus gerufen wurde.

Die Silbe »Vran«, der erste Teil meines Namens, bedeutet im Slawischen soviel wie »schwarz«, der zweite Teil »icky« ist die Verkleinerungsform. Und alle Witze, die sich ergeben, wenn man als »roter« Politiker auf deutsch »kleiner Schwarzer« heißt, wurden bereits gemacht.

Soweit ich die Dokumente meiner Familie zurückverfolgen kann, haben sämtliche der jeweils erstgeborenen Vranitzkys bzw. -ickys männlichen Geschlechts Franz geheißen. Als wir unseren Sohn Robert nannten, konnten wir die Enttäuschung meines Vaters darüber nur dadurch mildern, daß wir ihn Robert Franz tauften. Er ist jedenfalls der erste in einer langen Kette männlicher Mitglieder unserer Familie, der nicht nur Franz heißt.

An meine eigene Taufe kann ich mich übrigens noch erinnern – oder besser gesagt: an meine zweite Taufe. Die Familie meines Vaters war evangelisch, die meiner Mutter katholisch. Die beiden beschlossen, ihre

Religionen beizubehalten, jedoch sollten die Kinder, der Religion des Vaters entsprechend, evangelisch getauft werden, was auch geschah. Doch als ich sechs Jahre alt war, erkrankte mein Vater in Polen an einer schweren Lungenentzündung. Meine Mutter betete zu »ihrem« Gott und gelobte, ihre Kinder katholisch taufen zu lassen, wenn ihr Mann gesund zurückkäme. Er kam gesund zurück, und so wurde ich Katholik. Denn meine Mutter war überzeugt, »ihr« Gott hätte geholfen.

Christiane Hörbiger wurde in Wien als Tochter von
Paula Wessely und Attila Hörbiger geboren. Sie dreh-
te als Fünfzehnjährige ihren ersten Kinofilm. Ihre
Schauspielausbildung machte sie am Reinhardt-
Seminar und bei Alma Seidler. 1959 erhielt sie ihr
erstes Engagement am Burgtheater. Nach einem Jahr
am Heidelberger Stadttheater kehrte sie wieder ins
Ensemble des Burgtheaters zurück.

Seit 1967 spielt sie im Ensemble des Zürcher
Schauspielhauses. Daneben gibt sie Gastspiele, unter
anderem im Theater in der Josefstadt, den Münche-
ner Kammerspielen und der Wiener Volksoper. Außerdem übernimmt sie Hauptrollen in Film und Fernsehen (u. a. »Schtonk«, »Das Erbe der Guldenburgs«).
Neben vielen anderen Auszeichnungen (Bambi, Goldene Kamera, Bayerischer Filmpreis u. a.) erhielt sie
1994 den Bundesfilmpreis, Filmband in Gold, für ihre
Kinofilme »Tafelspitz« und »Alles auf Anfang«.

Christiane Hörbiger war in erster Ehe mit Regisseur
Wolfgang Glück, in zweiter Ehe mit dem 1978 ver-

storbenen Journalisten Rolf R. Bigler verheiratet. Seit
1985 lebt sie mit dem Regisseur und Schriftsteller
Terhard Tötschinger in Zürich und Baden bei Wien.
Sie hat einen Sohn.

Christiane Hörbiger

Brief an einen Freund

Mein Lieber, ich habe Dir lange nicht geschrieben, aber ich bin gerade dabei, mich neu einzurichten – nicht mein Zuhause hier in Zürich, sondern meine Denkweise und meine Gewohnheiten, und das ist aufregender und vor allem entscheidender. Und dabei denke ich an früher – an den »Nestplatz«, wo alles angefangen hat, all das, was so ein Frauenleben dann ausmacht –, an mein Elternhaus. Merkwürdig, daß ich es immer an einem Sommermorgen vor mir sehe, wenn die Sonne durch die Blutbuchen, die Eiche und den Ahornbaum, die Riesen meiner Kindheit, scheint.

Meine Mutter besaß ein Gartenkleid, merkwürdiger Ausdruck für ein gelbrosa geblümtes Leinenkleid, bodenlang und ein bißchen ausgeblaßt, das sie manchmal beim Frühstück im Garten, von der weinlaubbewachsenen Hausecke behütet, trug. Keineswegs ein Kleidungsstück übrigens, mit dem man im Garten hätte arbeiten können, sondern eher ein »Gewand«, in dem man durch den Morgentau im Gras schlendern konnte. Ich glaube, sie haben, gemessen an den Jahren, gar nicht so oft stattgefunden, diese von ihr so geliebten Morgenspaziergänge im nassen Gras. Ich vermute, daß mein Vater, der zu uns Kindern weniger davon geredet hat, im Garten immer der eigentliche Herr des Anwesens war, denn er hat ihn immer gepflegt und behütet, seinen – unseren – Garten, und an diesem erinnerbaren Sommermorgen ganz besonders.

Du warst nie bei uns in der Himmelstraße? Komisch. Ich habe immer das Gefühl, Du kennst wie ich jeden Raum, jedes Möbelstück und jede Ecke der Himmelstraße 24. Würde ich das Haus mit einem Hubschrauber liebevoll und lauernd umkreisen, sähe ich von oben die grauen Dachschindeln des großen und des kleinen, angebauten Vorhauses unter mir. Ich sähe von oben das, was nach der Straßenseite hin so arrogant verschwiegen wird. Den schon erwähnten Garten, auf dessen grünem Mittelstück drei prägnant gesetzte Birken stehen. Drei Bäume – drei Töchter –, nur die Wunden und Freuden ihres Lebens sind zum Glück an der weißen Rinde nicht erkennbar, und so stehen sie unschuldig und ein bißchen dumm, aber sehr hübsch und unbeschädigt auf der Wiese.

Die beiden Blutbuchen, herrlich dunkelrot im Sommer, und bei Glücksaugenblicken schaut man am weißlichgrauen Stamm entlang ins reinste Himmelblau. Am obersten Ende des Gartens stand früher ein sogenanntes Teehaus. Ein kleiner, nach dem unteren Teil des Gartens geöffneter Rundbau, bestückt mit Bambusmöbeln, rotweiß kariert bepolstert, ein Ort, um einen Hollywood-Filmvertrag nach längerem Zögern abzulehnen.

Wir Mädchen haben nach Kriegsende in den ausgetrockneten und verblaßten Überresten »Die Russen kommen« oder »Friseursalon« gespielt. Um unsere Hausangestellten zu schonen, hat man dort recht selten Tee genommen.

Abwärts gehend: ein Zwetschgenbaum, viele Ribiselsträucher, den Zaun zur Himmelstraße entlang – bitte erspare mir die hochdeutschen Ausdrücke für diese wienerischsten aller Obstsorten –, und dann die Terrasse: ein größerer betonierter Platz. Wir haben dort Radfahren gelernt und es auch unseren Kindern beigebracht, die Hauswäsche, als sie noch von Wäscherinnen anstatt von der Maschine gewaschen wurde, trocknete dort; und zwischen feuchten und duftenden Wäschestücken radzufahren – hast Du dieses Vergnügen schon einmal gehabt? Ein unendliches Glücksgefühl, sag' ich Dir, wenn einem während der Fahrt der Wind feucht duftenden Stoff ins Gesicht klatscht. Von dort kann

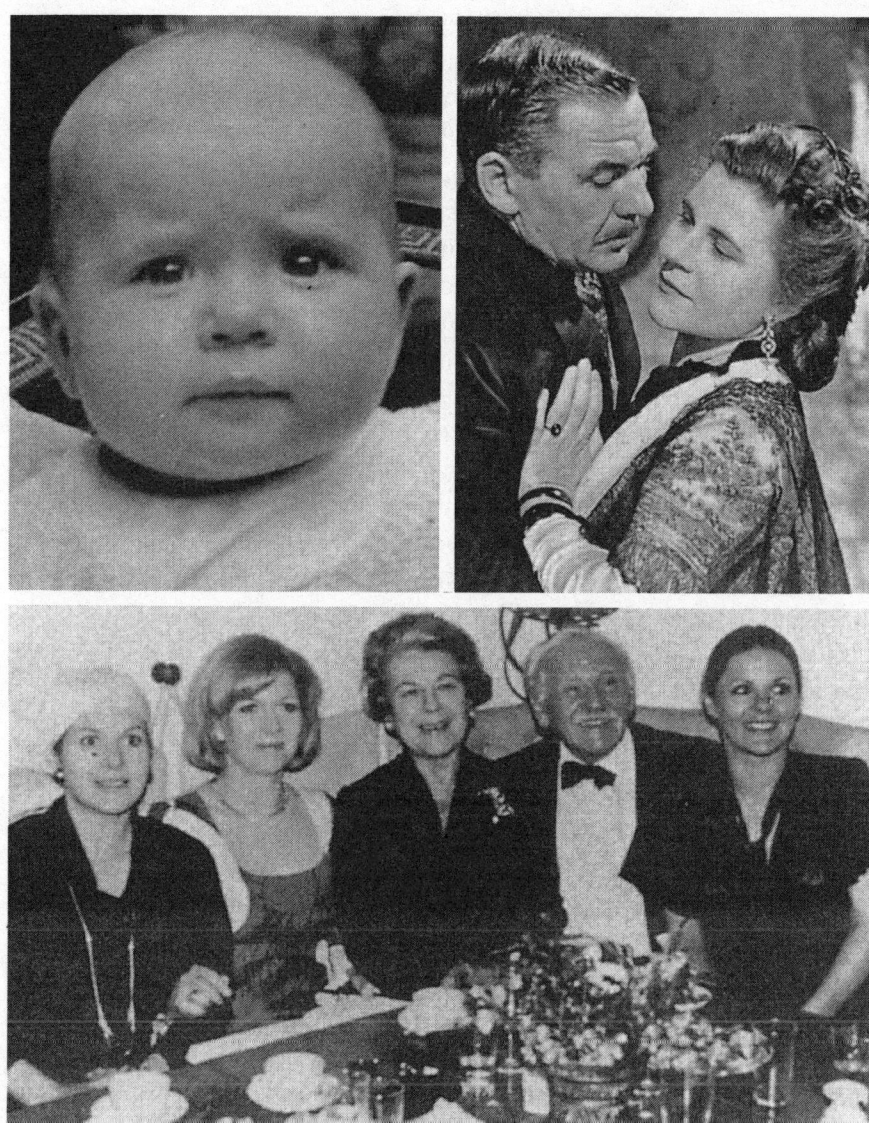

Oben: Die kleine Christiane, ihre Eltern Attila Hörbiger und Paula Wessely

Unten: Die Eltern und ihre drei Töchter: Elisabeth Orth, Christiane Hörbiger, Paula Wessely, Attila Hörbiger, Maresa Hörbiger (v.l.n.r.)

man, über sonnengebleichte Holzbretter, den ersten Stock des Hauses erreichen, oder man geht durch einen kühlen, büschegesäumten Weg in den Innenhof des Hauses hinunter – ein von Holzsäulen eingerahmter, vor allen, aber auch vor allen bösen Blicken des Lebens geschützter Platz. Dort wurde und wird gegessen, diskutiert, gepackt, gesonnt, versammelt, gelernt, wurden Gäste empfangen, und dort wurde, vor allem, gespielt. Nicht Theater, Gott behüte, das ist Beruf, das tut man anderswo. Wir Kinder haben dort, in diesem über alles geliebten Innenhof, unsere Träume ausgelebt, als hätten wir schon damals geahnt, daß uns das Leben nur in ganz seltenen Momenten unsere phantastischen Wünsche erfüllen werde.

Ich selbst habe dort meine Opernsängerinnenkarriere begonnen und beendet, die Säulen waren »del Monaco« und »Karajan« und alles, was so dazwischen anzusingen war. Ich habe in diesem Hof zwei »Oscars« in Empfang genommen und mich in wohlüberlegten Sätzen dafür bedankt. Ich möchte nicht indiskret sein, aber ich glaube, daß auch für meine Schwestern Clark Gable und Humphrey Bogart in diesen Grinzinger Hof geflogen kamen, und für meine ältere Schwester vielleicht sogar Einstein oder der Papst persönlich.

Vom Hof kommt man durch einen kleinen Vorraum in die Küche. Groß, ungemütlich kalter Steinboden und doch: Am weißen Tisch in der Mitte hat die ganze Familie so zwischendurch ihre Gedanken ausgesprochen, weggetrunken oder in sich hineingegessen. Daneben ein kleines Zimmer mit der fertigen Wäsche und alten Zeitungen. Zwischen der Halle und der Küche wohl einer der wichtigsten Räume, das sogenannte Office, Betonung selbstverständlich auf der zweiten Silbe. Nur ein kleiner, dunkler, schmaler Gang mit Schränken voll Gläsern und Geschirr, aber: mit Telefon. Der ungeeignetste Raum, um durch den Draht zu flirten – ständig von den anderen gestört –, aber wir haben's dort allesamt, ohne Ausnahme und mit Vergnügen, getan.

Auch Angebote, die unser berufliches Leben oft entscheidend veränderten, wurden dort angenommen oder abgelehnt. Daneben: die Halle. Ein großer Raum mit einem Kamin, drei Fenstern, ebenerdig zur Himmelstraße hinaus, eine große breite Glastür, in den Garten führend, glückliche Momentaufnahmen, in meinem Hirn festgehalten, wenn im Sommer meine nackten Füße von heißen Steinen der Gartenplatten auf dem grauen Teppich drinnen landeten oder wenn zu Weihnachten das Feuer im Kamin brannte und Garten und Straße durchs Glas besehen weißblau hereinschimmerten.

Eine Stufe führt in die Bibliothek, Begegnung mit Büchern und Musik. Gegenüber dem altmodischen kleinen Plattenschrank ein Barockkasten, in die Wand hineingebaut, und wenn man seine geschnitzten Türen öffnet: bunte Gläser und Flaschen. Diese Bar ist abzuschließen, unnötig, denn uns allen ist schlußendlich die Versagensangst näher als die Sucht, im Rausch zu versinken. Wir alle wissen um trügerische Gefühle – wir alle sind einfach zu vernünftig, um zu glauben, daß Alkohol uns beflügelt oder den Sternen näher bringt.

Schade eigentlich, findest Du nicht – aber wir haben nun einmal mit keinem versoffenen Genie in der Familie aufzuwarten. Das heißt nicht, daß ich nicht gerne Wein trinke, oh, ganz im Gegenteil, aber wir alle wissen verdammt gut, wann und wieviel und warum wir's tun. Wir lieben uns alle selbst so sehr, so vorsichtig und so wachsam, Gott sei Dank. Oder leider? Nein, wir versinken nie ganz, nie unbedingt – wir sind zum Glück alle gottverdammte Egoisten –, drum werden wir auch alle so alt werden – und so einsam?

Daneben das Schlafzimmer meines Vaters, grün und braun, Mamis Bild über einer alten Truhe, Geruch nach Leder und nach Heu – vom Garten hereinkommend. Angrenzend Vaters Badezimmer. Nie wieder habe ich diese morgendliche Freude verspürt, wenn ein Mann mit viel Wasser und Düften seinen Tag beginnt. Der erste Stock. Das sogenannte Balkonzimmer – für mich der schönste Raum des Hauses –, ein breites Bett – zwei Fenster zum Garten, Bücher, ein dunkler alter Schrank. Ich hab' dort geträumt, und das wunderbare an diesem Zimmer ist, daß alles, was man dort träumt, sich erfüllt – drum will ich lieber nicht weiter davon berichten.

Daneben – das Schlafzimmer meiner Mutter. Schulberichterstattung, während durch die weißen gestickten Vorhänge die Baumwipfel vom Garten hereingrüßen, ein breites Bett, letzter und sicherster Zufluchtsort bei ausweglosen Schmerzen. Das Bett meiner Mutter, heute noch möchte ich manchmal unter ihre Decke schlüpfen, und – ich gesteh's Dir – ich tat's auch vor nicht allzu langer Zeit. Daneben ihr »Ankleidezimmer« – ein heiterer und schöner Ort, eingebaute Kleiderschränke, bespannt mit geblümter Seide, obendrüber, bis zur Decke reichend, weiße Kästen, einer davon hat noch immer sichtbar ein großes ausgebessertes Loch, er war abgeschlossen, als die Russen 1945 im Haus alles durchwühlten, und so schlugen sie die Tür mit dem Gewehrkolben ein.

Dann ein dreiteiliger Spiegel, mich selbst mal drei zu sehen war für mich immer ein großes, aber heimliches Vergnügen, in der Mitte des Zimmers eine weiße Couch. Anschließend ein gelbweißes, sehr weibliches Badezimmer, das mich, wann immer ich es heute mitbenütze, sehr froh macht, als Frau auf dieser Welt zu sein.

Im zweiten Stock ein großes, eher dunkles Kinderzimmer, Kirschholzschränke, Kirschholzbetten mit unendlich schlechten Roßhaarmatratzen – und wären wir nicht durch tägliches Ermahnen zur geraden Haltung gezwungen worden, hätte der Schlaf unsere Rücken gekrümmt. Ein runder Tisch unter einer gemütlichen Hängelampe, ein Waschbekken mit geblümtem Paravent – vor welchen Blicken sollte uns diese spanische Wand wohl schützen? – und angrenzend eine Veranda. Warmes Licht – Sonne – durch weißlich verwaschene Vorhänge, Stöckelschuhe, die um sechs Uhr früh die Himmelstraße hinunterklappern, Kirchenglocken, eine blutrote Sonnenkugel, die über der Stadt hochsteigt, Kindheitsgeräusche, Gerüche und Lichter – eingefangen in dieser Veranda, die bei Krankheiten, Liebeskummer und Zukunftsängsten eine beschützende Muschel war und es zuweilen heute noch ist. Mein Bub, der erschöpft vom Spielen dort einschläft, ich lege mich neben ihn, um durch Wärme seinen Schlaf zu verlängern, und wache selbst erst viele Stunden später wieder auf. Das zweite größere Zimmer unter dem Dach ist grün mit weißer Wandbespannung, neben dem grünen Kinderbadezimmer gelegen. Ich habe in dem grünen Zimmer viele Jahre später mit Mann und Kind für einige Monate gewohnt, es ist noch voll mit Briefen und mit Erinnerungen an diese Zeit, und ich betrete es nicht mehr gerne.

Über alldem ist nur mehr das Dach unseres Hauses. Es ist ein sehr verläßliches Gebilde, es hat die Familie beinahe ein halbes Jahrhundert hindurch beschützt und behütet, es war da und hat ohne viel Gegenleistung, von ein paar kleinen Reparaturen abgesehen, mehr als seine Pflicht getan. Du bist selbst seit kurzem in ein neues Zuhause gezogen, wurde mir berichtet – hier also, statt Salz und Brot: Deine beiden Buben sollen dort so glücklich und behütet sein, wie wir es in der Himmelstraße waren.

Burkhard Driest wurde 1939 in Stettin geboren und
wuchs in der britischen Besatzungszone auf. Er studierte Jura in Berlin, Kiel und Göttingen. Wegen Bank-
raubes wurde er 1968 zu fünf Jahren Haft verurteilt,
jedoch nach drei Jahren entlassen. Von 1978 bis
1991 hauptsächlich in den USA als Drehbuchautor
tätig, wohnt er seit 1993 in Luxemburg. Der Schauspieler Burkhard Driest ist auch Autor zahlreicher Bücher und Drehbücher, darunter »Die Verrohung des
Franz Blum« (1972 verfilmt von Reinhard Hauff),
»Bluthochzeit« (1978), »Querelle« (Drehbuch 1981,
verfilmt von Rainer Werner Fassbinder) und »Annas
Mutter« (Drehbuch 1983, Regie Burkhard Driest).
   Zur Zeit schreibt Burkhard Driest unter anderem
Drehbücher für verschiedene Sendeanstalten.

Burkhard Driest

Halbstark in Peine

Ich wuchs in der Provinz auf. Peine hatte Ende der fünfziger Jahre 25 000 Einwohner, ein Lyzeum, ein Gymnasium, ein Industriewerk, einen Tennisclub, eine Bimmelbahn: einmal hin und zurück Peine-Kleinilsede-Großilsede, eine Bundesbahn, die die Stadt in zwei Teile zerschnitt.

Außerdem gab es die Fabrik meiner Eltern, wenn man das so will.

Die nicht sehr breite Hauptstraße hieß Breite Straße. Im Winter, nach Geschäftsschluß, war sie bis auf die eine Glühbirne im Miederwarenladen und eine grünliche Beleuchtung in Breitenbachs Fahrradgeschäft dunkel.

Die Stille wurde um 21 Uhr unterbrochen, wenn das eine Moped nach Kinoschluß vom Markt die Straße herauf in Richtung Bahnschranken surrte.

Genau um 21.05 Uhr ließ Karl Schulte oder Walter Giesing die Schranken für den durchgehenden F-Zug Paris–Berlin herunter. Dabei schlugen Eisenhämmer gegen die Schrankenglocken: kling, klang – kling, klang. Davon konnte Eckhard, genannt Schmierbacke, ein Lied singen. Er wohnte mit seinen beiden Schwestern in dem Abbruchhaus

neben den Schranken. In der Schule saß er neben mir. Die Mutter war
nach 45 an einer Lungenentzündung gestorben. Der Vater, ein Pferde-
händler, hatte es nach der Währungsreform, als sie alle aufhörten, Pferdefleisch zu essen, nicht mehr gepackt. Profitmäßig nicht und nicht gesell-
schaftlich. Schließlich wußte jeder in der Stadt, daß er seine Hände im
Pferdefleisch gehabt hatte. Er war dem Suff verfallen und hing nun
irgendwo in der BRD rum. – Schmierbacke nannte alle Züge Unheile. Er
kannte alle Unheile. Von ihm wußte ich auch, daß um 21 Uhr das Fern-
Unheil Paris–Berlin kam. Das schäbberige Haus Schmierbackes füllte
sich (21.05 Uhr) mit hämmerndem Glockengeläut. Dann Stille. Dumpfes fernes Donnern. Für eine ganze Weile. Bis es plötzlich heransprang,
da war – eisenhartes, gegeneinandertobendes Metall (ich meine, es war
echt ein Wahnsinnskrach), und Schmierbackes Haus zitterte und bib-
berte in allen Fugen und Fensterscheiben. Schmierbacke war dagegen,
daß alle wie die Goldgräber wühlten und West-Deutschland immer reicher wurde, weil von dem Geld immer mehr Züge angeschafft wurden.
Er hatte diese Entwicklung genau verfolgt, und von seinem Standpunkt
aus konnte man das verstehen. Aber in vielem andern sonst war er ein
saudummer Kommi. Zum Beispiel: Am 18. August 1956, als die KPD
verboten wurde, hängte er aus seinem Schäbberhaus ein schwarzge-
färbtes Laken, schwarze Hosen und alles, was an schwarzen Lumpen zu
finden war, und ein Pappschild, auf dem stand: Trauer! Ermordung der
KPD!

Danach wurde er zu keinem Haus- oder Klassenball mehr eingeladen.
Auch ich durfte ihn nicht mehr mit nach Hause bringen. Um das Maß
voll zu machen, ging's schließlich auch in der Penne mit seinen Noten
bergab. Das brauchte man gar nicht herumzuerzählen. Das wußte sowieso jeder. In solchen Sachen war die Stadt wie ein Wiesel, im übrigen
aber ein richtiges dickes, träges Tier. Es öffnete nur soviel Augen, wie
nötig waren, um die Züge durchzulassen oder morgens den vielen Arbeitern zur Arbeit zu leuchten.

Die Menschen waren eins mit diesem Rhythmus.

»Schließlich kann nicht jeden Tag Schützenfest sein«, sagte mein
Friseur jedesmal.

Die Jahreszeiten wechselten, doch nichts gab der Stadt Schönheit,
außer der rötlichen, sie überwölbenden Wolke. Die kam vom Walzwerk.

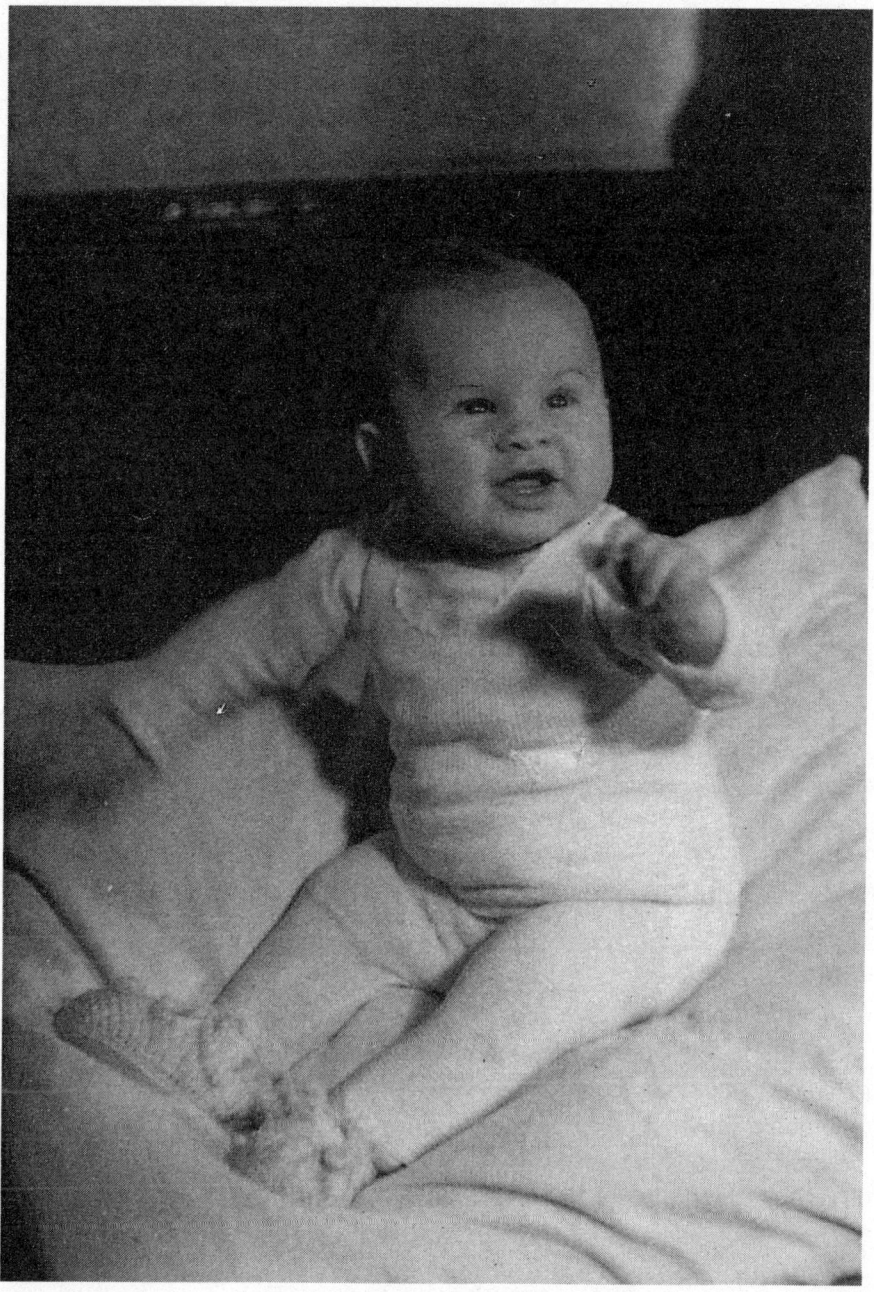

Burkhard Driest im Dezember 1939

Bei Sonnenschein war die Stadt in ein orangenes Licht getaucht, Schlechtwetter erschien den Bewohnern in der Farbe bevorstehender Sommergewitter: drohendes Schwarzbraun. In die ungeschützten Augen der Einwohner fielen winzige Eisensplitter aus der Wolke. Damit machten die Augenärzte ihr Moos.

Doch nicht meine ganze Kindheit und Jugend verbrachte ich dort. Nach der Scheidung meiner Eltern nämlich zog meine Mutter mit meiner Schwester und mir in die Wendenstraße nach Göttingen. In das Zentrum von wissenschaftlicher und geistiger Entwicklung, sagte meine Mutter. In einen Altbau, der krumme und schiefe Wände hatte, weder Badewanne noch warmes Wasser.

Über uns wohnte ein Schneider, den sie wegen seiner Vergangenheit den Zuchthäusler nannten. Er hatte einen Buckel und saß mit eingeschlagenen Beinen auf seinem Nähtisch.

Vor dem Haus ging abends eine Nutte auf und ab. Ihre Sippe wohnte im Hinterhaus und wurde ständig größer. Sie hatte Schwestern. Als die ihr im Alter am nächsten stehende siebzehn wurde, gingen sie zu zweit.

Ellen Schwiers, die Schauspielerin vom Deutschen Theater, wohnte in der schrägen Dachbutze.

Meine Mutter ging tags als Werbedame für Electrolux und nachts mit den Vertretern, z. B. mit Solmann, genannt Solei. Solei gurgelte mit Milch, rülpste und furzte – sogar im Beisein meiner Mutter! So was sickert in der Schule durch, besonders wenn man zu den Kindern gehört, die zu jedem Jahresanfang sagen müssen: Eltern geschieden, Flüchtlingsgruppe A.

Trotz allem hielt ich durch. Bis zur Zehnten. Las Rousseau und Voltaire. Dann kamen der Existentialismus, Jazz, die langen glatten Haare der Mädchen und die freie Liebe. Das war 'ne ganz heiße Zeit. Diese Angebundenheit an eine kleine Wohnung, an den miesen Lotterjob der Mutter, an die Kategorie »geschieden« oder die Flüchtlingsgruppe A hörte auf. Das spielte keine Rolle mehr. Jetzt gab's Sachen, die wichtiger waren. Wir übten jeden Nachmittag Lullaby of Birdland. Ich spielte Schlagzeug und versuchte, die Synkopen draufzukriegen nach Dexterity von Dexter Gordon. Es war eine Mordsschaffe. Zwischendurch klaute ich Bücher und Platten, lernte François Villon auswendig, las jede Nacht in *Plexus*, rannte in so 'nen literarischen Existentialistensalon und las sogar das Kommunistische Manifest. Weiß auch nicht, wie ich daran kam.

Ich flog von der Schule. Sie steckten mich erst mal in ein Jugendheim, und als dann die Zeitungen nach einem Besuch des Bundespräsidenten Heuss voll davon waren, daß ich ihn um fünf Mark erleichtert hatte, entschloß sich mein Vater, mich zurückzupfeifen. Nach Peine, in die Stadt zurück, die meine Mutter »tiefste Provinz« nannte.

Mit einem leichten Quietschen und Rucken stoppte der Zug. Außer mir stiegen vier Reisende aus. Sie flüchteten gebückt vor dem Regen in das kleine Bahnhofsgebäude.

Der Chauffeur holte mich vom Bahnhof ab. Im Mercedes.

»In dieser Familie wurde nie ein anderer Wagen gefahren«, sagte der Chauffeur.

»In Ihrer Familie?« fragte ich. Er blickte mich von der Seite an.

»In dieser Familie«, sagte er.

Er konnte mich nicht leiden.

Mein Vater wohnte in einer großen Villa am Stadtwald. Er stand am Portal und begrüßte mich.

»Hier weht ein anderer Wind«, sagte er.

»Es ist windstill«, sagte ich.

»Dann müßtest du mal auf dem neuen Schornstein stehen, den wir in der Fabrik hochgezogen haben«, sagte er.

»Ja«, sagte seine neue Frau, der die Fabrik gehörte. Ich schätzte sie auf zwei Zentner. »Aber zeig ihm doch erst mal das Haus.«

Das Haus bestand aus drei Trakten – dem Elterntrakt, dem Wohntrakt und dem Personaltrakt.

Er hatte es eigentlich als eine germanische Burg bauen wollen, von einer hohen Mauer umgeben und von einem Aussichtsturm überragt. Das hatte die Baubehörde nicht zugelassen. In allem andern aber war die Villa nach Zweckmäßigkeitserwägungen entworfen worden. Wir fingen im Keller an. In dem Keller kann eine achtköpfige Familie zwei Jahre lang überleben. Mit einigen Handgriffen können die Räume in

Schlaf- und Wohnräume umgestaltet werden. Dusche, Toilette und Küche sind da. In großen Kühleinheiten befinden sich Vorräte ebenfalls für zwei Jahre. Hausapotheke. Die Decke ist von doppelter Stärke. Gedankenverloren entnimmt er einem Kühlfach eine Büchse Ragoût fin. Er dreht sie in seinen Händen, dann setzt er sie mit einem kräftigen Knall zurück.

»Es ist doch ein völliger Blödsinn, daß sie noch nicht private Atomkeller entwickelt haben, die man wie Fertighäuser in verschiedenen Größen kaufen kann.«

Er blickt mir offen in die Augen.

»Rückschritt bestimmt immer noch das Gesicht der Welt«, sagt er plötzlich mit dem Ausdruck desjenigen, der sich für einen Kampf dagegen entschieden hat.

Ich wundere mich über die vielen Türen, die wir bei dem Gang durchs Haus öffnen und schließen müssen. Er erklärt mir, daß er das Haus in Notzeiten völlig umgestalten kann.

Es kann aufgeteilt werden in vier in sich vollkommen geschlossene Teile. Jeder einzelne Teil reicht für die Unterbringung seiner Familie.

»Warum willst du die in so eine Abteilung sperren?« frage ich.

»Ich bin vorbereitet. Nehmen wir nur mal den naheliegendsten Fall: die Besetzung dieses Gebietes durch Militär.«

Er blickt mich an wie jemanden, der es nicht gewohnt ist, mit dem Tod zu leben.

»Und zwar russisches.«

Er lächelt, als er den Zweifel auf meinen Zügen bemerkt.

»Sie werden sich nach dem ersten massierten Durchstoß der Russen bis hinter die Rheinlinie zurückziehen. Von da aus werden sie ihren Gegenangriff aufbauen.«

Er schlägt mir lachend auf die Schulter.

»Na ja, Strategie ist nicht deine stärkste Seite, wie?«

Am Tisch sitzen die zwei neuen Geschwister von mir, die Haushälterin Frau Mattes und ihr Sohn. Tante, wie ich meine neue Mutter nenne, hat mir das vorher erklärt.

»Inge und Karin, die Mädchen, essen in der Küche. Das Personal hat seinen eigenen Bereich. Aber Frau Mattes und ihr Sohn nehmen das

Burkhard Driest im Alter von elf Jahren

Mittag- und Abendessen mit uns gemeinsam ein. Das ist zwar lästig, weil
Vater oft so nervös ist, aber das läßt sich nicht ändern.«

Als ich reinkomme, stehen alle hinter den Stühlen. Ich begrüße Frau
Mattes und ihren Sohn Josef. Er ist dreizehn und wird des öfteren rot.
Dabei schlägt er die Augen nieder und ruckelt und zuckelt mit dem Kopf
hin und her. Das fällt mir besonders auf, wenn seine Mutter zusammen-
geschissen wird, weil ein Buttermesser fehlt, sie die Rotwein- statt Weiß-
weingläser hingestellt hat oder am Essen etwas nicht stimmt. In solchen
Momenten kriegt der Junge echt 'ne Macke. Er schluckt und bewegt den
Mund, als mahle er mit den Zähnen Korn oder spreche leise vor sich hin.
Nach einiger Zeit finde ich, daß er sich besser hätte daran gewöhnen
sollen, denn offensichtlich kann mein Vater Frau Mattes nicht leiden. Ihr
aber macht das scheinbar nicht viel aus. Sie hat, besonders bei solchen
Anlässen, stets ein strahlendes Lächeln parat. Es ist mal breiter und mal
flacher, doch die wechselnden fröhlichen Stimmungen in ihrem Gesicht
geben ihr den Anschein totaler, nicht besiegbarer Albernheit.

Sie liebt meinen Vater. Ich würde das nicht für möglich gehalten haben,
aber ich hab' es mit eigenen Augen gesehen.

Es dauerte auch nicht lange, bis ich begriffen hatte, was meine Mutter mit
»tiefster Provinz« gemeint hatte: Hier hatte die alleinstehende Frau keine
Handelsvertreter zum Blasen, sondern Augen der Nachbarn zum Fürchten. Hier gab es weder Existentialismus noch freie Liebe. Sie sperrten die
Mädchen abends um 9 Uhr ein und ließen sie, aufgeputzt und appetitlich,
nur zu Haus- und Schulbällen raus. Bumske, der die Milchbar neben
dem Lyzeum hatte, hat zwar später einen Puff in der Wiesenstraße aufge-
macht, aber da hielt er sich in der ersten Zeit ganz streng an die Vorschriften und ließ keinen unter einundzwanzig ran. Als die erste Zeit vorbei
war, hatten die Stadtväter geschnallt, daß die Wiesenstraße nicht dunkel
genug und die Nutten nicht diskret genug waren. »Wir haben da nichts
von«, hatte der dicke Karlsfeld zu meinem Vater auf dem Schützenfest
gesagt, »nur Ärger und Verdruß. Muß man nur gewaltsam Arsch und
Zähne zusammenkneifen. Nee, nee.« Und so war Bumske die Konzes-
sion im Handumdrehen wieder los.

Natürlich hatten mich meine Eltern auch bald genau aufgeklärt, wie
das Verhältnis der Domestiken zu mir zu sein hatte, und ich wußte, daß

es sich für sie nicht schickte, eine Frage einfach unbeantwortet zu lassen. Es ärgerte mich auch, aber ich konnte nichts dagegen tun. Frau Mattes war mit dem Chauffeur gegen mich verschworen und hänselte und stichelte, wo sie nur konnte. Als ich mich einmal bei meinem Vater darüber beschwerte, erklärte er mir, es läge daran, daß mir die natürliche Autorität fehle. Die alberne Frau Mattes, das fühlte ich ganz deutlich, wird es so ganz und gar nicht verstanden haben. Sie wußte eben, genau wie der Chauffeur, daß ich nicht einen Heller erben würde von all dem Ramsch. Da konnte ich noch so gerade bei Tische sitzen oder mit steifen Beinen und erhobenem Blick an ihr vorübergehen – für sie war ich ein Kuckucksei, und achten würde sie drauf, daß ich die Kleinen nicht aus dem Nest beförderte.

Aber: Die Kartoffeln waren nicht gar! Ha! Wenn mein Vater eines nicht leiden konnte, so waren es nicht abgedünstete oder nicht gare Kartoffeln. Mein Vater donnerte los. Frau Mattes schlug die Augen auf, benetzte die Lippen und lächelte. Mein Vater schluckte, knüllte die Serviette zusammen, knallte sie auf den Tisch und hinter sich die Tür. Tante faßte das alles noch mal in ihren Worten mit größerer Distinguiertheit zusammen. Frau Mattes schlug die Augen nieder und ließ ein angeschwollenes Lächeln abschwellen. Josef Mattes wackelte mit dem Kopf in kleinen Rucken und schmatzte mit den Lippen so, daß ich dachte, er ahmt einen anfahrenden Zug nach. Frau Mattes haute ihm auf den Kopf und schrie: »Laß das Schmatzen sein!«

Der Unterschied zwischen Vater und Tante bei solchen Sachen: Sie konnte das Lächeln von Frau Mattes einfrieren lassen. Das konnte nur sie erreichen. Sie gehörte nicht zu denen, die dem Personal heute in den Armen liegen und es morgen durchpeitschen lassen. Sie, die Tochter dieser alten Fabrikantenfamilie, sie schuf keinen Abstand durch das Runzeln ihrer Stirne oder durch den schrillen Ton ihrer Stimme. Sie schuf ihn gar nicht, sondern er war da, von Anfang an. Er beruhte nicht auf etwas, was man persönlich herstellen mußte, sondern er war Ausdruck einer Ordnung, die es immer gegeben hatte und die niemand erschüttern konnte. »Das hat mit Hitler gar nichts zu tun«, sagte sie mal zu einem sich bewerbenden Dienstmädchen, »das ist bei Adenauer nicht anders.« Mein Vater sagte: »Da ändert auch dieser Paszensky nichts dran«, wie er den roten TV-Ulbricht zu nennen pflegte.

Wenn der Chauffeur sie im Mercedes zum Kontor fuhr, nickte sie zum Gruße bei stockendem Verkehr nach rechts und links, und es war nicht mehr und nicht weniger als das Sichneigen der Pappeln, die die Allee säumten, die ich täglich von der Schule nach Hause ging. Die Sachen, die sie trug, waren unauffällig, fast unansehnlich, aber teuer. Der Tadel, den sie austeilte, entsprang nicht seelischen Spannungen oder persönlichen Abneigungen, sondern einzig der Verletzung einer festgefügten Ordnung durch andere, insbesondere das Personal: unzulänglich geputztes Silber, beschlagene Weingläser, das Zerbrechen einer kostbaren Sammeltasse. Das Lob, das sie verteilte, spendete sie nicht bei schönem Wetter, nicht einmal nach ihrer Entjungferung durch meinen Vater (hélas!), sondern am Jahresende. Dazu radelte der Gärtner extra herbei. Die Verschwendung, die entfernte Verwandte in Hamburg zu den Selbstverständlichkeiten des Lebens zählten, diese Verschwendung nahm sie gar nicht wahr. Sie ermahnte mich nach wie vor, die Hähne in meiner Dusche ganz zuzudrehen, und rechnete mir vor, wie schnell schon ein Kubikmeter Wasser durch stetes Tropfen verbraucht sei und wieviel das koste. Ebenso machte sie mich mehrmals auf die Preise von Butterbrotpapier aufmerksam und bat mich wiederholt, es nach einmaligem Gebrauch in der Schule nicht wegzuwerfen. Als wir gelegentlich wegen eines Groß-einkaufes, den sie nie in ihrer Stadt machte, nach Hannover fuhren und im dichten Feierabendverkehr stoppen mußten, traten fünf Rocker an unseren Wagen heran, schaukelten und wippten ihn. Zwei rissen schließlich die Tür an ihrer Seite auf. Es regnete leicht. Sie wendete den Kopf und sagte: »Meine Herren, wenn Sie schon Leder tragen, sollten Sie es nicht naß werden lassen. Es bekommt so einen stickigen Geruch, den Sie nie wieder loswerden.« Obgleich der Verkehr es erlaubte, fuhren wir nicht weiter. Der Chauffeur saß wie paralysiert da und starrte die jungen Menschen an. »Herr Waldner«, sagte sie, »können wir weiterfahren, oder hoffen Sie, unter diesen Rockern einen Ihrer Angehörigen zu entdecken?« Die Worte und die Weise, wie sie sie gesprochen hatte, erschreckten den Chauffeur. Die Kupplung entrutschte ihm, und der Wagen machte einen Satz nach vor. Dabei schlug die Tür zu. Einer der Rocker hatte seine Lederhand dazwischen. Ich drehte mich um und sah, wie er seine Hand schüttelte und auf der Straße herumtanzte.

»So was wäre in unserer Stadt nicht möglich«, sagte sie. »Da würde

ich sogar die Eltern persönlich anrufen und sie bitten, das zu unter-
sagen.«

Nur einmal erlebte ich, daß sie aus der Fassung geriet. Es war der
Gärtner, der dieses Kunststück fertigbrachte. Mitten im Jahr, an einem
ganz beliebigen Tag, klopfte er an ihre Tür und bat sie, für einen Moment
heraus auf die Terrasse zu kommen. Ich war bei ihr. Sie hatte mir gerade
das Programm für die kommende Theatersaison geben wollen. In dieser
Saison erwarteten wir Maurice Béjart. Also der Gärtner. Wir gingen hinaus, und auf der Terrasse stand, mitten in der Sonne, ein Fernseher. (Der
Gärtner hatte im Lotto gewonnen.) Es war ein nagelneuer Fernseher.

»Was ist denn das?« rief sie aus, als sei das Ding durch die Kunst des
Gärtners aus den Ritzen der Sandsteinplatten emporgewachsen.

»Ein Fernseher«, strahlte der alte weißhaarige Mann gutmütig, »Sie
haben doch keinen, und bei uns in der Siedlung hat schon fast jeder
einen.«

»Mein Gott, so was kostet doch«, stöhnte sie.

»Jetzt *noch* – hätte mein Bruder, Gott hab' ihn selig, dieser alte Kommunist, gesagt«, lachte er.

Von ihr bis zur letzten Butterblume war hier alles FDP. Und das, was
der Gärtner über seinen Bruder sagte, war keine Erklärung, sondern ein
Peitschenhieb. Solche Assoziationen machten den Fernseher erst recht
nicht zu einer einfachen Geste. Sie verwandelten ihn eher in eine Höllen-
maschine.

»Nein, nein, Böll«, sagte sie, »das ist unmöglich, das kann ich nicht
annehmen, das kostet ja ein Vermögen, und außerdem sind hier doch
Kinder im Haus. Sie wissen doch, die Kinder.«

Sie fuhr sich mit der Hand über die Augen, als könne sie immer noch
nicht glauben, daß da so was gewachsen sei, ordnete kopfschüttelnd ihre
Haare und rannte ins Haus. Der Gärtner nahm seinen Fernseher auf den
Ast und zog Leine.

Ich glaube, in der Schule hat es mir sehr geschadet, daß ich neben
Schmierbacke saß. Zum Beispiel: Als am 4. Oktober 1957 der erste
russische Sputnik um die Erde piepte, hatte Schmierbacke in der großen
Pause die Erde und die Satellitenumlaufbahn an die Tafel gemalt und den
Spruch danebengeschrieben »Sieg der sozialistischen Wissenschaft!«

Als Oberstudiendirektor Holbein zufällig in die Klasse schaute, sagte

Lutz Diekmann, das sei ich gewesen. Ohne viel zu fragen, trug mich der Direks ins Klassenbuch ein. Nebenbei bemerkt waren fast alle in der Klasse echt geschockt, denn kein Schwein interessierte sich für das Sputviech da oben, und sogar der Bundeskanzler Adenauer hatte das Ereignis mit nur einem einzigen Satz kommentiert: »Hoch ist nicht flach.«

Wegen dieser kommunistischen Hetzereien hatte Schmierbacke oft genug Klassenkeile gekriegt. Natürlich hatte ich mich nicht freiwillig neben ihn gesetzt. Ich saß da aufgrund höherer Anweisung. Der Direks hatte von Anfang an einen Pik auf mich, weil ich von einer besseren Schule gekommen war, einer Schule aus dem Zentrum von Geist und Wissenschaft.

»Mir ist diese Schule bekannt«, hatte er schon bei unserem ersten Zusammentreffen geschrien, »die kommen sich da alle wie Klugscheißer vor. In Wahrheit ist das ein Sauhaufen! Keine Disziplin!« Und das alles, weil ich ihn verwechselt hatte. Er war in einer der ersten großen Pausen hereingekommen und hatte geschrien, alles auf den Hof! An meiner vorigen Schule war das eine Sache des Hausmeisters, bestenfalls. Also ging ich hin und bat ihn um eine Rolle Klopapier. Er hatte eine Narbe quer über dem Mund (Schmiß), wodurch sein Gesichtsausdruck noch schärfer und bissiger wurde. Er schrie. Ich erklärte ihm, daß die Hygiene in den Toiletten doch zumindest ebenso wichtig sei wie die leeren Klassen in der großen Pause. Er brüllte, wofür halten Sie mich, ich erklärte ihm, wofür, und daß der Hausmeister gemeinhin die Aufgabe habe, für leere Klassen und Gänge zu sorgen. Und das Papier auf dem Schulhof einzusammeln. Er habe häufig extra dafür einen Stock mit einem Nagel dran. »Ich werd' Sie schon zu einem Stock mit einem Nagel machen!« schrie er. Er konnte zum Beispiel auch meine Kleidung nicht ausstehen. Ich trug Jeans und Jesuslatschen. Mein Vater hatte mir zwar einen Pepita- und einen Glencheckanzug gekauft, aber die zog ich nicht an. Schließlich hatte ich Henry Miller gelesen und kämpfte gegen die technokratische Vermassung und für meine individuellen Freiheiten. Ich hatte Sartre gelesen und wußte von meiner Pflicht, mich selbst zu entwerfen.

Wenn es mir auch ebensoviel Schwierigkeiten machte wie den andern, die »Glocke« auswendig zu lernen oder ein Gedicht von Walther von der

Vogelweide, so hatte ich den andern gegenüber noch den Nachteil, daß ich mir all die verschiedenen Titel so schwer merken konnte. An der Schule im Zentrum von Kunst und Wissenschaft hatte man jeden mit Herrn Müller angesprochen. Hier hießen sie Studienassessor, Studienrat, Oberstudienrat. Nicht nur der Direks, sondern sogar mein Deutschlehrer war Oberstudiendirektor. Vielleicht brauchte er diesen Titel, denn die Jungs in der Klasse interessierten sich 'nen Scheißdreck für nichts. Es war wie 'ne richtige Verschwörung. Der redete da vorne, so 'n richtiger dicker grüner Brummer flog seine ständigen Angriffe gegen die Fensterscheibe, und alle hielten ihre dicken Kartoffelköppe gesenkt, so mit Mühe 10 Zentimeter über der Schulbank. Wenn sie was dachten, dachten sie höchstens daran, wie sie Schmierbacke eins reinzischen konnten oder wann sie die nächste Gelegenheit zum Wichsen haben würden. Als mir das zuviel wurde, stand ich eines Tages auf, nahm die Haltung von dem Typ aus »Saat der Gewalt« ein (den Film hatten die hier natürlich noch nicht die Bohne gesehen) und klärte die Jungs und den Deutschlehrer darüber auf, daß hinter dem Tellheim nichts weiter steckt als Minderwertigkeitskomplexe. Faustdicke Mikos. Das hatte der Deutschlehrer einfach noch nie gehört. Er schrie rum und brüllte, ich laß mich nicht verkackeiern. Ich aber beharrte darauf. Ich zitierte Alfred Adler und bot ihm an, das zu beweisen. Plötzlich war der Oberstudiendirektor in Deutsch stockstill, starrte mich an. Gott war in ihn gefahren mit einer Eingebung, und er stellte mir eine ganze Stunde zur Verfügung und fand mich danach echt so 'ne Art Wundertier und As in Deutsch.

Schmierbacke war ziemlich gut in Mathe, Physik und so. Aber Deutsch, Geschichte und Englisch hatten ihm das Genick gebrochen. Die ha'm ihm dann gesagt, daß er es in diesen Fächern nie schaffen würde. Mit Abitur, das wär' aussichtslos. Da hat Schmierbacke angefangen, in der Zuckerfabrik zu arbeiten. Als der Klassenlehrer das hörte, sagte er: »Schuster, bleib bei deinem Leisten.« Er meinte damit wohl, daß Schmierbackes Großvater auch schon alter Walzwerker gewesen sei. Und Kommunist, natürlich.

Obwohl ich trotz allem mit ihm Kumpel war, hat er mich in der Folgezeit zweimal übel reingelegt. Das erste Mal war's zum Sportfest. Das war an dieser Schule eine große Angelegenheit. Wir mußten alle klassenweise in Reih und Glied antreten. Am Anfang des Zuges ging die

Blaskapelle des Goethegymnasiums, dann kam der Direks und einige
Ehrenschüler der Schule, dann die Oberprima und alle abwärts bis zur
Sexta. Der Schulsprecher brüllte: »Stillgestanden«, die Kapelle hob an
mit Deutschmeister, der Schulsprecher: »Ohne Tritt, marsch!«, und ab
ging's zum Sportplatz. Da angekommen, kletterte der Direks auf die
Tribüne ans Mikrofon, hielt eine Rede vom Geist des Sportes, der
gesunden Seele im gesunden Körper, der körperlichen Disziplin und der
geistigen. Darauf mußte ich erst mal eine rauchen. Als ich an der Bude
stand, um Zigaretten zu kaufen, tauchte plötzlich Schmierbacke neben
mir auf. Er hatte einen langen Schrieb und Unterschriftenlisten. Er
erklärte mir, daß da jeder unterschreiben müsse, damit es eine Volksbefragung gäbe, ob das Volk für die Atombewaffnung sei oder dagegen. Er
erklärte mir, die Gewerkschaften hätten sich für die Volksbefragung
ausgesprochen, die Regierung hätte aber beim Bundesverfassungsgericht
ein Verbot der Volksbefragung beantragt, und das Bundesverfassungsgericht sowie die SPD hätten gehorcht. Ich lief zwar mit dem Zettel auf dem
Sportplatz herum, aber für die Jungs war das alles Bohnensuppe. Deshalb
unterschrieb auch keiner. Immerhin aber schnappte mich der Direks und
ordnete eine Schulkonferenz an. Als Schmierbacke davon erfuhr, lachte
er mir ins Gesicht, das schon aussah wie ein Rattengesicht, frech in die
Augen.

Trotz allem nahm ich ihn auf seinen Wunsch hin mit zu der Jubiläums-
feier unserer Fabrik. Tante hielt die Festrede. Sie sagte gerade: »Wenn
vom Menschlichen die Rede ist, denkt man immer gern an die Köpfe, die
das Schicksal des Werkes bestimmen. Das Reden vom Sozialen hingegen
bezieht sich nur auf den Lohnempfänger, nur auf das Nehmen, auf
Vergünstigungen, auf finanzielle Opfer des Werkes: dermaßen wurde das
Wort sozial entwertet.« Sie sagte gerade: »Man sollte es wieder durch
menschlich ersetzen ...«, da plötzlich sprang Schmierbacke auf und
begann ohne Vorwarnung ganz laut zu schreien: »Die Arbeitnehmer
wollen nicht mehr Menschlichkeit, sondern mehr Lohn!« Das fand ich
ungeheuer link von ihm, aber noch linker fand ich meine Alten, die
plötzlich behaupteten, das sei mein Freund, und mir für zwei Monate
Taschengeld und alle Vergünstigungen strichen.

Als man mich per Consilium abeundi von der Schule entfernte, hielt
mich der Direks in dem dunklen Gang vor dem Konferenzzimmer fest,

kam mir mit seinem stinkenden Atem ganz nahe, tastete nach meiner Flosse, ergriff sie, preßte sie kalt und schweißig in der seinen, schüttelte sie auf einmal wie besengt und hauchte: »Wo Männer sich begegnen und hart die Hände schütteln, ist begraben Axt und Degen, ist an Freundschaft nicht zu rütteln.«

Ging man die drei Minuten über den Narrenhügel, so kam man zum Amtsgericht. Wie das Goethegymnasium war es aus roten Backsteinen erbaut. Wie in der Schule roch es nach feuchten Wänden, Bohnerwachs und altem Papier. Mein Vater war ein großer Verehrer der Jurisprudentia. Seine Couleurbrüder, die den verschiedensten Korporationen angehörten, hier aber, fern der Alma mater und gewissermaßen im Ödland, all ihre Fehden und Divergenzen vergessen hatten und sich jeden Mittwoch im Kleinen Ratskeller zu einer informellen Zusammenkunft trafen, hatten ihm deshalb einmal eine Nachbildung der gleichen Justitia geschenkt, die vor dem Amtsgerichtsgebäude in Stein aufgebaut war. So nahm es nicht wunder, daß Amtsrichter Tiebold einer seiner besten Freunde war.

Nachdem mich mein Vater so lange gepiesackt hatte, bis ich einige Teile des Grundgesetzes auswendig wußte, bestand er nun darauf, daß ich mich etwas mit der Praxis der Gerichtsbarkeit vertraut machte. Jeden Nachmittag mußte ich in die Kanzlei, um die Akte eines Straffalles zu studieren, dessen Verhandlung in vierzehn Tagen anstand. Als der Bürovorsteher mir zum ersten Mal die Akte reichte, sagte er: »Einer der typischen Fälle.«

Vier Männer im Alter von dreißig, alles Hilfsarbeiter, hatten an einem Sonntag eine Sauftour über die Dörfer gemacht. Aus der letzten Kneipe hatten sie einen Sonnenschirm mitgenommen und in ihrem Auto verstaut. Der Wirt hatte den Diebstahl, noch bevor sie losfahren konnten, bemerkt. Er rannte zum Wagen und verlangte die Herausgabe des Schirmes. Sie drehten das Fenster runter, starrten ihn eine Weile aus ihren blutunterlaufenen Arbeiteraugen an und schoben den Schirm heraus. Der Wirt warf den Schirm in die Ecke und notierte sich die Kfz-Nummer. Er erstattete Anzeige. Aus Lohnangaben, Wohnverhältnissen usw. ging hervor, daß sie alle vier arme Schlucker waren, arme Bierschlucker allerdings, weshalb der eine, Franz Rohde, auch bereits neunmal vorbestraft war. Alle bestritten den Diebstahl.

Als die Hauptverhandlung kam, erinnerte ich mich, daß ich selbst
schon einmal vor dem gleichen Richtertisch, ja sogar vor dem gleichen
Richter gestanden hatte. Ich hatte als Sechzehnjähriger die Bundesbahn
um 10 Mark Fahrtgebühr betrogen, war geschnappt und angezeigt
worden. Mein Vater war mit mir hierher gegangen, und nachdem Tiebold eine Weile rumgenörgelt hatte, fällte er das Urteil: 10 Mark Buße.
Mein Vater hatte in die Brieftasche gegriffen, gezahlt, dem Tiebold
zugerufen: »Also bis Mittwoch«, mir mit der Faust auf den Kopf gehauen
und gesagt: »Komm!«

Außer mir waren nur ein paar alte Frauen im Zuschauerraum anwe-
send. Die Angeklagten saßen links in der Bank, geordnet nach ihrer
Größe, so daß sie wie eine Orgelpfeife aussahen, als sie sich beim Eintritt
Tiebolds und auf das Knuffen der Gerichtsdiener hin erhoben. Der
Staatsanwalt spitzte einen Bleistift an. Der Kampf konnte beginnen.

Der Vorbestrafte, es war der Längste, hatte seine Geschichte auswendig gelernt. Auf welchen Teil des Sachverhalts sich Tiebolds Zwischen-
frage auch immer bezog, der Vorbestrafte begann seine Aussage immer
von Anfang an. »Am Sonntag, dem 13. Juni, fuhren wir in dem Pkw
Opel-Olympia des mir bekannten Fritz Müller und in Begleitung des
Adolf Spoor und eines mir bis dato Unbekannten nach Kleinbülten zu
einem Frühschoppen. Dort nahm ich etwa fünf Bier zu mir ...« usw. Der
zweite erinnerte sich nicht mehr genau, außer, daß er als erster die Kneipe
verlassen, im Wagen vorne gesessen und den besagten Sonnenschirm
überhaupt nicht zu Gesicht bekommen hätte. Der dritte bestritt, den
Schirm überhaupt jemals angefaßt zu haben. Der vierte wollte – ganz im
Gegenteil – einen völlig anderen Gast (später ergab sich, daß es der
Pfarrer war) am Wegnehmen des Sonnenschirms gehindert haben. Er
beschrieb den Schirm als schwarz, groß und mit Krückstoffgriff. Der
Wirt schrie wütend: »Das war vielleicht der Regenschirm vom Pfarrer,
mein Sonnenschirm war's nicht!«

»Wieso«, sagte Tiebold irritiert, »ist denn auch ein Regenschirm
gestohlen worden?«

»Gar nix is' gestohlen worden«, jaulte der Angeklagte, »gar nix! Sogar
der Sonnenschirm ist da.« Er streckte seinen Arm in Richtung Wirt.
»Sagt der halbe Hahn doch selber.«

Tiebold zog sich zurück, und nachdem er sich mit sich beraten hatte, verurteilte er den Kleinsten, den vierten also, zu sechs Monaten Gefängnis ohne Bewährung.

Der Kleine traute seinen Ohren nicht, wackelte mit Kopf und Armen, und als ihn der Gerichtsdiener grob anfaßte, fing er zu guter Letzt auch noch an zu schluchzen und zu weinen. Die andern zogen die Köppe ein und machten 'ne Fliege.

Ich fragte Tiebold, warum er den Kleinen verurteilt hätte, wo doch niemandem etwas zu beweisen war.

»Was heißt hier beweisen«, sagte Tiebold. »Wir sind hier ja nicht an der Uni. Hier zählt Praxis und Menschenkenntnis.« Er klappte seine Akte zu und ging. Dann drehte er sich noch einmal um und sagte: »Du hast doch selbst gehört, daß der Verurteilte einen Schrebergarten hat. Ein Schrebergarten und ein Sonnenschirm – passen die nicht zusammen?«

Ja, so waren die Typen da in der Stadt. Immer »Haut den Lukas«. Und von Tuten und Blasen keine Ahnung. Als der Chauffeur mich zur Bahn fuhr, sagte er:

»Ich wußte, daß Sie nicht lange bleiben.«

»Wieso?«

»Ihre Augen. Sone Augen. Immer wie im Fieber. Meine Frau nennt sone Augen Rumtreiber. Sie ham keine Ordnung. Innerlich. Alles fängt mit A an und hört mit Z auf. Erst A, zum Schluß Z! Verstehen Sie? Das is' in 'ner Familie so, in 'ner Schule, beim Militär und später im Leben. Das stimmt sogar in 'ner Liebe. Ich z. B.: Zuerst hab' ich mich verlobt, dann geheiratet, dann Kinder gekriegt, und dann erst hab' ich mich verliebt. In Zarah Leander wie Z.« Er schaltet, hupt.

»Auf 'ner Platte natürlich.« Er summt ein paar Takte.

Als ich aussteige, hält er mich kurz fest, blickt mir ins Gesicht und sagt:

»Sie sind ein Spasti.«

Regine Hildebrandt wurde am 26. April 1941 in Berlin
geboren. Nach ihrem Studium der Biologie an der
Humboldt-Universität, mit dem Abschluß der Promotion 1968, arbeitete sie bis 1990 in der Arzneimittel-
forschung. In dieser Zeit erschienen von ihr zahlreiche
wissenschaftliche Fachveröffentlichungen. 1989 en-
gagierte sie sich in der Bürgerbewegung »Demokratie
Jetzt« und wurde Mitglied der Sozialdemokratischen
Partei der DDR, die sich später mit der SPD vereinte. In
der ersten und zugleich letzten DDR-Regierung leitete sie im Kabinett de Maizière das Arbeits- und
Sozialressort. Im November 1990 wurde sie im neu-
gebildeten Land Brandenburg zur Ministerin für Arbeit, Soziales, Gesundheit und Frauen berufen. Auf
die Wahl zur »Frau des Jahres 1991« durch den deutschen Staatsbürgerinnen-Verband folgte die Verlei-
hung des Wilhelm-Hoegner-Preises 1992 und des
Gustav-Heinemann-Bürgerpreises 1993. Sie veröffentlichte unter anderem die Bücher »Deutsche Ansichten – Das darf doch nicht alles gewesen sein!«

(1992) und »Deutschland im Jahre drei – Eine Zwi-
schenbilanz« (1993).

Regine Hildebrandt ist verheiratet und hat drei
Kinder.

Regine Hildebrandt

Ständig auf Achse

Meine Kindheit war vom Gefühl des Behütetseins geprägt, obwohl ich 1941 in den Zweiten Weltkrieg hineingeboren wurde. Familiensinn war in unserer Verwandtschaft sehr ausgeprägt. Meine Mutter, die nicht berufstätig war, hatte – in den dreißiger Jahren aus Hamburg gekommen – hier in Berlin meinen Vater kennengelernt. Er stammte aus einer typischen Berliner Musikerfamilie; alle spielten irgendein Instrument. Mein Großvater, mein Vater und mein Onkel waren Pianisten. Schon um die Jahrhundertwende gingen meine Großeltern mit ihrer Berliner Damenkapelle – Großmutter war Kontrabassistin – auf Tournee in Europa. Wie bei ihnen hat auch in unserer Familie Musik immer eine große Rolle gespielt, das Klavier war zu Hause genauso präsent wie Tisch und Stühle. In der Familie meines Vaters waren Gemeinschaftssinn und Zusammenhalt beeindruckend stark ausgeprägt. Auch mein Vater, der in dieser Atmosphäre aufgewachsen war, verbrachte seine freie Zeit unbedingt mit uns Kindern, meinem vier Jahre älteren Bruder Jürgen und mir. In den ersten Kriegsjahren war mein Vater als Pianist bei der künstlerischen Begleitung der Wehrmacht auf Tournee. Ich selbst habe an den

Krieg keine deutlichen Erinnerungen, die Ereignisse sind mir nur aus
Berichten meiner Eltern bekannt. Auch an die Evakuierung 1943 in den
Reichsgau Wartheland und das Leben auf Gut Domsel erinnere ich mich
wenig.

Im Krieg ausgebombt, gingen wir 1945 zurück nach Berlin und konnten für vier Personen eine Eineinhalbzimmerwohnung in der Bernauer
Straße am Rande des russischen Sektors bekommen. Das Klo war unter
der Treppe im Hausflur; im vorderen Zimmer lebte eine Trümmerfrau.
Ich weiß noch, wie die Tapete dort schief von den Wänden hing und
überhaupt alle Fenster mit Pappe und Holz vernagelt waren. Mein Vater
tauschte nach einer Wodkazuteilung im sowjetischen Sektor diesen im
französischen Sektor gegen Fensterglas ein, um Scheiben einsetzen zu
können. Die Waschlappen in der gemeinsamen Küche waren im Winter
angefroren. Da wir kein Bad hatten, gingen wir wöchentlich ins Stadtbad
Mitte zum Duschen. Ich habe diese – damals ja normalen – Zustände nie
als bedrückend empfunden, unser Leben nicht als entbehrungsreich. Das
mag damit zusammenhängen, daß auch in diesem Fall die Verwandtschaft uns Ausgebombte mit Engagement unterstützte. Sämtlichen
Hausrat hatten wir ihr zu verdanken. Und wir feierten viel zusammen.
Fastnachts war Lumpenball mit unserer Verwandtschaft, der Tisch kam
auf den Ofen, mein Vater setzte sich ans Klavier, und dann wurde
getanzt. Natürlich auch erzählt und oft und laut gelacht. Wenn mich
meine Erinnerung nicht trügt, haben Resignation und Depression der
Nachkriegszeit trotz sehr bescheidener Verhältnisse unsere Familie und
damit mich nicht getroffen. Natürlich hatten wir mit etlichen Schwierigkeiten zu kämpfen. Auf winterlicher Straße beim Schlittenziehen brach
sich mein Vater den Oberschenkel und ging danach – einige mißlungene
Operationen waren schuld daran – bis zu seinem Lebensende am Stock.
So mußte meine Mutter mit meinem Bruder Stubben buddeln, als der
Tiergarten schon weitgehend abgeholzt war, und hamstern, um Eßbares
einzutauschen. Aber irgendwie hatten meine Eltern das Talent, in dieser
Zeit viel Optimismus zu entwickeln und ständig aus nichts etwas zu
machen. Dieses Durchhalten ohne spürbare Anstrengung hat mich,
denke ich jetzt, wohl sehr geprägt.

Meine ersten Schuljahre im französischen Sektor – dort war die nächste Schule – machten mir große Freude, die Lehrerin hielt ich für

Regine Hildebrandt, 1946, mit Mutter
und Bruder Jürgen

Regine im Alter von vierzehn Jahren
beim Ziegenfüttern

allwissend. Als ich zur sechsten Klasse nach einem Ulbricht-Erlaß in den
sowjetischen Sektor umgeschult werden mußte, hatte ich Russisch nach-
zuholen, aber sonst weniger Probleme als gedacht. Ich weiß noch, daß im
ersten Diktat das Wort »Zentralkomitee« vorkam, was ich vorher noch
nie gehört hatte und entsprechend falsch schrieb. Bei den Pionieren war
ich nicht. Das wäre einfach nicht in Frage gekommen, darüber wurde zu
Hause nicht viel geredet, es stand nicht zur Debatte. Die Mitgliedschaft
bei den Pionieren war damals auch noch nicht obligatorisch wie später.
Sicher gab es in der Schule ideologische Bevormundung in allen Formen.
Aber ich gewöhnte mich daran insofern, als ich sie für Normalität zu
halten lernte, trotzdem meine Meinung hatte und meinen Neigungen im
Rahmen der Möglichkeiten nachging. Und die gab es. Alle Fächer
interessierten mich, einschließlich Sport. Zu Hause lernte ich nicht; es
reichten eigentlich immer Stichworte in der nächsten Unterrichtsstunde
aus, um mich das Gehörte rekapitulieren zu lassen. Darüber habe ich
mich oft gewundert. Erst später in der Oberschule begann ich systema-
tisch zu arbeiten. Aber schon vorher beschäftigten mich viele andere
Dinge mindestens genauso intensiv wie die Schule. Alles, was mir zwischen die Finger kam, Weltliteratur oder Gesellschaftskram, las ich. Ich
strickte, häkelte, stickte für die ganze Verwandtschaft und entwickelte
überhaupt einen großen Enthusiasmus für alle netten und meist zweck-
freien Handarbeiten. So bekamen beispielsweise zu Weihnachten 1954
alle Tanten von mir umhäkelte Kleiderbügel geschenkt. Ich war in einer
Foto-Arbeitsgemeinschaft und richtete mit meinem Bruder zu Hause
eine Dunkelkammer ein, hatte Sporttraining, Klavierunterricht sowieso
schon seit langem, legte mir Pflanzenherbarien an und kümmerte mich,
wo es ging, um Tiere, da ich zu dieser Zeit Veterinärmedizin studieren
wollte. Dabei hatte ich nicht mal ein Faible für das eine, mal mehr für das
andere, sondern ich betrieb meine Interessen mit ziemlicher Konsequenz
gleichzeitig, war also jeden Tag beschäftigt, was meinen Kindern heute
völlig unmöglich und absurd erscheint, mir aber keine Schwierigkeiten
bereitete. Sicher habe ich das Leben in dieser Zeit als sehr rege in Erinnerung, aber ich fühlte mich nie bis ans Ende ausgelastet oder gestreßt. Ich
war eben ständig »auf Achse«. Eine besonders wichtige Rolle spielte für
mich auch schon in der Schulzeit die Kirche. Die direkte Nachbarschaft
der Versöhnungskirche, deren Gemeindeleben sehr mobil war, führte

Regine Hildebrandt (Mitte) 1955 mit zwei Mitgliedern der Jungen Gemeinde

mich über Religionsunterricht und Kindergottesdienst in den Konfirmandenunterricht, den Chor und die Junge Gemeinde. Meine besten
Freunde, die späteren Patentanten und -onkel meiner Kinder, und auch
meinen Mann, den jüngsten Pfarrerssohn, kenne ich aus diesen Kreisen.
Nicht nur gemeinsame Gottesdienstbesuche, wöchentliche Gespräche
über biblische Texte, Tischtennisspielen und das Singen im Chor wirkten
verbindend. Wir gingen zusammen in die Oper, in Konzerte, ins Theater
und in Ausstellungen, nahmen also möglichst alles mit, was Ost- und
Westberlin an Kulturellem zu bieten hatten. Das kircheninterne Leben,
die Gemeinschaft, die Musik, Gottesdienste und tägliche Abendandach-
ten, die Predigten unseres Pfarrers Hildebrandt, der ein hervorragender
Rhetoriker war, auch die neugotische Versöhnungskirche als Raum und
Kunstwerk, die Orgel – das alles prägte und beeindruckte mich. Abends
las ich Bibelstellen weniger der christlichen Offenbarung wegen als vielmehr, um das Buch Bibel kennenzulernen. Aus jetziger Sicht erscheint es
mir symptomatisch für mein Wesen, daß ich, wenn ich mir vorgenom-

men hatte, ein bestimmtes Kapitel zu lesen, es auch las, unabhängig davon, ob ich zum Umfallen müde war oder nicht.

Man kann sich wohl fragen, inwieweit eine solche innere Konsequenz sinnvoll ist und nicht Übertreibung. Meine Kinder tun das auch.

Nach einigen Schwierigkeiten begann ich im September 1959 mit meinem Biologiestudium. Der Direktor meiner Oberschule, der gleichzeitig Staatsbürgerkunde unterrichtete, hatte mir, einer Nicht-FDJlerin, nämlich nach etlichen Diskussionen über politische Fragen mitgeteilt, »er werde mir alle Steine in den Weg rollen, die er könne«, um mein Studium zu verhindern. Nachdem ich abgelehnt worden war, ermöglichte mir – aufgrund günstiger Umstände – der Vater einer Freundin, der Biologieprofessor an der Humboldt-Universität war, doch noch zu studieren, nämlich Diplom-Biologie. Das Studium an sich war natürlich sehr starr aufgebaut, es ging zu wie in der Schule. Wir hatten einen Stundenplan, also keine Möglichkeit zu wählen, welche Seminare wir besuchen wollten und welche nicht. Aber da ich nie anderes erlebt hatte, empfand ich dieses Festgelegtsein nicht als einengend. Außerdem war mein Interesse nie auf ein spezielles Gebiet der Biologie beschränkt. Nach dem Mauerbau im August 1961 debattierte ich mit dem Dozenten für Marxismus-Leninismus mehrfach ziemlich empört über die Zumutung, die Mauer offiziell als »antifaschistischen Schutzwall« auszuweisen, und so sollte ich exmatrikuliert werden. Für den Fall einer Exmatrikulation hatte ich mir vorgenommen, im Hedwigskrankenhaus eine Ausbildung als Krankenschwester zu beginnen. Es kam nicht dazu, weil mein Biologieprofessor und besonders auch meine Kommilitonen sich für mich stark machten. So hatte ich mich aus erzieherischen Gründen in den Sommerferien beim Entwässerungsgräbenschippen im Rhinluch zu »bewähren«.

Der Mauerbau war in meinem Leben dieser Zeit ein furchtbar schwerwiegendes Ereignis. Wir wohnten in der Bernauer Straße, direkt an der Sektorengrenze. Das Haus stand im Osten, der Bürgersteig gehörte schon zum Westen, so daß, wenn wir aus dem Fenster schauten, unsere Köpfe im Westen, unsere Körper im Osten waren. Erst etwas später wurden die Fenster wirklich zugemauert. Im August und September konnte ich meine Freunde, die fast alle im Westen waren, und meine mir so wichtige Verwandtschaft noch sehen. Wir unterhielten uns stundenlang, sie auf der Straße stehend, ich am Fenster. Es war grotesk. Aber nie kam es mir ernsthaft in den Sinn, in den Westen zu gehen. Der christliche Grundsatz, daß ich da leben und wirken solle, wo Gott mich hingestellt hatte, war offensichtlich tief in mir verwurzelt. Außerdem gab ich der Mauer nicht lange, wie niemand damals. Das mag wohl auch eine Rolle gespielt haben. Andererseits war mir die Dramatik selbst einer »vorläufigen Mauer« ganz und gar bewußt. Mein Bruder seilte sich mit seiner Frau nach dem 13. August aus unserem Fenster im ersten Stock ab. Es war ein panikartiger Aufbruch, alles wurde stehen- und liegengelassen in Dessau, wo seine Frau am Theater ein sehr gutes Engagement als dramatische Soloaltistin gerade begonnen hatte. An diesem Tag fuhr ich mit meinen Eltern auf unser Grundstück nach Wilhelmshagen. Wir wollten während des Abseilens nicht in der Wohnung sein. Ich erinnere mich, daß ich bis zum Abend nicht wahrhaben wollte, daß die Trennung endgültig, die enge Verbindung zu meinem Bruder, die ich immer hatte, beendet sein sollte. Vergeblich hatten wir alle versucht, ihn von diesem Schritt abzuhalten. Glücklicherweise kamen mir die wirklich harten Konsequenzen seiner Flucht, seines regelrechten Verschwindens aus meinem Leben, nicht in vollem Umfang zu Bewußtsein. Elf Jahre lang sahen wir uns nicht, von da an beschränkte sich unser Kontakt auf zwei oder drei jährliche Besuche. Da auch die übrige Verwandtschaft im westlichen Teil Berlins verblieb, hatte das rege Leben der Großfamilie ein abruptes Ende.

Diese Art des Umgehens mit einschneidenden Veränderungen, folgenschweren Wenden meiner Lebensumstände ist typisch für mich. Ich ignoriere sie, solange sie bevorstehen, sie sind mir nicht faßbar, nicht vorstellbar, deshalb fürchte ich mich auch nicht vor ihnen. In der neuen Situation habe ich dann nur noch damit zu tun, das Beste aus ihr zu machen. Und das kann ich gut.

Auch das Gemeindeleben an der Versöhnungskirche war vorbei. Die Kirche stand im Osten, im Todesstreifen später.

Aber ab September 1961 gab es dann »unseren« Chor im Osten, die Berliner Domkantorei. Der älteste Pfarrerssohn – auch die Pfarrersfamilie Hildebrandt war im Osten geblieben – hatte sie als ehemaliger Kirchenmusiker der Versöhnungsgemeinde mit den verbliebenen Chorsängern gegründet. Wir sangen regelmäßig im Gottesdienst, führten schon nach kurzer Zeit verschiedene geistliche Oratorien auf und gingen zu-

sammen auf Chorfahrten. Diese Gemeinschaft ist mir bis heute die
wesentlichste. Auch mit den drei Pfarrerssöhnen hatte ich seit dieser Zeit
besonders viel zu tun. Wir saßen nächtelang in ihrer neuen Wohnung in
Schöneweide, wo sie zu dritt lebten, musizierten, planten, empfingen
»Westbesuche« und diskutierten über Gott und die Welt. Wir waren aber
auch oft auf dem Land und wanderten.

1964 schrieb ich meine Diplomarbeit – über die Wirkung unterschiedlicher Eiweißdiäten auf das Wachstum von Ratten. Die einzige von der
Uni angebotene Stelle als Biochemikerin nahm ich an. Ich ging in die
Pharmakologische Abteilung des Forschungsbereiches im Volkseigenen
Betrieb Berlin-Chemie, also fast »in die Produktion«. Mich schreckten
der Dreck und die Primitivität der Produktionsanlagen nicht ab. Ich
freute mich auf konstruktive, praxisorientierte Arbeit mit Kolleginnen
und Kollegen. Etliche Kommilitoninnen gingen nach dem Studium an
die Akademie der Wissenschaften, was ich nicht gerne wollte, da mir das
ewige Konkurrieren um Forschungsthemen, Dienstreisen und Publika-
tionsrekorde zuwider war. Dazu kam natürlich, daß es mir aus gesell-
schaftlichen Gründen wohl recht schwierig geworden wäre, mich dort
durchzusetzen. Aber ich hatte es auch wirklich nicht als erstrebenswertes
Ziel im Kopf. In den nächsten Jahren arbeitete ich bei Berlin-Chemie und
schrieb im Rahmen einer außerplanmäßigen Aspirantur meine Dok-
torarbeit über Psychopharmaka (Sedativa). Daß meine Psychosedativa
massive Verdauungsbeschwerden verursachten, bemerkte ich glücklicherweise erst bei der Vorbereitung der klinischen Prüfung im Selbstver-
such – nach der Verteidigung der Promotionsarbeit, 1968: übrigens im
Rahmen des Frauenförderplans des Betriebes! Männer, die ebenso wie
ich nach dem Studium in die Industrie gegangen waren, hatten erheblich
größere Schwierigkeiten, während ihrer Berufstätigkeit zu promovieren.
Die Arbeit in Berlin-Chemie – ich blieb dort bis 1978 – brachte einiges
Unangenehme mit sich, an das ich mich nur schwer, oder eigentlich nie
so richtig, gewöhnte. Da ich eine chronische Langschläferin bin und eher
abends in Hochform komme, bereitete mir das allmorgendliche Aufstehen um 5.30 Uhr großes Mißvergnügen. In den ersten Jahren wurde auch
noch sonnabends gearbeitet – also sechsmal in der Woche mußte ich um
halb sechs aufstehen, um pünktlich zum Sirenetuten um 7 Uhr nach

S-Bahn-Fahrt und Fußweg am Arbeitsplatz zu sein. Aber sonst machte mir mein Tun dort viel Freude. Ich konnte mich sehr selbständig mit fachlichen Problemen auseinandersetzen, Qualitätskontrolle und Forschung gleichermaßen bedienen und hatte nette Kolleginnen. Man arbeitete nicht nebeneinander her, sondern zusammen. Aus dem staatlicherseits stets und ständig propagierten Kollektiv entwickelte sich ein echtes. Obligatorische Betriebs- oder Weihnachtsfeiern wurden zu wirklich lustigen Festen. In den Woltersdorfer Kiesgruben grillten wir Spanferkel und brauten mit unseren Chemikalien allerhand Likörchen. Später, als unser mineralogisches Interesse erwacht war, schürften wir – als Mineralogische Arbeitsgruppe des Betriebes – in ehemaligen Bergbauhalden und an anderen Mineralfundpunkten der DDR nach Amethysten und Achaten. Wir bearbeiteten die Steine im Betrieb, machten Ausstellungen bei den »Betriebsfestspielen« und erhielten Zuschüsse für unsere Arbeit. Bei allen Unternehmungen erscheint mir mein dringendes Bedürfnis nach harmonischem Miteinander und der Wille zu gutem Auskommen mit unterschiedlichsten Typen von Menschen charakteristisch. Ich hatte nie Lust, mich an intriganten Machenschaften zu anderer Leute Nachteil oder meinem Vorteil zu beteiligen. Und da man das von mir wußte, bezog man mich nicht in solcherlei Lästereien und Bösartigkeiten ein, und ich wurde wahrscheinlich auch deshalb selten Opfer übler Nachrede. Anfang 1965 verlobte ich mich – nach jahrelanger Freundschaft mit allen Pfarrerssöhnen – mit Jörg, dem jüngsten. Er war seit 1965 »Bausoldat«, gehörte zum ersten Durchgang von Wehrdienstverweigerern. Nachdem er es abgelehnt hatte, den Fahneneid zu sprechen, sollte er zu Arbeiten an militärischen Projekten verpflichtet werden. Er verweigerte den Befehl und wurde für ein halbes Jahr inhaftiert. Unmittelbar nach Beendigung der Bausoldatenzeit wollten wir heiraten. Damit meine zahlreiche Westverwandtschaft bei unserer Hochzeit dabeisein könne, beschlossen wir, kurz vor Weihnachten zu heiraten. Damals war es nämlich so, daß Westberliner nur zu Ostern, Pfingsten und Weihnachten nach Ostberlin einreisen durften. Am 22. Dezember 1966, unserem Hochzeitstag, kam es aber dann doch so, daß die DDR-Regierung keine Einreiseerlaubnis erteilte. Nun feiern wir jährlich zu dieser paradoxen Zeit, obwohl die Westberliner nicht dabei waren. Jörg betont immer wieder, er sei illusionslos – im positiven Sinne des Wortes – in die Ehe gegangen. Er kannte mich ja schon lange Jahre und wußte wohl wirklich genau, woran er bei mir war und was er an mir hatte. Meine rastlose Aktivität, aber auch mein Harmoniebedürfnis waren ihm vertraut. Für mich war klar, daß ich mit diesem Mann tatsächlich mein ganzes Leben verbringen würde. Sein ausgeglichenes, zuverlässiges und weit weniger aufgeregtes Wesen ist seither für mich ein unentbehrlicher Ruhepol, eigentlich die Sicherheit meines Daseins überhaupt.

Kurz vor der Hochzeit zogen wir in die Rosa-Luxemburg-Straße am Alexanderplatz. Die Wohnung hatte ich während seiner restlichen Bausoldatenzeit organisiert; das war damals schon schwer. Seitdem sind wir nur einmal umgezogen: innerhalb des Hauses, in die darüberliegende Etage. Jörg, der sein Publizistikstudium an der Freien Universität nach dem Mauerbau nicht weiterführen konnte, hatte zunächst eine Lehre in der Baumschule absolviert. Dann begann seine Tätigkeit als Lektor in der Evangelischen Verlagsanstalt. Bis zur Wende blieb er dabei. Auch Jörg sang in der Domkantorei, jeden Montag gingen wir zur Probe in die Golgathakirche, danach rannten wir mit unseren Abonnementkarten für den zweiten Rang links regelmäßig hinüber zum Metropoltheater, ins damalige Konzerthaus des Berliner Sinfonieorchesters. Wenn wir nicht im Theater oder im Konzert waren – Oper kam nie in Frage, Jörg verabscheute das künstliche Gesinge –, waren wir zu Hause selten allein. Immer waren Freunde da. Es war fast wie vorher in Schöneweide, in der Wohnung der drei Brüder. Einen Fernseher hatten wir nie. So blieb uns die Versuchung dieser Art allabendlichen »Entspannens« erspart. Wir hörten Rundfunk, hatten eine enge Verbindung zur BBC.

1968 wurde ich schwanger, und mit meiner Tochter Frauke im Bauch promovierte ich, verteidigte meine Arbeit über das schon beschriebene nebenwirkungsträchtige Psychosedativum.

Ich lebte und arbeitete im Osten. Wenn vom Jahr 1968 die Rede ist, fällt mir unbedingt – als das Ereignis schlechthin – der Prager Frühling ein. Auf diesen Umbruch schauten wir begeistert. Hoffnungsvoll solidarisierten wir uns mit den Reformen in Unterschriftenlisten in der tschechoslowakischen Botschaft. Das traurige Ende dieses Befreiungsversuches nach dem Einmarsch der Warschauer-Pakt-Streitkräfte und der Entmündigung Dubčeks erbitterte und enttäuschte uns sehr.

Die Studentenunruhen nahm ich zur Kenntnis, aber ganz sicher nicht mit großem Enthusiasmus. Westdeutschland war für mich nahezu der Inbegriff freiheitlicher Gesinnung, verglichen mit der DDR. Und unser Vergleichsmaßstab war immer Ostdeutschland. Die radikale Einschränkung jeder menschlichen Freiheit außerhalb der Parteidoktrin – sei's nun zu reden, zu lesen, zu reisen, sich angemessen zu entwickeln oder sogar zu denken – unterschied sich in ihrer Wertigkeit aus meiner Sicht um Dimensionen von Problemen im Westen. So hatte ich wenig Verständnis für die Art der Auseinandersetzungen jenseits der Mauer. Beispielsweise rief ich mir in Erinnerung, wie ich mich darum bemühen mußte, überhaupt einen Studienplatz zu bekommen – und verstand die Verhaltensweise derer, die im Westen Studienplätze in der gemeinsamen Fachrichtung hatten, nicht. Sicher, damals schwanger, las ich Bücher über antiautoritäre Erziehung, und auch mit Freunden debattierte ich über Möglichkeiten einer anderen Lebensart. Das war ketzerisch, aber ketzerisch war man bei uns ja schnell. Da bedurfte es keiner politischen Extremposition, auch das gemäßigte Andersdenken war reaktionär. Im großen und ganzen spielte das Jahr '68 für mich nicht andeutungsweise eine so große Rolle wie für viele meiner Altersgenossen im Westen.

Wie auch immer, eine Zäsur in meinem Leben bedeutete es in jedem Fall – weniger politisch, wie gesagt, mehr persönlich wohl: Selbst Teil einer großen Familie, in der ich mich als Kind, als junger Mensch überaus geborgen gefühlt hatte, war ich jetzt dabei, gemeinsam mit meinem Mann eine eigene Familie ins Leben zu bringen und all das weitergeben zu dürfen, was ich reichlich empfangen hatte.

Jürgen Flimm, 1941 in Gießen geboren, studierte an der Universität Köln Theaterwissenschaften, Germanistik und Soziologie. 1968 erhielt er sein erstes Engagement als Regie-Assistent an den Münchner Kammerspielen, 1972 war er Spielleiter am National-theater Mannheim (Intendant Dr. Hampe), 1973/74 Oberspielleiter am Thalia Theater Hamburg (Intendant Boy Gobert), von 1974 bis 1979 freier Regisseur in München, Hamburg, Bochum und Frankfurt. Von 1979 bis 1985 war er Intendant des Kölner Schauspielhauses und seit 1995 ist er Intendant des Thalia Theaters Hamburg. Nach Gastdozenturen an der Harvard University (1975) und der New York University (1977) ist Jürgen Flimm seit 1988 auch Gastprofessor an der Universität Hamburg. 1991 erhielt er die Medaille für Kunst und Wissenschaft der Freien und Hansestadt Hamburg, 1992 das Bundesverdienstkreuz, 1995 den Konrad-Wolf-Preis der Akademie der Künste Berlin. Jürgen Flimm ist verheiratet und lebt mit seiner Frau in Hamburg.

Jürgen Flimm

Bei uns zu Hause war immer ein bißchen nach dem Krieg

1

Das waren die Geräusche! Diese Geräusche, das Kratzen und Krei-
schen, das Quietschen, Klingeln, Pfeifen und Rufen! Alles mitten in
der Nacht. Wir lagen, jäh erwacht, mein älterer Bruder Dieter und ich;
ein seltsames Spiel von Licht und Schatten fiel durch den schmalen
Schlitz des Vorhangs an die Schlafzimmerdecke! Wir fürchteten uns sehr.
Der Krieg war endlich vorbei, und nach mancherlei Irrungen hatten mein
Herr Vater Dr. und meine Frau Mutter Dr. am Rande der Domstadt am
Rhein eine kleine Wohnung gefunden. Bald kündete so auch ein weißes
Schildchen »Praxis Dr. Flimm«.

Endlich kletterte der mutige Bruder auf die Fensterbank, und ein Laut
des Staunens entwich ihm: »Komm ma'!« Ich hüpfte flugs aus dem Bett.
Sechskäsehoch standen wir auf der Fensterbank und konnten es nicht
fassen:

Hinter den schneebedeckten Gärten auf der anderen Seite der Straße
erhob sich gegen den schwarzen Winterhimmel ein riesiges leuchtendes

Haus mit langen Glasdächern. Welch ein ungewohntes Licht nach langen
Jahren der Verdunkelungen! Viele Menschen liefen auf und ab, stiegen in
gläserne Wagen, Rufe und Gebimmel, das leuchtende Gefährt drehte
seine quietschende Runde, klingelte erregt und entschwand unserem
Blick!

Wir redeten laut durcheinander: Schau mal dort, wie jener elegante
Herr mit Aktentasche mit nur einem Bein vom Wagen springt; und da
der kleine Schuljunge mit Ranzen – im allerletzten Augenblick läuft er
dem kreischenden Wagen hinterher, reißt noch die Tür auf und springt
wagemutig hinein!

Aufregend, viele Geschichten nebeneinander und auf einmal. Unter
Teerpappendächern standen Mäntel und Hüte und erwarteten die näch-
sten leuchtenden Waggons, weißer Atem vor den Mündern, Endstation!
Abfahrt! Türen schließen!

Da flog die Tür auf, meine Frau Mutter Dr. packte uns wieder in die
Betten und schimpfte, was wir zu nachtschlafender Zeit herumzuka-
spern hätten, um wie blöd einen Straßenbahnhof anzugaffen; einmal
wolle sie auch ausschlafen, sie hätte, bei Gott, genug am Hals, morgen
früh wieder all die Kranken! Wir sollten schlafen oder wenigstens still
sein für eine Weile! Also geschah es; wir lagen unbeweglich und träumten
uns in leuchtende Waggons auf rasender Fahrt in die große Stadt am
Rhein.

2

Meine Mutter ist allerdings eine gute Frau! Wenn wir aus der Schule
kamen, saßen oft auf der Bank vor der Wohnung alte Frauen und Männer
und schlürften ein warmes Süpplein, denn die Armut wuchs im Land,
und das Elend nach dem Krieg war noch groß. In alten Tanzsälen, bloß
durch Decken getrennt, wohnten viele hundert Geflüchtete; dahin stapf-
ten wir zur Adventszeit, brachten evangelische Päckchen und sangen den
Heimatlosen vielstimmige Lieder: »Macht hoch die Tür!«

Bei uns zu Hause war eben immer ein bißchen nach dem Krieg. »Uns
geht's doch gut«, sagte Frau Dr. Ellen alleweil. »Vergeßt nicht! Wir haben
doch auch gehungert, direkt nach dem Krieg!«

Geschwister Jürgen und Dieter Flimm

3

Mein Vater war ein strenger Mann, aber lustig. Als er jung war, hatte er Rennen gerudert und studiert, Herrn Hitler nur so im Vorübergehen bemerkt. Sagte er zumindest. Nach Stalingrad schmiß meine Mutter des Führers Konterfei hinter den Schrank, mein Vater Dr. operierte im Bombenhagel, in Schutt und Asche und befreite Adenauer aus dem Deutzer Lager, mutig als Parteigenosse!

Nach dem Krieg hing er also ein kleines weißes Schild an die Wand und begann von neuem.

Manchmal trank er viel und schnarchte nachts so sehr, daß er mühelos den Lärm des Bahnhofs übertönte. Mit dem Kopfkissen unter dem Arm flüchtete ich aus unserem gemeinsamen Zimmer nach nebenan, zu Frau Mutter Dr.

Mein Vater hatte auch oft in der Frühe Mühe mit dem Erwachen. So wickelte er sich in seinen Bademantel und machte noch schnell ein Nickerchen auf den kühlen Fliesen neben der Wanne. Aber er war wirklich lustig, und wenn er den Dirigenten machte, links mit dem Taschentuch wedelte und rechts ein Stöckchen schwang und ein höchst wertvolles Gesicht aufsetzte, dann lachten Dieter und ich uns schief. Und die alten Schellackscheiben kratzten dazu.

Der Praxis ging es bald besser, die Eltern Doktors waren auch sehr fleißig. Meine Mutter Dr. mußte nicht mehr hamstern gehen; die Geldreform brachte Brot und Fleisch. Und wenn im Mai auf dem Balkon inmitten blauduftender Glyzinien viel Bowle getrunken wurde, weinte schon einmal ein Onkel dem Führer nach, und ein anderer schimpfte über moderne Kunst. Und Thomas Mann zum Beispiel! Während unsereins im Bunker mit eingezogenem Kopf Bomberschwärmen nachlauschte, habe der wohl am Strand von Hollywood gesessen und sich ins vaterlandslose Fäustchen gelacht!

Dann stimmten sie schluchzend an, der Mai sei gekommen! Und der Führer gegangen, sangen Dieter und ich feixend weiter.

Bei uns zu Hause war halt immer alles ein bißchen nach dem Krieg.

4

Irgendwann zog meine Großmutter vom Land zu uns in die Stadt. Ein Glückstag: sie war da und schaute nach uns. Wenn ich auf den Wiesen hinter dem Bahnhof Fußball spielte, winkte sie mir aus dem Mansardenfenster zu. Kam ich dann verschwitzt und verdreckt nach Hause, hatte sie schon ein geröstetes Brot mit süßem Sirup zubereitet, dazu eine Tasse Milch. Dann saßen wir am Tisch mit dem karierten Wachstuch, und ihre dunklen Knopfaugen glänzten mich an: »Mein Kleiner!« Und dann war eben nicht nach dem Krieg.

Sie spielte oft leise auf dem verstimmten Klavier und ging im Garten wie sinnlos am Treppengeländer auf und ab; ihre Ringe klapperten rhythmisch dazu. »So bleibe ich jung«, rief sie, »mein Kleiner!« Sie wurde neunundneunzig Jahre alt und glaubte an den lieben Gott!

5

Waren Schule, Geigenstunden, unregelmäßige Verben, Nachhilfestunden, Konfirmandenunterricht und ähnlich unnützer Zeitvertreib vorbei, dann sausten wir los. Onkel B., der alter Fußballer war, hatte uns einen Lederball geschenkt. Der hatte eine rote Gummiblase und war geschnürt wie ein Stiefel; so waren Dieter und ich die Fußballkönige auf dem Platz im Wäldchen.

Tief unter der Erde, Maulwürfen gleich, bauten wir uns ein Hüttchen, klauten zu Hause Kartoffeln aus dem Keller und brieten diese unter Tage! Und das schmeckte schwarz und bitter wie die erste Zigarette, grüne »Eckstein« aus dem Hause »Overstolz«! – »Ofenholz«, rief Peter F., der unser Anführer war, weil er die besten Drachen bauen konnte und sein Vater in einer schmucken blauen Uniform beim Bahnhof Dienst tat. Herbertchen hingegen war ein bißchen blöd; der lief mit kratzigen Strümpfen, die an den Strickhosen festgeknöpft waren, herum. Auf dem Plätzchen im Wald trat er immer über den Lederball, und wenn die Mannschaften ausgewählt wurden, bekam man ihn als Dreingabe. Aber ich hatte ihn sehr gerne. Er trug oft ein Schürzchen mit einem kleinen bunten Täschchen drauf. Wenn der heiße Sommer kam, kamen die Männer mit dem Eis; weiße große Stangen zogen sie mit rostigen Zangen von den schwarzen Lastwagen, und ihre dunklen Lederschürzen waren klatschnaß. Wir sprangen dem wackligen Wagen hinterher und sammelten kleine heruntergefallene Eisstückchen auf. Und Herbert, mein Kamerad, war der fleißigste. Ein Bröckchen nach dem anderen verschwand im Täschchen seiner Schürze, und dann hüpfte er jauchzend durch die Sommerhitze nach Hause. Niemand konnte ihm sagen, daß er zu Hause nur noch eine nasse Schürze haben würde. Es war ihm ja gleich! Das freudige Eilen, das Springen, Singen und Pfeifen mit dem weißgrauen Schatz in der Tasche, das war ihm alles. »Na und«, sagte Herbertchen und galoppierte los. »Laß ihn doch«, sagte meine Mutter, »er ist doch fröhlich dabei!« Meine Mutter ist eben eine gute Frau.

6

Bei uns zu Hause nach dem Krieg war immer der Herbst das Schönste. Gottlob ging das Jahr zur Neige, die Drachen stiegen vom nassen Acker hinter dem Bahnhof in die schwindelnden Höhen des gritzegrauen Oktoberhimmels – herrliche Sturzflüge mit wedelndem bunten Schweif! Und böse splitternde Landungen in schwarzen Maulwurfshügeln. Die Haufen aus Gestrüpp, Gras und Blättern qualmten in den Schrebergärten auf der anderen Seite der Straße, und von den Feldern zogen lange Schwaden übers Land. Bunt sind schon die Wälder. Wir bohrten kleine Löcher in rostige Büchsen und füllten diese mit altem Laub, das wir sogleich entzündeten. Und schwangen an langen Drähten so würzigen Qualm um unsere kleinen Häupter – das roch nach morgenländischen Spezereien, nach Weihrauch und Myrrhe. O ihr heiligen drei Könige!

Dann würde es bald kälter werden und die Abende länger. Dann würden die Laternen angezündet und von Haus zu Haus zögen wir mit den schwankenden Lichtern und sängen im Namen des heiligen Martin. »Hier wohnt ein reicher Mann ...« Und bald kämen auch schon Advent und Weihnachten. Wie würde sich dieses Jahr mein Vater wieder erregen, wenn er den großen Baum schmücken müßte – Watte! Kugeln! Lamettafäden! Wie würde dieses Jahr das Aufschneiden der monströsen Weihnachtsgans ausgehen? Flöge sie wieder zur Gaudi von Dieter und mir, von hastigen hessischen Flüchen meines Vaters, des lustigen Chirurgen, begleitet, im hohen Bogen quer durch die Küche, eine glitschige Spur Bratenfetts hinter sich her ziehend? Würde meine andere Oma mit puterrotem Gesicht wieder laut ausrufen: »Ei, was für ein schrecklicher Bub is' das!« Bei uns zu Hause war halt auch immer ein bißchen Krieg, besonders zur Zeit des Friedensfestes.

7

Viele Jahre später lag ich zum erstenmal heimlich bei uns zu Hause mit meiner ersten großen Liebe, dem lieblichen Fräulein A., in meinem Bett. Da stieß jemand im Dämmerschein des frühen Morgens in der Küche gegen einen Stuhl. Ich schreckte auf: Frau Dr. Ellen!, bedeckte die schöne

A. und sprang in mein dünnes Hemd. Ich lugte furchtsam durch den Schlitz meiner Tür und flüsterte, daß die A. da sei. Meine Mutter strich mir sanft über die Nase, sie wisse das ja, sie müsse rasch zum alten Patienten K., dem mit dem Krebs. Ich solle keine Dummheiten machen, A. sei doch ein zu nettes Mädchen. Und weg war sie. Leise schloß ich die Tür und schlüpfte wieder zu meiner Liebe. Die blinzelte mich durch ihre langen roten Haare an: Hat sie etwa was gemerkt? Nichts, sagte ich, alles in Ordnung, schlaf weiter. Und gab ihr einen Kuß auf die sommersprossige Nase.

Wenig später zog ich bei uns zu Hause aus.

Frank Elstner wurde 1942 im österreichischen Linz geboren. Nach dem Besuch des Erzbischöflichen Gymnasialkonvikts St. Bernhard in Rastatt volontierte er zunächst bei den *Badischen Neuesten Nachrichten* und übernahm nebenbei, wie schon während seiner Schulzeit, kleine Rollen am Karlsruher Kammertheater. Bereits mit 21 Jahren ging er zu Radio Luxemburg. Bei RTL wurde er 1972 Direktor des deutschsprachigen Programms und führte RTL-Radio an die Spitze der Hörergunst. Seit 1965 war Frank Elstner darüber hinaus auch beim Fernsehen aktiv. Bekannt wurde er durch die Moderation beim »Spiel ohne Grenzen«, und von 1974 bis 1979 folgte mit den »Montagsmalern« sein erster großer TV-Hit. Mit der von ihm erfundenen und präsentierten Show »Wetten, daß ...?« brachte er eine der erfolgreichsten Sendungen der Fernsehgeschichte auf den Bildschirm.

1982 gründete Frank Elstner seine eigene Produktionsfirma. Sendungen wie »Menschen«, »Die stillen Stars«, »Stippvisite«, »Tele-As«, »Nase vorn« und

viele mehr kommen aus seiner Ideenschmiede. Seit
Oktober 1994 moderiert er außerdem die tägliche
Quiz-Show »Jeopardy«.

Frank Elstner hat aus zwei Ehen drei erwachsene
Kinder. Mit seiner Lebensgefährtin Britta Gessler be-
kam er 1992 Töchterchen Lena. Die Familie lebt in
Luxemburg.

Frank Elstner

»Ich stamme aus einer Künstlerfamilie«

Ich stamme aus einer Künstlerfamilie. So mancher mag leisen Neid verspüren, wenn er das liest. Denn was verbindet man gemeinhin mit der Vorstellung von einer Künstlerfamilie? Interessante, ein bißchen verrückte Menschen. Eine tolerante Atmosphäre, bohème statt bourgeois. Die Idole der Schulkameraden, die in der elterlichen Wohnung aus- und eingehen und das Künstlerkind zum umworbenen Beschaffer von Autogrammen und »Insider-Informationen« machen. Ein Leben voller Abwechslungen und immer neuer Eindrücke, jenseits aller spießbürgerlichen Konventionen.

Sicher, so ganz falsch sind diese Vorstellungen nicht. Aber das ist eben nur die eine Seite. Wenn ich mich heute an die ersten dreizehn Jahre meines Lebens erinnere, dann kann ich nur sagen: Sie waren ein totales Chaos. Ich bin als Kind öfter umgezogen als andere in ihrem ganzen Leben. Ich habe nirgendwo Wurzeln geschlagen, habe keinen Dialekt gelernt, gehörte nirgendwo so richtig hin. Es gibt keinen Ort, von dem ich sagen kann: Hier ist meine Heimat, hier stamme ich her. Denn ich stamme eben aus einer Künstlerfamilie.

Mein Vater war ursprünglich Sudetendeutscher, hatte aber im Laufe seines Lebens mal einen tschechischen, mal einen deutschen, mal einen österreichischen Paß. Er war Schauspieler und Operettenbuffo, konnte singen, tanzen, Geige spielen. Meine Mutter kam aus einer sehr guten Berliner Familie, die neben Künstlern auch einige Wissenschaftler hervorgebracht hat. Sie wurde Tänzerin und war in jungen Jahren fast ein Weltstar, mit gefeierten Soloauftritten in Budapest, Paris, Kopenhagen.

1941 heirateten Erich Elstner und Hilde Engel und versuchten fortan, ihr turbulentes Leben auch organisatorisch auf einen Nenner zu bringen. Das war schwieriger, als man auf den ersten Blick glauben würde, denn Doppelengagements für die beiden waren selten, und häufig gastierte meine Mutter in der einen, mein Vater in einer anderen Stadt.

Dennoch, die Zweisamkeit kam nicht ganz zu kurz – ich kam jedenfalls am 19. April 1942 in Linz zur Welt (weshalb mich übrigens bis heute einige Biographen zum Österreicher erklären). Tatsächlich aber verließ die Familie Elstner Linz bald nach meiner Geburt und zog nach Wien, wo ich auf die Namen Tim Maria Franz getauft wurde und immerhin ein ganzes Jahr verbrachte.

Anschließend gingen wir nach Brünn. Mein Vater sang und tanzte dort den »Zigeunerbaron«, und ich lernte Tschechisch vom einheimischen Kindermädchen. Bald darauf wurde dieses Fundament der Zweisprachigkeit allerdings wieder verschüttet, denn unser Nomadenleben führte uns weiter nach Deutschland, wo wir nach einigen Zwischenstationen schließlich in Berlin landeten. Das war 1948.

Berlin in der Nachkriegszeit – das war wiederum das totale Chaos, geprägt von Zigarettenwährung und Währungsreform, von Trümmern und Trümmerfrauen, von amerikanischen Soldaten, die einem manchmal ein Stück Schokolade schenkten. Ich erinnere mich, wie meine Mutter stundenlang Schlange stand, um mir neue Schuhe zu besorgen, billigste Leinenturnschuhe, die ich damals genauso begeistert trug wie die Kids heute ihre superluftgepolsterten Luxustreter. Als Geburtstags- oder Weihnachtsgeschenke gab es dutzendfach repariertes Spielzeug, mit dem bereits mehrere Kindergenerationen zuvor ihren Spaß gehabt hatten.

Natürlich war das Berlin der damaligen Zeit für einen Sechsjährigen auch so etwas wie ein riesiger Abenteuerspielplatz – und in diesem

Kindertraum Indianer

Zusammenhang fällt mir eines der schlimmsten Erlebnisse meiner Kindheit ein. Wir wohnten – wie viele Künstlerfamilien – im Stadtteil Wilmersdorf in der Bonner Straße. Gleich um die Ecke lag ein Trümmergrundstück, auf dem ich mich mit Vorliebe tummelte – bis ich eines Tages auf eine Handgranate trat, die mir die Hauptschlagader im rechten Fuß zerriß. Hinkend und blutend schleppte ich mich nach Hause. Unterwegs kam mir ein Mann entgegen, den ich um Hilfe bat und der mir antwortete: »Verreck!«

Das werde ich nie vergessen.

Jedenfalls schaffte ich es gerade noch bis zu unserer Wohnung, wo mich mein Vater notdürftig verband und sofort ins Krankenhaus brachte. Ich schwebte tagelang in Lebensgefahr. Es gab damals noch keine Blutkonserven. Statt dessen bekam ich zweimal zwanzig Kochsalzspritzen in beide Knie. Meine Eltern besuchten mich natürlich, sooft es nur ging, und eines Tages brachte mein Vater eine junge, damals noch unbekannte Kollegin mit. Sie hieß Sonja Ziemann, spielte am Metropoltheater und war ganz reizend zu mir. Sicher haben mich damals auch noch andere Freunde und Verwandte meiner Eltern besucht, aber wenn ich an die Wochen im Krankenhaus zurückdenke, fällt mir vor allem Tante Sonja ein, weil sie sich die ganze Zeit unvergleichlich um mich kümmerte. Später, zur Einschulung, bekam ich sogar von ihr eine Schultüte.

Natürlich blieben wir nicht in Berlin. Innerhalb der nächsten paar Jahre zogen wir nach Köln und schließlich nach Baden-Baden. Für meine Eltern erfüllte sich hier der Traum von einem Doppelengagement: Beide spielten am Stadttheater, das übrigens ein Sprungbrett für viele große Schauspieler gewesen ist. Und hier, in Baden-Baden, wurden auch für meine Zukunft die entscheidenden Weichen gestellt, denn hier lernte ich zum ersten Mal aus nächster Nähe das kennen, was später mein halbes Leben bestimmen sollte: den Hörfunk.

Der Südwestfunk war damals erst wenige Jahre alt, ein junger Sender im Aufbruch, der das Glück hatte, daß ihm ein großartiger Intendant vorstand: der gebürtige Schlesier Professor Friedrich Bischoff, ein studierter Germanist und Philosoph, Lyriker, Erzähler, Romanautor und Rundfunkpionier. Er hatte bereits in Breslau als Hörfunkintendant gearbeitet, war aber 1933 von den Nazis seines Amtes enthoben worden. Nach dem Krieg kam er zum Südwestfunk, den er fast zwanzig Jahre lang leitete. Bischoff war ein maßgeblicher Wegbereiter des Hörspiels, das u. a. dank seiner Bemühungen eine Bedeutung erhielt, die heute der des Spielfilms entspricht.

Bischoff also ließ seinen Sender zahlreiche erstklassige Hörspiele produzieren – darunter eines mit dem Titel »Bambi«. (Die Geschichte stammt übrigens im Original nicht von Walt Disney, sondern von dem österreichischen Schriftsteller Felix Salten.) Für die »Bambi«-Produktion suchte der Südwestfunk ein Kind, das die Rolle des Rehs sprechen sollte – und ich bekam den Zuschlag, da ich praktisch das einzige Kind weit und breit war, das nicht Badensisch, sondern Hochdeutsch sprach – wenn auch mit leichtem Berliner Einschlag, der sich allerdings bald verlor.

Ich weiß es noch wie heute: Der Südwestfunk hatte damals kein Funkhaus im eigentlichen Sinne, sondern war in zwei alten, gemieteten Villen untergebracht: im »Haus Elisabeth«, das inzwischen abgerissen worden ist, und im »Tannenhof«, der heute ein kleines Hotel beherbergt. Dort befand sich das erste Hörspielstudio, und dort verlebte ich als Zehnjähriger meine ersten Arbeitstage vor einem Mikrofon. Die Produktion dauerte drei volle Tage und brachte mir bzw. meinen Eltern die damals fürstliche Gage von 40 Mark ein.

Wichtiger als das Geld aber war mir ein Geschenk von Professor Bischoff: Nach den drei Tagen überreichte er mir einen seiner Gedichtbände mit der Widmung: »Für den kleinen ›großen‹ Tim«.

Kann man sich eine bessere Motivation für einen ehrgeizigen Jungen vorstellen? Von da an gab es für mich kein Halten mehr. Die Arbeit beim Hörfunk wurde ein Art Droge für mich. In den nächsten drei Jahren wirkte ich in rund tausend Radiosendungen für Kinder mit, hauptsächlich in zwei Serien, die jeden Morgen kurz vor acht Uhr ausgestrahlt wurden: »Der Club der kleinen Wellenreiter« handelte von Kindern, die sich auf die Schule vorbereiten; »Gute Besserung für kleine Patienten« richtete sich an kranke Kinder. (Man sieht also: Die tägliche Sendung ist keineswegs eine neue Erfindung, und wenn mich heute jemand fragt, ob solche Produktionen nicht zu anstrengend sind, kann ich nur lachen.)

Die Arbeit machte mir einen Heidenspaß. Manchmal »lieh« mich der Südwestfunk an andere Sender aus, so daß ich regelrechte »Geschäftsreisen« nach Köln und Stuttgart unternahm. Ich lernte alle großen Regisseure der damaligen Zeit kennen, denn sie alle arbeiteten viel beim Funk; das Fernsehen steckte schließlich noch in den Kinderschuhen. Mit der Zeit wurde ich – neben Volker Lechtenbrink und Andreas von der Meden – eines der meistbeschäftigten »Funkkinder« der Bundesrepublik und verdiente so viel, daß meine Eltern in eine höhere Steuerklasse eingestuft wurden.

Das hätte von mir aus immer so weitergehen können. Die Schule spielte in meinem Leben nur noch eine Nebenrolle. Die anderen Kinder, die mich am Anfang als »der Kleine mit dem Augenfehler« gehänselt hatten, waren mir inzwischen völlig schnuppe, so wie leider auch die Lehrer – und das meiste von dem, was sie mir beizubringen versuchten.

Meine Mutter beobachtete diese Entwicklung mit Sorge. Als ich 13 war, sprach sie schließlich ein Machtwort. Eine solide Schulbildung sei auf lange Sicht wichtiger als mein kurzfristiger Ruhm als »Kinderstar«, fand sie. Sicher nicht zu Unrecht, auch wenn für mich eine Welt zusammenbrach, als ich von einem Tag auf den anderen mein aufregendes Studioleben gegen die streng geregelte Existenz eines Internatsschülers eintauschen mußte. Meine Eltern schickten mich nämlich auf das Erzbischöfliche Gymnasialkonvikt St. Bernhard in Rastatt, wo ich die nächsten sechs Jahre meines Lebens zubrachte. Und danach?

Nun, danach führte mich mein Weg über den Umweg eines Theaterengagements und eines Volontariats bei der Zeitung wieder zurück zum Hörfunk, diesmal zu einem Sender namens Radio Luxemburg ...

Renate Schmidt, geb. Pokorny, wurde am 12. Dezember 1943 in Hanau am Main geboren. In der zwölften Klasse des Gymnasiums wird sie schwanger, muß die Schule verlassen und heiratet. Nach einer Ausbildung zur Programmiererin arbeitet sie von 1961 bis 1972 als Systemanalytikerin beim Quelle-Großversand. 1972 wird sie Betriebsrätin, 1975 in den Gesamtbetriebsrat und Wirtschaftsausschuß gewählt. Von diesem Amt tritt sie zurück, als sie 1980 in den Bundestag gewählt wird. Von 1990 bis 1994 ist sie Vizepräsidentin des Deutschen Bundestages und seit April 1991 Vorsitzende der SPD Bayerns. Im September 1994 wird sie in den Bayerischen Landtag gewählt, wo sie im Oktober 1994 den Vorsitz der SPD-Fraktion übernimmt. Sie ist Mitglied zahlreicher Organisationen, so unter anderem im Landesvorstand der Gewerkschaft Handel, Banken und Versicherungen (seit 1976), bei der AWO, im Bund Naturschutz, bei der Aids-Hilfe.

Renate Schmidt hat drei Kinder und ist verwitwet.

Renate Schmidt

Spirifankerl und Krischspinderl

Bei uns zu Hause, das ist Coburg, eine fränkische Kleinstadt, das ist ein großer Altbau, vier Stockwerke hoch, mit einem riesigen Dachboden und einem sehr dunklen gruseligen kühlen Keller; bei uns zu Hause, das ist meine Großmutter, Muma genannt, mein Vater, meine Mutter, meine Schwester, über längere Zeit auch eine Tante, hin und wieder Untermieter. Wir lebten alle zusammen in einer großen Wohnung mit fünf Zimmern, keinem Bad und einer geräumigen Küche.

Eine meiner frühesten Kindheitserinnerungen, ich werde wohl so vier, fünf Jahre alt gewesen sein, es war in jedem Fall noch vor der Währungsreform, ist die Geschichte mit dem Schwein im Bett. Mein Onkel Misch (von Michael) war Metzger und Bauer, hatte zwar noch nicht wieder einen Hof (die Familie meiner Mutter sind Bauern und stammen aus Siebenbürgen), lebte aber auf dem Dorf und schlachtete hin und wieder schwarz ein Schwein. Als meine Mutter wieder einmal die Hälfte eines solchen mit dem Fahrrad (!) 20 Kilometer von diesem Dorf nach Coburg transportierte, wurde sie prompt von einer Nachbarin gesehen, die ebenso prompt die Polizei verständigte.

Also wurde das Schwein hastig in die Wohnung geschafft und an die untere Seite des Bettes gelegt. Mein Vater wurde als »Kranker« im Schlafanzug dazugepackt und ich als den kranken Vater tröstendes Töchterchen daneben gesetzt.

Geholfen hat es nichts. Die Polizei kam, fand trotz aller gegenteiligen Beteuerungen das Schwein im Bett. Mein Vater gesundete postwendend, das Schwein wurde beschlagnahmt – ich frage mich bis heute, wer es wohl gegessen hat –, und meine Mutter und mein Onkel wurden bestraft.

Die zweite Erinnerung aus diesen frühen Jahren war die Art und Weise, wie wir uns durchwurstelten. Wir hatten nichts, und es gab nichts. Mein Vater konnte aber sehr gut zeichnen, und so wurden für die amerikanischen Soldaten Souvenirs hergestellt: Karikaturen mit höchst akkuraten getuschten Sprüchen darunter, wie »Wer hat dich, du schöner Wald, abgeholzt zu Fragebogen« oder »Immer, wenn du glaubst, es geht nicht mehr, kommt von irgendwo ein Lichtlein her, daß du es noch einmal zwingst und von Sonnenschein und Liebe singst«. Dieser zweite Spruch war symptomatisch für meine Eltern, und ihr grundlegender Optimismus hat sich wohl auch auf mich übertragen.

Die Karikaturen wurden zwischen Pappdeckel und Fensterglas mit einem schwarzen Klebestreifen »gerahmt«, und dabei durfte ich mit meinen fünf Jahren helfen. Ich war stolz wie eine Schneekönigin. Für eines dieser Kunstwerke bekamen wir fünf Reichsmark und fühlten uns sofort reich. Wenn wir eines verkauften oder auch nur genug zu essen hatten, wurde geteilt. Meine Großmutter fand dies meist übertrieben. Mir aber gefiel es, weil bei uns dann immer etwas los war, und ich endlich Gelegenheit hatte, zu verbergen, daß ich eigentlich am liebsten nichts aß. Ich weiß noch genau, wie ich von meinem Vater einmal eine Ohrfeige bekam, weil ich einen Löffel Suppe stundenlang gekaut und ihn damit zur Weißglut gebracht hatte.

Ich war damals auch sehr, sehr dünn (oh glückliche Zeiten!), und dies animierte meine Großmutter zu den Geschichten vom Spirifankerl (ich) und dem Krischspinderl (meine Schwester). Diese beiden Phantasiegestalten erlebten die ungeheuersten Abenteuer. Mir wird noch warm ums Herz, wenn ich daran denke, wie Muma, meine Schwester Katharina, genannt Katti, und ich im dunklen Wohnzimmer zusammensaßen, eine

Renate Schmidt, drei Jahre, auf dem Arm ihrer Großmutter Alexandra

auf dem Schoß von Muma, eine auf dem Schemel, und den Geschichten lauschten. Meine Mutter bügelte dann im hellen Nebenzimmer.

Bei einer dieser Gelegenheiten hatte meine Schwester eine Blähung; Muma fragte: »Kattili, warst du das, hier stinkt's.« Darauf antwortete meine dreijährige Schwester sofort: »Vielleicht hast du dich selbst geriecht.«

Überhaupt, Muma war in meinen kindlichen Augen ein Genie: Sie konnte aus frisch gefallenem Schnee vom Fensterbrett, einem Eigelb, Zucker und Vanillezucker ein köstliches, sofort zu verzehrendes Eis herstellen und Knusperkekse backen und, wenn wir Beeren suchen waren, mit Eischnee und Waldbeeren gefüllte Biskuit-Tütchen machen. Muma war einst höhere Tochter in Prag und hatte im *Hotel Jalta* Kochen gelernt. Bei uns mischten sich die böhmische, die österreichische, die ungarische, die rumänisch-siebenbürgische und auch die fränkische Küche.

Trotz allen Geldmangels wurde gut und viel gegessen. Jeden Mittag kam mein Vater von der Arbeit nach Hause und jeden Mittag gab es eine Mahlzeit, die aus drei Gängen bestand. Meine Eßunlust legte sich schnell, und meine Eßneugier erwachte; sie hat sich bis heute erhalten. Sie erwachte vor allem deshalb, weil wir alles, was es auf Wiesen und im Wald gab, nutzten. Seit frühester Kindheit habe ich Pilze gesucht, und sie wurden in allen Variationen gegessen, manchmal waren es so viele, daß wir sie an die Konservenfabrik verkauft haben. Wir haben Beeren gesammelt. Eine Ein-Liter-Milchkanne voll Walderdbeeren konnte ich für zwei Mark verkaufen. Wir haben die Knospen von Sumpfdotterblumen gepflückt und daraus Kapern gemacht, wir haben Bachkrebse gefangen (gab's damals noch) und, und, und …

Es war direkt nach der Währungsreform, als uns meine Großmutter mit dem Ruf »Kinder, wacht auf, es gibt echte Sahne« aus dem Mittagsschlaf schreckte. Wir trotteten verschlafen hinter ihr her, um in einem nahe gelegenen Gasthaus diese Sensation zu kosten. Sie war widerlich, so fett und weiß und ein bißchen süß – und sonst gar nichts. Meiner Schwester und mir wurde ziemlich übel, und meine Großmutter war sehr aufgebracht, daß wir den Segnungen des Wohlstandes gegenüber so undankbar waren.

In meinen Augen war meine Großmutter nahezu ohne Fehler. Mein Vater war da anderer Meinung. Es störte ihn sehr, daß sie wie ein Schlot rauchte. Mindestens vierzig bis fünfzig Zigaretten am Tag. Meine Eltern rauchten beide nicht. Ich hingegen habe sie bei diesem Laster fleißig unterstützt. Damals konnte man Zigaretten noch einzeln kaufen, also drei Eckstein oder zwei Juno oder vier Overstolz, und ich habe ihr immer Nachschub organisiert. Zum Geburtstag und zu Weihnachten hat sie von mir von meinem zusammengesparten Geld immer Zigaretten geschenkt bekommen. Außerdem habe ich ihr etwas gedichtet, ein Bild gemalt oder ein Lesezeichen gestickt. Daß ich für sie darüber hinaus Zigarettenkippen sammelte, hat meinen Vater immer sehr erbost.

Mein Vater war begeisterter aktiver Fußballer, hatte früher als Mittel-stürmer bei Sparta Prag gespielt und jetzt beim VfB Coburg. Jeden Sonntag stand also Fußball auf dem Plan. Für mich war das eine höchst langweilige Angelegenheit, weil ich meinen Vater begleiten mußte. Doch dann entdeckte ich eines Tages, daß auf dem Boden zwischen den Beinen der Zuschauer ganz viele Zigarettenkippen lagen. Ich besorgte mir eine Tüte und krabbelte zwischen den Zuschauern auf dem Boden herum und sammelte die Kippen (alles höchst appetitlich!). Zu Hause wurden dann die Mundstücke abgeschnitten, der kostbare Tabak herausgeholt und anschließend wurden dann mit Hilfe einer sinnreichen Maschine Zigaretten gedreht. Ich konnte das schon als Fünfjährige aus dem ff, bis mir mein Vater dieses Treiben untersagte.

Auch nach der Währungsreform hatten wir nicht viel Geld, aber aus dem wenigen haben wir viel gemacht. Bei uns wurde viel gelacht, meine Eltern haben rauschende Feste gefeiert, die ganze Wohnung wurde dafür umgestellt, und wir spielten viele Gesellschaftsspiele – selige Zeiten ohne Fernsehapparat und dennoch ohne Langeweile und mit viel Phantasie.

Nicht in Vergessenheit geraten ist mir auch, wie sich meine Eltern einmal entsetzlich wegen eines Faschingsfestes blamiert haben. Sie sind stets sehr gerne zu Faschingsveranstaltungen gegangen. Meine Mutter hatte sich in diesem Jahr als Katze verkleidet. Sie trug eine schwarze enge Hose mit Pelzbesatz und eine Pelzkorsage mit einer Katzenmaske. Mein Vater war passend dazu als Tarzan maskiert, er war ebenfalls mit einem Fellgewand, das eine Schulter und die Beine frei ließ, bekleidet. (Viel Pelz hatten wir, weil mein Vater Angestellter in einer Pelzfirma war und – wie er sich ausdrückte – Kaninchenfelle auf »Ozelot quälen« konnte.)

So gekleidet zogen die beiden nun zum ADAC-Ball in Coburg los.

Meine Schwester und ich freuten uns sehr, weil wir dann alleine zu Hause waren und machen konnten, was wir wollten. An jenem Abend verkleideten wir uns auch. Wir zogen die elegantesten Kleider meiner Mutter an, ihre Hüte und ihren Schmuck. Auch malten wir uns die Lippen an und sahen einfach grauenhaft aus. Urplötzlich standen unsere Eltern wieder im Zimmer. Sie waren als Katze und Tarzan zu einem Schwarz-Weiß-Ball gegangen. Das Erstaunen der in vornehmen Abendkleidern gekleideten Gäste soll mindestens so groß gewesen sein, wie das von Tarzan und seiner Katzen-Jane, und nun standen die beiden verärgerten, weil verhinderten Faschingsfeierer den als Damen verkleideten Töchtern gegenüber.

Meine Eltern waren Lebenskünstler; wenn sie noch fünfzig Pfennige im Portemonnaie hatten, wurde ich losgeschickt, um dafür »hintenrum« (weil das Geschäft schon zu hatte) beim Lebensmittelhändler Eistörtchen zu kaufen. Sie wurden dann gerecht geteilt. Schwierig wurde es erst, als die Firma, in der mein Vater arbeitete, pleite ging. Er fand dann in Fürth eine neue Stelle, verdiente aber viel weniger.

Im selben Jahr (1956) durfte ich mir zu meinem 13. Geburtstag – ich habe im Dezember Geburtstag – und Weihnachten zusammen etwas für zwanzig Mark wünschen. Die dreiviertellangen engen Hosen waren »in« und so eine wollte ich auch. Neunzehn Mark achtzig hat sie gekostet. Ich bekam sie zum Geburtstag und dann zwei Wochen später nochmal aufgebügelt lag sie unterm Weihnachtsbaum.

Damals bei uns zu Hause: Es gäbe noch viel zu erzählen, von der ersten Liebe und von meiner drei Jahre jüngeren Schwester, die mich immer ausspionierte, von der Schule und der Viererbande, von selbstgeschriebenen Theaterstücken und ihrer Aufführung in der Schule – ich spielte den Sultan und war mit dem Morgenrock meiner Mutter bekleidet und trug einen Papierturban auf dem Kopf, vom Nicht-Socken-Stricken-Können, von, von, von …

Was bleibt von zu Hause, ist die Zuversicht zum Leben, ist das Wissen, daß es auf Geld nicht ankommt, ist das Sichmögen und Füreinander-dasein, nicht dauernd und nicht eng, sondern wenn wir uns brauchen. Dieses Wissen und dieses Gefühl wünsche ich allen Kindern und allen Familien.

Robert Van Ackeren wurde 1946 in Berlin geboren. Er studierte Film und arbeitet seither als Autor, Regisseur und Produzent. Er lebt überwiegend in Berlin. Seit 1979 ist er Professor an der Kunsthochschule in Köln. Er hat an zahlreichen internationalen Filmfestivals teilgenommen, unter anderem in Cannes, Berlin, Montreal, Paris, Locarno, La Rochelle, Sorrent, Los Angeles, Barcelona, Rio de Janeiro und Stockholm. Im »Cinematographe«, Paris, wird er als Regisseur von acht Meisterwerken genannt. Dazu gehören neben seinen zahlreichen anderen Filmen: »Die wahre Geschichte von Männern und Frauen«, »Die Venusfalle«, »Die flambierte Frau«, »Deutschland privat«, »Die Reinheit des Herzens«, »Das andere Lächeln«, »Belcanto« und »Der letzte Schrei«. Van Ackeren erhielt zahlreiche Auszeichnungen, so unter anderem den Deutschen Filmpreis, den Ernst-Lubitsch-Preis, die Bundesfilmprämie, den Max-Ophüls-Preis, den Prix Celluloide, den Premio Incontri Internazionali, den Prix L'Age D'Or, den Prix

Cinedecouverte, eine Oscar-Nominierung, den El
Premio Cid etc.

Zur Zeit arbeitet Robert Van Ackeren an einem
neuen Projekt, »Plan B«. Der Drehort ist Berlin.

Robert Van Ackeren

Nicht jugendfrei

Während meine Mutter in den Wehen lag, unterhielten sich die
Krankenschwestern über das Plätzchenbacken. Es war kurz vor
Weihnachten, und ich sollte ein Christkind werden. Das Timing war
perfekt, allerdings hatte meine Mutter die Rechnung ohne mich gemacht.
Ich war frühreif, quasi von Geburt an. Blau angelaufen, mit der Nabel-
schnur um den Hals, erblickte ich das Licht der Welt – zwei Tage vor
Weihnachten.

Bei der Frühreife blieb es dann auch – ein Leben wie im Zeitraffer. Ich
wurde als »Wunderkind« verspottet. Etwas verwunderlich war auch
alles: Ich wurde bereits mit fünf Jahren eingeschult, meinen ersten Film
drehte ich mit elf. Mit zwölf war ich das erste Mal verlobt. Mit sechzehn
zog ich von zu Hause fort, mit zwanzig gewann ich die ersten Regie-
preise. Mit Anfang Dreißig wurde ich Professor. Mit siebenunddreißig
war ich im kinematographischen Olymp, die Cinémathèque Française
widmete mir eine umfassende Retrospektive: »Hommage à Robert Van
Ackeren«. Danach dachte ich, das Leben sei zu Ende.

Was war sonst noch passiert? Meine Erinnerung an zu Hause ist wie

eine filmische Rückblende. Langsam verschwinden die Konturen der
Gegenwart, und das Bild der Vergangenheit gewinnt an Schärfe. In
meiner Rückblende ist alles wie in einer Montage auf das Wesentliche
konzentriert. Meine Kindheitserinnerung ist wie die Erinnerung an eine
mehrjährige Entdeckungsreise, alles war neu, alles war spannend. Die
Zeit und die Welt dehnten sich unendlich vor mir aus, es war der
aufregendste Lebensabschnitt, eine Expedition ins Unbekannte.

Ich wuchs in verschiedenen Städten und Ländern auf und habe
eine äußerst abwechslungsreiche Jugend hinter mir. Überwiegend lebten wir in Berlin. Immer wieder kehrte meine Familie an den »Ort
der Handlung« zurück. Die verschiedenen Länder, Städte und Wohnungen verschmelzen in meiner Erinnerung zu einer großen Dekoration.

Berlin war seit mehreren Generationen der Sitz der Familie, ein großer
Clan mit allem, was das mit sich bringt. Intrigen – Spannung – Melo-
dram. Ausreichend Stoff und Anregung für meinen ersten »Monumen-
talfilm«, so stellte es sich für mich, aus der Perspektive als Kind, dar,
dramatisch und geheimnisvoll. So lange ich zurückblicken kann, interessierten mich drei Dinge: Film, Film und Film. Wie eine Katze, die auf
alles reagiert, was sich bewegt, von der Maus bis zum Wollknäuel, war ich
auf der Jagd nach bewegten Bildern. Die Welt erschien mir erst real, wenn
ich die Dinge festgehalten hatte.

Als ich elf Jahre alt war, schenkte mir meine Mutter eine Schmalfilmkamera. Mit zwölf war ich der perfekte Regisseur und Kameramann.
Mein »Frühwerk« stand ganz im Dienst der Familie. Es fing ganz harmlos an und sollte böse enden.

Die Familie, die Onkel und Tanten, Cousins und Cousinen waren
ein Ensemble ausgeprägter Typen und Charaktere – *the perfect cast*.
Aber seine Familie filmt man nicht ungestraft. Ich war natürlich an
einem Blick hinter die Kulissen interessiert. Die Filme waren keine
Hofberichterstattung, vielmehr eine Art frühes *cinéma véritée*, meine
Phase des Neorealismus. Ich habe sehr schnell gemerkt, daß mir die
Kamera überall Zugang verschafft – die Kamera als Türöffner in die
Erwachsenenwelt. Alle fühlten sich geschmeichelt und in den Mittel-
punkt gerückt. Bald war es selbstverständlich, daß ich mit meiner Ka-
mera dabei war, allgegenwärtig, erst geduldet, dann gefördert und ho-

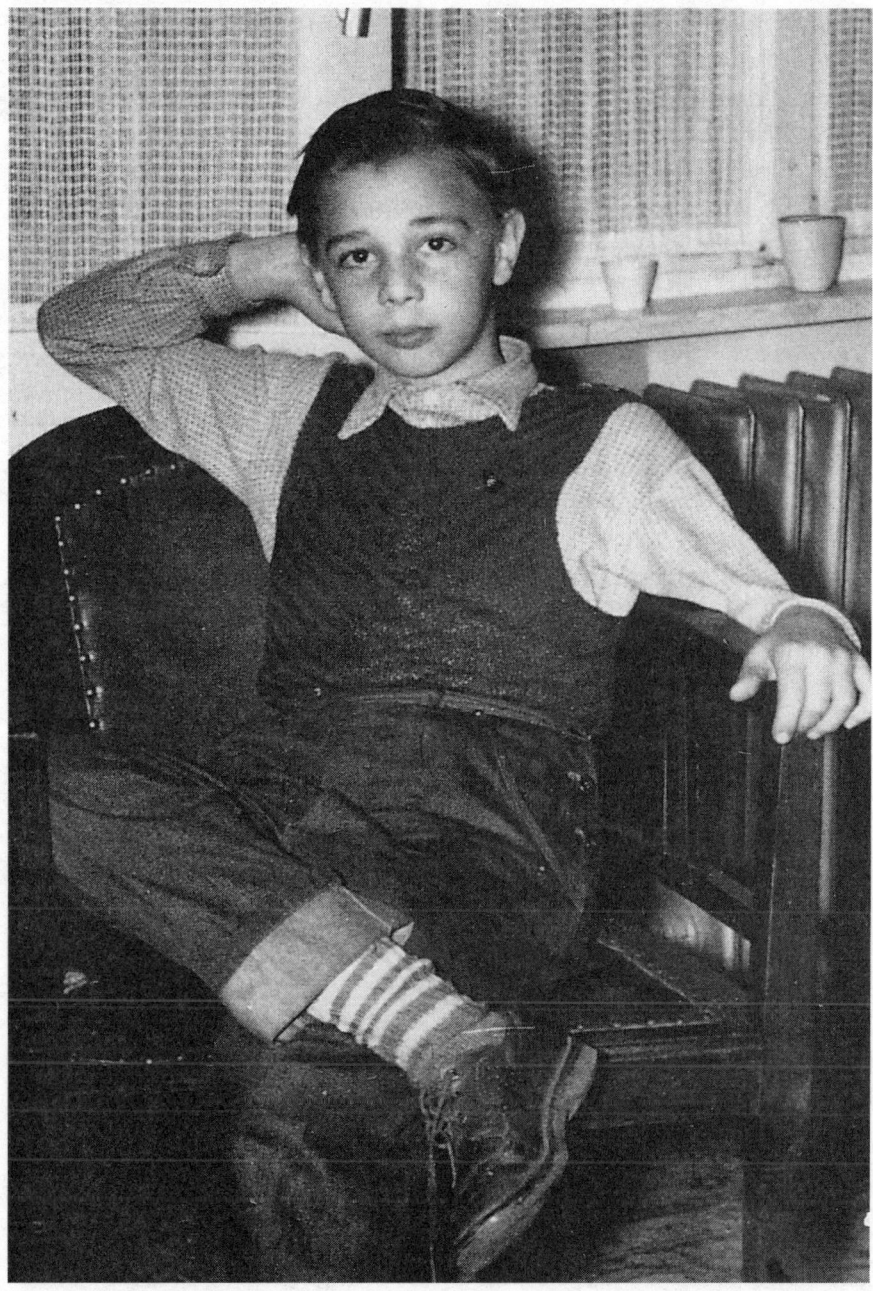

Robert Van Ackeren im Regiestuhl (1957)

fiert. Die Kamera und das Licht sollten dem normalen Alltag Bedeutung und Glanz verleihen.

In meinem Kinderzimmer richtete ich mir ein kleines Studio ein, mit einem Schnittplatz, einem Schmalfilmprojektor und einer Leinwand mit rotem Samtvorhang. An der Wand hingen meine ersten Sammelobjekte, die ich in Kinos entwendet hatte: Standfotos meiner Lieblingsfilme und Werbeschilder mit Aufschriften wie *Demnächst in diesem Theater*, *Ausverkauft* oder *Nicht jugendfrei*. Hier verbrachte ich ganze Nächte wie im Rausch, im Kampf mit den Filmstreifen bei der Montage meiner Filme. Ich fand erst Schlaf, wenn die Szenen meinen Vorstellungen entsprachen, oder besser, sie übertrafen. So gesehen waren es Filme der Nacht. Die unzähligen Aufnahmen der Familiensaga montierte ich zu einem ausladenden, pittoresken Dreistundenwerk.

Die Familie war gleichzeitig auch Sponsor des Films. Durch Zuschüsse finanzierten Onkel und Tanten das teure Filmmaterial. Jeder erhoffte sich, angemessen und wirkungsvoll dargestellt zu werden. Beides war nach meiner Einschätzung der Fall, hierüber gingen allerdings die Ansichten weit auseinander.

Schließlich war es soweit. Die erste öffentliche Vorführung, die erste Premiere eines Films von mir fand in feierlicher Atmosphäre statt. Ich »empfing« in der Wohnung meiner Großeltern, die Räume erschienen mir für die Präsentation meines ersten Werkes gerade angemessen. Mein Großvater war Architekt, und die Wohnung war das gehobenste Beispiel damaliger Wohnkultur. Es war eine riesige Beletage, eine zu einem verglasten Innenhof ausgerichtete Wohnung im Repräsentationsstil, in einem Haus, das Großvater gebaut hatte. Diese Zimmerfluchten stellten für mich damals eine Art Xanadu dar.

Man ist in einem seltsamen Zustand der Spannung und Erregung, wenn man einen Film das erste Mal dem Publikum vorstellt. Überträgt sich das, was man sich vorgestellt und erhofft hat? Wird das Publikum dem Wagnis folgen, das man eingegangen ist, wird der Film geliebt oder etwa gehaßt? Dieses Premierenfieber stellte sich schon damals bei mir ein. Mein Familienpublikum erwartete sich die filmische Würdigung der schönsten Augenblicke und wichtigsten Ereignisse: Feiern und Feste, Sonntagskleider, die neuen Möbel, die Autos des Wirtschaftswunders und alle sonstigen Statussymbole, die Familien zur Selbstdarstellung

Robert Van Ackeren mit seinen Schwestern (1951)

wichtig sind. Man wollte sich sehen, das Abbild von sich bewundern. Bewegte Bilder von der eigenen Person waren damals noch eine Seltenheit, der Amateurfilm war noch nicht sehr verbreitet.

Die Vorführung fand im abgedunkelten Salon statt. Die Familie mit allen Nebenlinien war vollständig versammelt, einige entfernte Verwandte waren sogar extra angereist. Der Erfolg des Films war durchschlagend. Es kam zu tumultartigen Szenen. Niemand von der Familie wollte sich so sehen, niemand wollte sich wiedererkennen. Ich war ein Verräter, Manipulateur und über Nacht vom »Wunderkind« zum »schwarzen Schaf« mutiert.

Eine derartige Ablehnung und Aggression habe ich dann nur noch einmal erlebt. Jahre später, bei der Premiere meines Films *Belcanto* auf der Berlinale, als es ebenfalls zu Tumulten kam. Proteste und Kontroversen haben seitdem mein filmisches Schaffen begleitet. Mein erster Kinofilm, *Blondie's No. 1*, wurde zuerst von der Zensur verboten. *Die Reinheit des Herzens* wurde vom Fernsehen vor der Sendung abgesetzt, *Deutschland privat* wurde beschlagnahmt. Diese Reaktionen sind allerdings ein rein deutsches Phänomen. Was ist es, was diese Filme so irritierend macht? Was war es, was die Familie so verstört hat? Der böse Blick?

Die einzelnen Familienmitglieder fanden sich als Prototypen einer Gesellschaftsschicht abgebildet, die kritisch ausgeleuchtet wird. Das war offenbar etwas anderes als das erhoffte Heimkino über Familienanlässe, mehr Panoptikum als Imagepflege. In ihrer Eitelkeit und ihrem Drang, sich selbst darzustellen, sorgten die einzelnen Mitglieder des Familienensembles für überscharfe Abbilder ihrer selbst. All die kleinen Heimlichkeiten, die verstohlenen und begehrlichen Blicke, die heuchlerischen Gesten, die Eitelkeit und das Imponiergehabe wurden von mir akribisch, wie beiläufig, festgehalten.

Es war mehr eine *Chronique scandaleuse* als ein Familienfilm. So wie man mit einer Taschenlampe in dunkle Ecken leuchtet, leuchtete der Film die dunklen Seiten einer Familie, einer Gesellschaftsschicht, aus. Onkel Walthers Vorliebe für die Schwester seiner Frau, Großvaters Vorliebe für Geld. Bereitwillig öffnete Großvater seinen Safe und zählte Bündel von Bargeld für die Kamera. Die Vorliebe des Vetters für Negligés und die Liebe von Tante Edith zu Apricot Brandy. Und quer durch den Film fuhr mein Vater mit immer neuen Autos. Es war auch das Porträt

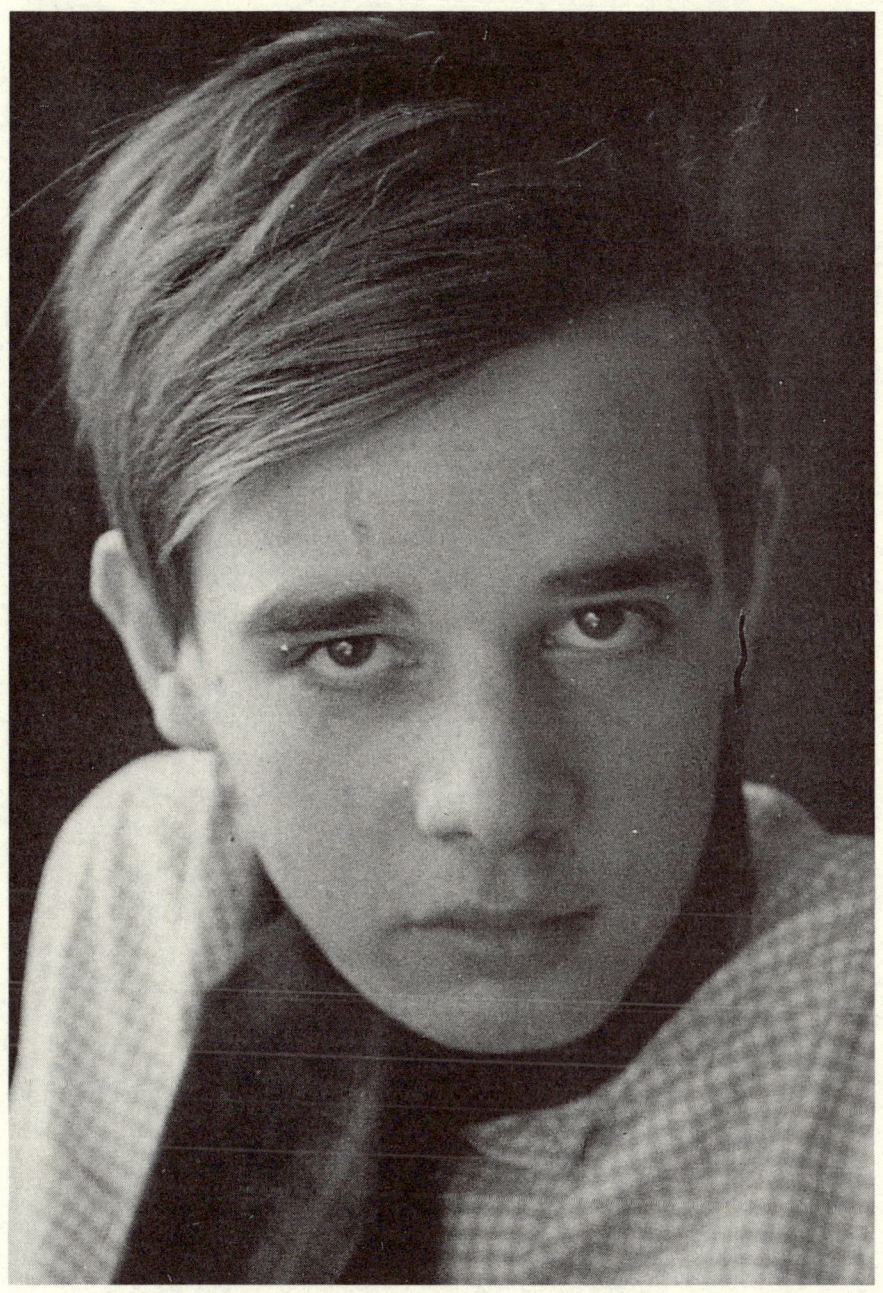

Robert Van Ackeren – Jugendporträt (1961)

einer launischen und kalten Großmutter, deren Lebensinhalt aus einer
Sammlung von Hüten zu bestehen schien. Diese Hüte, meistens eigene
Kreationen, schien sie nie abzusetzen. Ging sie auch damit schlafen?
Auch darauf gab der Film eine Antwort, er zeigte Großmutter im
Nachthemd mit einem wagenradgroßen Hut. Daneben stand Großvater
im Pyjama wie unter einem Sonnenschirm.

Filme in Schlaf- und Badezimmern wurden bald meine Spezialität: Ich
machte bei meinen Aufnahmen die Erfahrung, daß die Darsteller nach
einer kurzen Phase der Eingewöhnung dazu neigten, ihre Kleidung
abzulegen. Die Tante in Unterwäsche, der Onkel in Socken waren keine
Seltenheit. Handfester Exhibitionismus und angedeutete Erotik – oder
was man damals dafür hielt. Was bewegte die Onkel und Tanten dazu,
sich vor mir in Wäsche zu zeigen, war es ein Zeichen von Lebenslust?
Waren es die prüden fünfziger Jahre, die sich so ihr Ventil suchten? Tante
Ira öffnete unvermutet ihre Bluse, und der Vetter aus Dingsda zeigte seine
behaarte Brust – Vorgänge von seltener Anmut. Später habe ich beim
Sammeln von Amateurfilmen für meine Anthologie *Deutschland privat*
dieselbe Erfahrung gemacht, daß außergewöhnlich viele Amateure eroti-
sche Aufnahmen machen und sich mit diesen Filmen bereitwillig öffent-
lich zur Schau stellen.

Nach dem Premieren-Flop meines Monumentalfilms fiel der Fami-
lienclan als Sponsor aus, keiner war bereit, den entfesselten Künstler
weiter zu finanzieren. Ich verlegte mich daher mit meinem Filmschaffen
auf überschaubarere Sujets. Meine Schwestern und meine Mutter rück-
ten in den Mittelpunkt der Handlung. Meine Sujets reichten von Alltags-
beobachtungen wie »Der Küchenfilm« bis hin zu kleinen »Dramoletts«
mit den Schwestern in Hosenrollen; von der Dokumentation über die
Fiktion bis hin zu »heimlichen Bildern«.

Meine Mutter hat meine filmischen Experimente und künstlerischen
Eskapaden von Anfang an unbeirrt ermöglicht und gefördert. Sie und
meine Schwestern hatten grenzenloses Vertrauen in mich und meine
Begabung. Sie waren auch die einzigen Fans der »Familienchronik«. Daß
ich Kameramann, Autor und Regisseur werden wollte – Künstler, der
unseriöseste Beruf für bürgerliche Wertvorstellungen –, hat meine Mutter zu keinem Zeitpunkt irritiert. Im Gegenteil, ich bekam jede Unterstützung bei der Realisierung meiner künstlerischen Pläne und Visionen.

Wenn ich zu meiner Mutter damals gesagt hätte, ich möchte der erste Mensch auf dem Mond sein, ich möchte Astronaut werden, hätte sie mich allenfalls einen Moment lang nachdenklich angesehen und dann lediglich besorgt gefragt: »Aber daß du dich dort oben nicht erkältest...«

Als jugendlicher Regisseur und Kameramann war ich auch für die Mädchen interessant. War es die Magie des jungen Mannes oder die der Kamera? Oder beides? Es war schwer feststellbar, wem das eigentliche Interesse galt, jedenfalls erleichterte mir die Kamera den Zugang zum anderen Geschlecht, um den sich viele andere Jungen in meinem Alter so bemühten. Den ersten echten Kuß gab mir eine Iris. Den ersten Kuß haben wir dann anschließend für die Kamera noch einmal wiederholt, erst damit ist er für mich Wirklichkeit geworden. Aus dem Kino wußte ich, wie man küßt. Wo sonst als im Kino konnte man das Küssen besser lernen, an den Küssen von Horst Buchholz, Tony Curtis und Gérard Philippe.

Ich war auch ein fanatischer Kinogänger. Meine besondere Vorliebe galt natürlich Filmen, die nicht jugendfrei waren. Überhaupt interessierte mich schon immer alles, was verboten und tabu war, das Kino war für mich auch das Fenster in eine andere Welt. Diese Vorliebe für verdeckte Wirklichkeitsbereiche habe ich bis heute beibehalten. Da ich für mein Empfinden mit dreizehn Jahren zwar nicht das entsprechende Alter, aber durchaus die entsprechende Reife hatte, versuchte ich, mir den Zutritt zu den jugendgefährdenden Filmen mit einigen Korrekturen zu verschaffen. In der Art eines Schauspielers, der für eine Rolle reifer und älter geschminkt wird, schminkte ich mir ein paar Jahre mehr an. Die Maske wurde mit gediegener Garderobe komplettiert. Schon sehr früh begann ich mich zu rasieren, um meinen Bartwuchs anzuregen, aber der Bart ließ auf sich warten. Zur Überbrückung borgte ich mir einen Augenbrauenstift von meinen Schwestern aus und markierte damit einen Oberlippenbart. Das Ergebnis der Maskerade war eher befremdlich, um so verblüffender war der Erfolg. Am Arm meiner älteren Schwestern kam ich meist unbeanstandet durch die damals recht strengen Eintrittskontrollen. Bald war ich regelmäßig Besucher der Nachtvorstellungen. Die Kinos *Capitol*, *Mascotte* oder *Bonbonniere* waren meine ganz persönliche Kinemathek. Außer von den Perlen der Filmkunst war ich von grellen B-pictures fasziniert. Diese Filme wurden in keinem Filmmuseum gezeigt. Aus dieser Zeit stammt auch meine Vorliebe für das Trivialkino der fünfziger Jahre, für das Groteske und für die Klischees; das Trivialkino als unmittelbarer Ausdruck verkitschter kollektiver Wünsche und Sehnsüchte.

Ich wuchs also in den fünfziger Jahren unter der liebevollen Obhut von Frauen auf, in einer Art 3-Mäderl-Haus. Meine Mutter, eine zarte, aber kämpferische Dame, flankiert von meinen beiden heranwachsenden Schwestern Irmgard und Grid. Drei wunderbare und starke Frauen, die sich geschickt behaupteten gegen Gustave, meinen herrischen Vater. Von den Frauen weitgehend abgeschirmt, war mein Vater für mich mehr ein großer Schatten im Hintergrund, der Frau und Kinder sich selbst überließ.

Die Schwestern, beide um die Zwanzig, waren im Erlebnisrausch der Jugend und ich als jüngerer frühreifer Bruder mittendrin und immer, oder zumindest meistens, dabei. Ich umkreiste meine Schwestern wie ein Satellit. Es war auch eine Jugend zwischen Kleidern, Pumps und Petticoats. Frauengespräche, Heiratsanträge und Liebesbriefe waren ein normaler Teil meiner frühen Welt.

Regelmäßig brachte ich Freundinnen mit nach Hause, um sie den kritischen Blicken meiner Mutter und meiner Schwestern auszusetzen. Erst wenn sie die Prüfung bestanden hatten, bemühte ich mich wirklich um sie, verführte sie mit oder ohne Kamera. Meine Mutter, die auch meinen sexuellen Abenteuern nicht im Wege stand, war lediglich darum bemüht, daß ich nicht wahllos wurde, hier zog sie enge Grenzen.

Meine Schwester Grid war eine große schlanke Frau, damenhaft elegant in Schneiderkostümen wie ein Fünfziger-Jahre-Mannequin von Heinz Oestergard. Irmgard war etwas jünger als Grid, nicht so besonnen, sondern geradezu verwegen, strahlend innen wie außen. Es waren zwei unschlagbare Schwestern, verehrt und begehrt, die Männer hatten kaum Chancen. Sie wurden einfach nicht wahrgenommen, und an mir führte kein Weg vorbei. Auf diese Weise lernte ich schon früh das Verhältnis der Geschlechter zueinander kennen. Bei den Männergeschichten meiner Schwestern avancierte ich schnell zum Ratgeber. Die Welt der Männer erschien mir dabei starr und ritualisiert, Frauen dagegen wirkten auf mich offener, kreativer und mutiger.

Neben der Beratung innerer Angelegenheiten griff ich auch immer öfter in die Gestaltung der Äußerlichkeiten meiner Schwestern ein, ganz der junge Regisseur. Bald war ich Spezialist in Kleider- und Kostümfragen, Make-up und Styling, immer auf der Suche nach dem perfekten Rot für den Lippenstift oder Nagellack. Das gesamte Arsenal der weiblichen Ausstattung der damaligen Zeit, vom Ladyshave bis zur BH-Einlage, war mir vertraut. Frauen erschienen mir nicht fremd oder gar bedrohlich, nicht als sphinxhafte, verklärte Wesen. Starke Frauen sollten mich seitdem auch immer begleiten. Privat wie in meinen Filmen stehen starke und unverwechselbare Frauen im Zentrum. Dieses Frauenbild hat später bei meinen Kinofilmen zur Entdeckung von Gabi Larifari *(Blondie's No. 1)*, Mascha Rabben *(Harlis)*, Gudrun Landgrebe *(Die flambierte Frau)* und Sonja Kirchberger *(Die Venusfalle)* und zur Zusammenarbeit mit Elisabeth Trissenar *(Die Reinheit des Herzens)*, Delphine Seyrig *(Der letzte Schrei)* und Romy Haag *(Belcanto)* geführt.

Viele Jahre und viele Filme später wurde auch mein »Frühwerk« anläßlich der Retrospektive in der Cinémathèque Française in Paris gezeigt. Diesen ersten Filmen, die ich ganz unvorbelastet und unverbildet gemacht habe, gehört heute noch meine ganze Liebe. Es ist nicht nur die Erinnerung, es ist mein sehr persönlicher Blick auf einen Abschnitt meines Lebens – meine Jugend.

Karin Struck wurde 1947 in Schlagtow bei Greifswald
(Mecklenburg-Vorpommern) geboren. 1954 flüchteten ihre Eltern, ihre Geschwister und sie aus politischen Gründen in den Westen. Sie verbringen ein
Jahr im Flüchtlingslager und finden ihr neues Zuhause in Nordrhein-Westfalen. Nach dem Abitur
1966 studiert Karin Struck Germanistik, Romanistik
und Psychologie in Bochum, Bonn und Düsseldorf.
   1973 erscheint ihr erster Roman, »Klassenliebe«.
Es folgen die Romane »Die Mutter« (1975) und
»lieben« (1977), »Bitteres Wasser« (1988) und
»Blaubarts Schatten« (1991), 1982 das Journal
»Kindheits Ende«. Darüber hinaus hat sie Erzählungen veröffentlicht, unter anderem »Trennung« (1978)
und »Glut und Asche« (1985) sowie den Erzählband
»Männertreu« (1992).
   Karin Struck ist alleinerziehende Mutter und hat vier
Kinder.

Karin Struck

Familienerinnerung 1995

Die Kindheit ist weit entfernt. Sie ist immer präsent. In einem meiner vielen Leben in diesem Leben lehnte ich die Familie ab. Ich sagte: »Ich will nie Kinder haben.« Ich war ein ausgestoßenes Waisenkind. Ich verwarf, was ich am stärksten ersehnte. Von meiner Sehnsucht wußte ich nichts.

Kein Kontakt zu meiner Sehnsucht. Familie, zerrissen. Vertreibung, Krieg, Enteignung.

Entfremdung durch Entfernung.

Die Entfernung spielt eine Rolle in der Liebe: Nerudas Satz galt für die Geschlechtsliebe. Doch gilt er auch für die Liebe zur Familie.

Welche Entfernung allein, weil ich ein Mädchen bin. Kein Hof-erbe, kein Knabe. Ich war als Sklavin gedacht, niemand gab es zu. Ich deckte auf, was niemand zugab. Immer nahm man mir das Aufdecken übel.

Kein Weg zurück. Kein Zurück. Und doch bin ich zurückgekommen. Sechzehn Kilometer Entfernung zur Familie. Ach, ich habe gedacht: alles ist so einfach. Nichts ist einfach mit der Familie.

In jedem sucht man den Vater, die Mutter. Ich habe es aufgedeckt, und keiner wollte es wissen. Bis heute. Mama. Papa. Die ersten Worte. Stammelnd.

Die Kindheit ist weit entfernt, und doch ist sie immer präsent. In einem meiner vielen hinter mir liegenden Leben in diesem Leben habe ich die Familie abgelehnt. Wie ein ausgestoßenes Waisenkind habe ich gehaßt, was ich am meisten vermißte.

Familie, zerrissen von Vertreibung, Flucht, Krieg, Enteignung. Entfremdung nicht nur durch Ideologien, auch durch Entfernung. Die Entfernung spielt eine Rolle in der Liebe, Nerudas Einsicht.

Familie, zerrissen. Krieg, Vertreibung, Enteignung. Schweigen. Nichtsein. Abnabelung als Überlebensübung.

Nestsucht. Nestflucht.

Sehr weit fortgehen.

Kein Weg zurück.

Anwandlungen. Sentimentale.

Vater schweigt. Immer beantwortet die Mutter Briefe, auch die an ihn.

Der Bruder wird bevorzugt.

Verzeihen. Wann?

Nach dem Unfall: die Polizei benachrichtigt die Eltern. Immer die Eltern. Ich habe vergessen, daß meine Mutter einundzwanzig Jahre war, als sie mich gebar. So alt wie meine Tochter vor vier Jahren.

Sie hatte gesehen, wie ihre Mutter fast vergewaltigt, wie ihr Vater mit Waffen bedroht wurde; sie hatte sich gerettet vor den Besatzern durch einen Sprung aus dem Fenster. Bei Kriegsende war sie neunzehn. So alt wie meine Tochter vor sechs Jahren. Als sie mich bekam, war sie eine noch nicht volljährige Mutter; damals.

So vieles versteht man nicht, wenn man jung ist; alltägliche Einsicht, aber das weiß man erst später.

Man muß die Familie fliehen, um zurückkommen zu können. Immer habe ich Mitleid mit denen gehabt, die sich nie von der Familie getrennt haben. Wie im Märchen: Die Versuchungen müssen sein, um reif zu werden.

Was ist Reife? Mein Gott: was ist Reife? Niemand weiß es ganz genau.

Die Unschuld meiner Mutter auf dem Foto. Das Vertrauen in die Geschichte. Wie sie mich an die Hand nimmt in Schwerin. Es ist nicht

Karin Struck mit ihrer Mutter 1953 in Schwerin

Greifswald, es ist Schwerin. Ich war inzwischen dort. Niemand begreift so ganz, daß die Mauer fort ist. Daran ändert auch die Mauer in uns nichts. Die Mauer ist fort.

Ob der Bruder eine Niere transplantiert haben muß, werde ich nicht wissen, denn er will mich nicht sehen, und ich will ihn nicht sehen. Ich hoffe nicht, daß ich ihm erst werde begegnen müssen, wenn der Erbfall eingetreten sein wird. Denn er ist mit meinem Vater in dem besten Kontakt. Sie verständigen sich über Jagd und Häuserbauen, erbeutete Kaninchen und alte Bekannte im Osten. Ich bin die Leprakranke, als die ich mich immer gefühlt habe.

Ich habe immer alle beneidet, die, anders als ich, mehr als einen Bruder oder eine Schwester haben. Was sollen die erst sagen, die keine Geschwister haben? Ich habe mir immer gewünscht, einen Bruder zu haben, der nicht zu meinem Konkurrenten bestimmt ist. Ich habe mir immer gewünscht, eine Mutter zu haben, die meinen Bruder nicht mehr liebt als mich. Ich habe mir immer eine Mutter gewünscht, die nicht abstreitet, daß sie meinen Bruder mehr liebt als mich, obwohl sie doch nicht abstreiten kann, daß sie einmal gesagt hat »Jungens sind eben schöner«, aber auch das streitet sie ab, und das bedeutet, daß ich nicht weiß, was die Realität ist, denn ich habe etwas gehört, von dem es früher oder später heißt, daß ich es nicht gehört habe.

Kriegsende. Der Krieg ist für mich eine Wirklichkeit, die ich gekannt zu haben glaube, obwohl er doch schon zwei Jahre vorbei war, als ich geboren wurde. Ein Phantomschmerz vom Krieg immer noch wie von einer Krebsgeschwulst, die längst weggeschnitten und weggestrahlt zu sein scheint. Mein Vater, zweimal weggetrieben wie Vieh. Er hat nie gesagt, daß davon sein Herz zersprungen ist. Man muß nicht alles sagen.

Familie. Alleinsein. Ansichten eines Altersheimes, mit Insassen, von ihren Kindern abgeschoben und im Stich gelassen. Horror und Alptraum, Waisenhäuser des Alters. Gegenentwürfe: Die Kinder, die man aufgezogen hat, halten einem die Hand zum Sterben. Nicht auf der Intensivstation. Träume.

Der verlassene Pflaumenbaum auf dem Grundstück. Niemand pflückt die Pflaumen ab im Hochsommer, im frühen Herbst. Ich weiß, daß der Baum es braucht, daß einer die Pflaumen abpflückt. Mein Bruder weiß es nicht. Ich weiß es. Aber ich darf die Pflaumen nicht abpflücken.

Oben: Der Vater von Karin Struck vor der Flucht aus der DDR Anfang der fünfziger Jahre.
Im Hintergrund das Haus der Familie in Schlagtow, welches leider abgerissen wurde.
Unten: Karin Struck rechts außen, mit Eltern und Geschwistern an ihrem Geburtsort
(Schlagtow bei Greifswald) vor dem Bauernhof an der Straße

Sie verdorren ungeliebt und ungepflückt am Baum. Auch im nächsten Herbst.

Die Idylle auf den Fotos ist Schein. Die Geschichte hätte gut sein können mit meinem Vater, aber sie war es nicht. Stute und Fohlen, aber was man nicht sieht, ist die Sozialistische Einheitspartei. Landwirtschaftliche Produktionsgenossenschaft. Mörderische Wörter. Man sieht alles nicht auf diesen Fotos. Man sieht den GULAG nicht, den deutschen, den von Deutschen gegen Deutsche. So vieles sieht man nicht in der Familie.

An der Hand der Mutter. Man sieht das Kinderheim nicht, das die Hände entzweit. Man sieht die Zwangsadoption nicht, die hätte drohen können, wenn die Flucht mißlungen wäre. Man sieht die Lüge nicht, die die Flucht erleichtert hat, denn wenn die Eltern den Kindern erzählt hätten, wohin sie fliehen, ja, daß sie fliehen, hätten die Kinder alles verraten können in ihrer Unschuld.

Es gibt, schlimmer als im Volkslied, viele »falsche Nönnchen«, die mich und meine Familie entzweit haben. Verlorener Sohn. Verlorene Tochter. Inklusive Rückkehr? Wer weiß es? Sagte nicht neulich eine Frau über ihre Mutter: Wenn sie und ich im Raum sind, ist eine Person zuviel. Und sagte nicht eine andere Frau etwas über die schmalen Lippen meiner Mutter?

Ach, wer weiß, ob dieses mein Volk noch existieren würde, wenn es die Familien nicht gäbe. Von dem, was sie getragen hat, sind die Lippen meiner Mutter schmal geworden. Auf dem Foto vor dem Hintergrund des HO-Kioskes, an dem es nichts zu kaufen gibt, hat meine Mutter noch volle, blühende Lippen.

Versöhnung. Auferstehung und Wiedergeburt. Risse. Narben. Brüche. Beinbruch und Beckenbruch. Manchmal bricht alles mittendurch. Der ganze Leib Familie. Es gibt manche, die hat Familie in den Rollstuhl gebracht. Vergessene Eltern. Vergessene Kinder. Es gibt unsichtbare Morde. Seelenmorde durch die Familie. Es gibt aber auch falsche Anschuldigungen gegen die Familie. Wir wissen so wenig über unsere Eltern. Wir wissen so wenig über unsere Kinder.

Manchmal habe ich die Brücken nicht betreten, die man mir gebaut hat. Manchmal habe ich nicht gesehen, daß mir Brücken gebaut wurden. Manchmal habe ich in der Mitte des reißenden Flusses den Bau der Brücke abgebrochen. Wir haben alle Ausreden gehabt. Wir hatten keine

Zeit. Und der Weg von X nach Y war zu weit, so daß wir einander nur alle fünf Jahre besuchten.

Das schlimmste aber war, daß wir auf das Gesicht des anderen die Erinnerungsbilder aus schlechten Zeiten auflegten. So sahen wir nicht die Veränderungen, die Versuche, ein besserer Mensch zu werden: ein besseres Kind, eine bessere Mutter, ein besserer Vater.

Und trotzdem geben wir uns immer neu eine Chance. Nach all den Jahren, in denen wir keine Chance mehr hatten.

Ja, ich weiß, es mag pathetisch klingen, aber ist es nicht so: Die Mauer, die Teilung hat auch unsere Familie geteilt. Ich dachte, ihr wäret nur gierig auf den goldenen Westen gewesen. Ich habe euch eure wahren Motive nicht geglaubt. Ich habe euch nicht geglaubt, daß ihr flüchten mußtet. Ihr mit den anderen Millionen Flüchtlingen aus dem einen in den anderen Teil unseres Landes brachtet eure Leistung als Opfer dem Wohlstand dar. Ich warf euch das lange vor, denn der Wohlstand war der Moloch, der eure Zeit, die auch die Zeit für mich war, stahl. Aber was wäre jetzt, wenn ihr nicht von den Zinsen eurer Arbeit abgeben könntet?

Und das schönste ist: Ihr seid immer noch beieinander. Eltern. Ein Paar. Ihr habt es ausgehalten miteinander. Welche Leistung: es miteinander aushalten.

Man kann auch zu lange aushalten, ich weiß. Die Dosis macht das Gift.

Wer bin ich? Ich werde es nicht wissen, so lange ich euch nicht ganz ruhig vor meinem inneren Auge betrachte. Gleichsam leidenschaftslos euch akzeptiere. Eure Objektivität. Eure Einfachheit in ihrer edelsten Form.

Ihr seid in eurem Alter sehr jung und sehr rein.

Ich habe ja längst geerbt, lange vor dem Erbfall.

Ihr habt mir eure Zähigkeit vererbt, eure wenig redselige Präsenz. Die Essenz eures Schicksals. Ungebeugt überstehen können: welches Wunder.

Nein, das Fest ist noch nicht gefeiert worden. Die Wunden müssen noch heilen. Viele Morgen bringen neue Einsichten. Eine falsche Geste, ein zynischer Satz aus alten Zeiten, uralte Wermutstropfen vergiften manchmal überraschend wie kleine Teufelchen die neue Atmosphäre.

Ich vergesse nicht: Ein Volk muß zusammenwachsen, nicht nur wir, dieses kleine Familiengewebe.

Noch war ich nicht am Grab meiner Großmutter, der über alles geliebten. Ihr Foto ist vielleicht das allerwichtigste der Familienfotos. Aber das geht niemanden etwas an. Dieses Foto ist mein Geheimnis. Es gehört nur mir. Ich zeige es niemandem. Sie durfte ja ausreisen, so nannte man das damals, vor der neuen Zeitrechnung. Als Renterin durfte sie ausreisen, sie wurde nicht mehr gebraucht, konnte im Westen dem Scheinstaat nicht mehr gefährlich werden. So fand sie ihre Ruhe in der Erde des goldenen Westens. Das Foto aber, das spielt im Osten. Das spielt in ihrem Garten. An ihrem Apfelbaum. Wieder einmal scheinbar weitab der großen wichtigen Politik.

Meine Großmutter pflückt ihrem Besuch, der Enkelin aus dem Westen (ungefähr zehn Jahre nach der Flucht), einen reifen Apfel vom Baum. Sie streckt der Enkelin die Hand mit dem Apfel hin. Hier nimm und iß. Sie lächelt, sie strahlt die Enkelin an. Ihr Gesicht, alles ist dieser reife Apfel. Nein, ich setze zu keiner Verklärung an. Es sind Momente.

Wie dieser Moment an der Hand der Mutter in Schwerin. Wie der Moment an der Straße bei unserem Hof.

Unser Haus von damals ist verfallen. Kein Haus mehr und kein Zurück. Aber die Momente bleiben. Die Essenz der Geste meiner Großmutter bleibt. Für immer.

Rudolf Scharping wurde 1947 in Niederelbert geboren.
Nach dem Abitur studierte er Politische Wissenschaften, Jura und Soziologie an der Universität in Bonn.

Im Alter von 19 Jahren trat Rudolf Scharping der
SPD bei. Von 1969 bis 1974 war er zunächst Landes-
vorsitzender, anschließend zwei Jahre lang stellvertretender Bundesvorsitzender der Jungsozialisten.
1975 wurde er Mitglied des Landtages von Rheinland-Pfalz. 1979 übernahm er die Position des Parla-
mentarischen Geschäftsführers der SPD-Landtags-
fraktion, von 1985 bis 1991 war er Vorsitzender der
SPD-Rheinland-Pfalz.

1991 wurde er zum Ministerpräsidenten des Landes Rheinland-Pfalz gewählt, seit 1993 ist er Vorsitzender der Sozialdemokratischen Partei Deutschlands.
Im Oktober 1994 legte er das Amt des Ministerpräsidenten nieder, wurde Mitglied des Deutschen Bundestages und Vorsitzender der SPD-Bundestagsfrak-
tion. Seit März 1995 ist er auch Vorsitzender der
Sozialdemokratischen Partei Europas.

Rudolf Scharping

Taubhausstraße 16

Als kleiner Junge spielte ich am liebsten mit den Nachbarskindern auf der Straße. In der Taubhausstraße, wo meine Mutter noch immer lebt, wohnten damals wie heute viele Kinder. Nie war einer allein, immer traf man Spielkameraden. Einen Kindergarten besuchte eigentlich niemand. Anfang der fünfziger Jahre gab es ja auch nur ganz wenige und der in Lahnstein war zudem weit entfernt.

Wir trafen uns regelmäßig draußen. In den Wohnungen spielten wir eher selten. Die waren meist kleiner als die Wohnungen heutzutage und wurden von größeren Familien bewohnt. Allein meine Familie zählte ohne Großeltern neun Köpfe: meine Mutter, mein Vater und meine sechs Geschwister. In einer großen Familie ist die Mithilfe aller erforderlich. Die Kinder halfen den Eltern bei der Arbeit im und am Haus mit. Als Ältester hatte ich früh eigenständige Aufgaben bei der Betreuung der Schwestern und Brüder zu übernehmen. Beispielsweise für die Jüngeren auch mal eine Mahlzeit zuzubereiten oder einzukaufen, wenn die Mutter, die zeitweilig arbeiten mußte, keine Zeit hatte.

Bei uns zu Hause, das ist für mich in Lahnstein. Als ich geboren wurde, zwei Jahre nach Kriegsende und vor der Währungsreform, war mein Vater eben aus amerikanischer Kriegsgefangenschaft entlassen worden und hatte sich mit meiner Mutter, Hilde Scharping, im Westerwald ein Haus gemietet. 1949 zogen wir runter ins Rheintal.

Das Haus in der Taubhausstraße in Lahnstein, das meine Eltern 1949 gebaut haben, hat rote Schindeln. Es steht heute zwischen Mehrfamilienhäusern. Nie war es besonders groß und doch haben wir mit sieben Geschwistern und den Eltern dort gewohnt. Das geht nur gut mit einem hohen Maß an gegenseitiger Rücksichtnahme. Ich habe zu Hause gelernt, mich in Verhältnissen einzurichten, die manchmal schwierig sind. Ich habe aber auch gelernt, daß man sich nicht damit abfindet, sondern versucht sie zu verbessern.

Meine Mutter wohnt auch heute noch mit meinen zwei jüngsten Schwestern in dem elterlichen Haus. Auch heute trifft sich dort die ganze Familie mit Kindern und Freunden, wenigstens zu Weihnachten. Wenn alle beisammen sind – am zweiten Weihnachtstag waren wir schon mal fünfundzwanzig –, dann platzt alles aus den Nähten. Das alte Haus ist Mittelpunkt geblieben. Früher saß die Familie abends am großen Heizofen im Eßzimmer. Wir hatten natürlich nicht alle ein Zimmer für uns. Als wir etwas größer waren, hat mein Vater ein Zimmer für meinen Bruder und mich angebaut.

Raum zum Spielen gab es aber genug. Die Straße vor dem Haus war praktisch kaum befahren und parkende Autos gab es wenig. Im Gegensatz zu heute war es ungefährlich, auf der Straße Hüpfkästchen zu malen oder mit dem Ball zu bolzen. Leidenschaftliche Fußballspieler waren wir schon. Meine Schwester Gabi haben wir damit angesteckt. Sie hat es später sogar bis in den Kader der deutschen Damenfußball-Nationalmannschaft gebracht.

Am Straßenrand oder in Hofeinfahrten haben wir Meisterschaften im Klicker-Spielen ausgetragen. Vielleicht kennen Sie sie auch noch, diese kleinen farbigen Glaskugeln. Es gab heiße Wettkämpfe, die ja immer auf dem Boden ausgetragen wurden und von denen wir regelmäßig völlig verdreckt nach Hause kamen.

Als Kinder erfuhren wir spielend unsere Umwelt. Es gab kaum ein Wetter, das uns abgehalten hätte, nach draußen zu gehen. Wir hatten ja auch genügend Raum in den Feldern oder im Wald. Man konnte alles mal

Rudolf Scharping mit Eimerchen und Schippe im elterlichen Garten, 1949

ausprobieren: auf Bäume klettern, über Bäche springen. Spannend war auch der Kitzel, etwas Verbotenes zu tun. Kirschen zu klauen, ohne erwischt zu werden. Denn wenn ein Mann aus dem Ort, dem einige Obstgärten gehörten, uns erwischte, mußten wir rennen, was das Zeug hält.

Ein anderes Mal gab es große Aufregung wegen eines Feuers. Ich hatte mit meinem Bruder ein Lagerfeuer versucht und dabei eine Wiese unterhalb des elterlichen Hauses angezündet. Zum Glück haben wir es geschafft, den Brand rechtzeitig zu löschen, bevor wir die Feuerwehr rufen mußten.

In den Wintertagen war Schlittenfahren unser schönster Zeitvertreib. Da gab es richtig Schnee, der bedeckte Straßen und Dächer. Von dem Hause meiner Eltern führte ein schmaler Weg in die Stadt. Es war eine

Art Feldweg zwischen den Kleingärten. Im Winter war dieser fünfhundert Meter lange, eingeschneite Weg eine herrliche Schlittenbahn. Mit dem einen oder anderen, nachts heimlich angeschleppten Eimer Wasser wurden zwei steile Stellen in eine Eisbahn verwandelt – schlecht für Fußgänger auf dem Rückweg vom Einkauf, für uns auf dem Schlitten aber ein zusätzlicher Reiz. Manchmal banden wir mit Kordel und Seil mehrere Schlitten hintereinander wie die Waggons an Zügen. Ein anderes Mal suchten wir lange Bohnenstangen, mit denen man besser lenken konnte – wenn man's konnte. Sonst konnte die schnelle Fahrerei mit Sturz, Bruch oder blutiger Lippe enden – und es gab manchen Sturz.

Spielerisch lernten wir unsere Grenzen kennen. Heute wünsche ich mir, daß unsere Kinder wieder Raum zum Spielen haben, daß wir den Kindern Raum für freies und ungefährliches Spielen offenhalten. Es ärgert mich, wenn Erwachsene für den meist eingezäunten Bolzplatz in der Nähe Öffnungszeiten vorschreiben. Kinder haben ein Recht auf freie Entfaltung.

Lahnstein – meine Heimatstadt – liegt nur wenige Kilometer südlich von Koblenz an der Mündung der Lahn. Aus Koblenz kommend fährt man hoch über Lahn und Rhein über eine Brücke durch einen kleinen Tunnel. Von hier hat man einen guten Blick über die Flußmündung, neu errichtete Wohngebiete, die Fabrik am linken Lahnufer und meine alte Schule. Die Lahn, die die Stadt in Nieder- und Oberlahnstein trennt, war früher wie eine scheinbare Grenzziehung. 1969 wurde die Zusammenlegung als »Zwangsvereinigung« begriffen. Fußballspiele oder andere Wettkämpfe zwischen Nieder- und Oberlahnstein waren besonders hart. Es galt zu beweisen, wer besser war. Meine Familie und ich haben nie viel darauf gegeben, außer vielleicht im Fußball. Während mein Elternhaus in Niederlahnstein liegt, habe ich mit meiner Familie ein Wohnhaus in Oberlahnstein gekauft. Dort, nur wenige Meter von unserem Haus entfernt, bin ich auch zum Gymnasium gegangen. Im Jahr 1966 machte ich nach zwölf Schuljahren Abitur, weil gerade der Beginn des Schuljahres von Ostern auf den Herbst umgestellt wurde.

Anfangs, so berichtet meine Mutter, sollte der Schulbesuch nicht zu meinen besonderen Freuden gehören. Sie begleitete mich an meinem ersten Schultag, wie das so üblich war, zur Schule und holte mich nach der Begrüßung und dem Zuweisen der Plätze wieder ab. Auch am nächsten Tag brachte sie mich noch mal hin. Vor der Tür, sagt meine

Sommer 1964 mit Hasso

Mutter, sei sie kurz stehen geblieben und habe etwas in ihrer Tasche gesucht, als eine kleine Hand sich in die ihre schob. Sie drehte sich zu mir um, blickte mich erstaunt an und fragte, was denn los sei. Ich habe ihr wohl daraufhin geantwortet: »Zwei Stunden rumsitzen, das ist nichts für mich, ich geh' wieder mit nach Hause.«

Später im Gymnasium Oberlahnstein war dies vergessen. Die Schule war damals in einem alten Gebäude untergebracht. Meine Töchter gehen heute in dem modernen Schulzentrum im Süden der Stadt zur Schule. Damals gab es andere Schwierigkeiten. Die Schule kostete 20 DM Schulgeld. Es gab, bei Nachweis von entsprechenden Leistungen, die Möglichkeit einer Freistelle. Und eine solche galt es zu erwerben. Mit zehn Jahren habe ich auf diese Weise erfahren, daß die Chancen eines Kindes nicht von seiner Herkunft abhängig sein sollten. Ihre eigenen Fähigkeiten, Begabungen und Ideen, nicht die Herkunft eines Kindes oder das Portemonnaie der Eltern sollen die Zukunft der Kinder bestim-

men. In Deutschland waren wir in diesem Punkt in den siebziger Jahren
weiter als jetzt. Deshalb muß Deutschland wieder gerechter, weltoffener
und solidarischer werden. Es darf nicht sein, daß Kinder von Langzeitar-
beitslosen beispielsweise an Klassenfahrten nicht teilnehmen können,
weil den Eltern das nötige Kleingeld fehlt. Oder daß eine Einladung zum
Kindergeburtstag zu einem unangenehmen Ereignis wird, weil ein Kind
kein Geschenk mitbringen kann. Soziale Erfahrung prägt. Wer solidari-
sches, rücksichtsvolles und tolerantes Zusammenleben erfährt, hat ein
gutes Fundament. Familien, aber auch Schulen, Jugendverbände und
Vereine legen wichtige Grundlagen.

In der Abiklasse herrschte richtiger Teamgeist. Wir haben heute auch
noch guten Kontakt miteinander und treffen uns hier und da, nicht nur
bei Wim Thoelkes Sendung »Klassentreffen«. Wenn einer Probleme in
einem Fach hatte, halfen ihm die anderen selbstverständlich. Einem
meiner Klassenkameraden, aus der Familie der Dichterin Annette von
Droste-Hülshoff, half ich in Deutsch und er mir in Latein.

Am Gymnasium wurde in den sechziger Jahren viel diskutiert. Wir hatten auch Lehrer, an denen man sich reiben und mit denen man sich auseinandersetzen konnte. Das half, eine eigene Meinung zu artikulieren und zu
vertreten. Mein politisches Interesse wuchs. Die persönlichen Erfahrungen und Ideen, die Faszination von Willy Brandt und John F. Kennedy,
aber auch gute Freunde und die hübsche Schwester eines dieser Freunde,
das alles hat wohl dazu beigetragen, daß ich noch drei Wochen vor dem
Abitur Mitglied der Sozialdemokratischen Partei Deutschland wurde –
gegen den heftigen Widerstand meines Vaters, der mögliche Nachteile in
einer ziemlich konservativen, kleinen Stadt, die Lahnstein damals war,
befürchtete. Na ja, mich hat das eher zusätzlich motiviert. Auch Ende der
sechziger Jahre, die politisch geprägt waren von einer kritischen Aufarbei-
tung der Geschichte, von Emanzipation und dem Engagement gegen den
Vietnam-Krieg, dem Ringen um Notstandsgesetze und Ostpolitik habe
ich mich in der Kommunalpolitik und für die Schülerarbeit engagiert. Die
Jugendarbeit ist mir ein persönliches Anliegen. Und die Kommunalpolitik, das Einsetzen für die Belange der Menschen vor Ort, prägt mein
Demokratie- und Politikverständnis. Ich habe erst 1991, nach meiner
Wahl zum Ministerpräsidenten von Rheinland-Pfalz, meine kommunal-
politischen Ämter niedergelegt. Das fiel mir schwer.

Niki Lauda wurde 1949 in Wien als Sohn von Elisabeth und Dipl.-Ing. Peter Lauda geboren. 1975, 1977 und 1984 war er Automobilweltmeister der Formel 1. Am 1. August 1976 unterbrach ein schwerer Unfall auf dem Nürburgring seine Karriere. 1980 zog er sich als Rennfahrer zurück und gründete die Fluggesellschaft Lauda-Air. Nach einem spektakulären Comeback wurde er 1984 ein drittes Mal Weltmeister. Zwei Jahre später beendete er seine Rennfahrerkarriere endgültig und widmet sich seither dem Ausbau der Firma Lauda-Air.

Niki Lauda ist verheiratet und hat zwei Kinder. Er lebt in Wien, Salzburg und auf Ibiza.

Niki Lauda

Der Papa wird's nicht richten

Helmut Qualtinger hat, als ich noch sehr jung war, sein berühmtes Chanson »Der Papa wird's schon richten« gesungen. Es ging darin um drei junge Männer, denen kraft der einflußreichen Positionen ihrer Väter die Welt zu Füßen lag. Dem einen besorgte der Herr Papa »einen Posten/das laßt er sich was kosten«, der andere wurde durch den Einfluß des Vaters vor dem sicheren Verlust des Führerscheins gerettet, denn »leider ist ihm ein Passant/bevor er g'storben ist, einegrannt«. Bei mir war das ganz anders, der Papa hat mir nichts »gerichtet«, obwohl auch er in einer solchen Position gewesen wäre. Aber es hat sich nicht ergeben, und was ich im Leben erreicht habe, habe ich mir selbst »richten« müssen.

Freilich, das muß ich schon zugeben, habe ich mich so ganz und gar nicht in die sonst so tadellose Familiengeschichte der Laudas einzufügen gewußt. Mein Urgroßvater war 1916 von Kaiser Karl geadelt worden, allerdings war dieses Adelsprädikat, wie meine Mutter zu erzählen weiß, nicht sehr viel wert. Denn man hat Österreichs letzten Kaiser den »Sehadler« genannt: Jeden, den er gesehen hat, hat er auch schon geadelt. Besagter Urgroßvater, Ernst Ritter von Lauda, dem diese Ehrung zuteil wurde, hatte sich als Sektionschef im k.u.k. Ministerium für Öffentliche Arbeiten große Verdienste erworben, weil er nach den katastrophalen Überschwemmungen um die Jahrhundertwende erfolgreich die Regulierung der Donau geleitet hatte.

Dieser Urgroßvater hatte zwei Söhne, die ganz in die Familientradition paßten. Beide machten Karriere. Hans Lauda, mein Großvater, zählte nach dem Zweiten Weltkrieg zu den Wegbereitern der Sozialpartnerschaft und des sogenannten österreichischen Wirtschaftswunders. Als Gründer und erster Nachkriegspräsident der Industriellenvereinigung war er einer der Mitstreiter der Aufbaugeneration um Kanzler Raab und Finanzminister Kamitz. Und als Präsident des Roten Kreuzes organisierte er 1956 die Hilfe für Tausende von Ungarnflüchtlingen. In meiner Familie erzählt man heute noch davon, wie sie alle damals in Großvaters Auftrag Kleider bündeln und Pakete schleppen mußten.

Keine Frage, daß die ganze Familie sehr konservativ war. Mein Großvater schimpfte vor allem auf die Sozialisten und war mit nichts von dem einverstanden, was sie sagten und taten. Eines Abends, ich war damals Mittelschüler, sah ich im Fernsehen, wie man ihm für seine Verdienste ums Rote Kreuz einen Orden umhängte. Er empfing ihn aus den Händen von Felix Slavik, dem »roten« Bürgermeister der Stadt Wien. Ich setzte mich hin und schrieb meinem Großvater einen Brief: Ich verstünde nicht, wie man sein Lebtag soviel schimpfen und dann von seinen bösen Gegnern einen Orden annehmen könne.

Ich erhielt keine Antwort. Monate später, bei einem der traditionellen Jahresbesuche in unserer Villa in Pötzleinsdorf, sah ich meinen Großvater wieder. Er war mir insofern willkommen, als er einen Jaguar hatte, den ich in unserem Garten fahren durfte. Übrigens wie die Autos aller unserer Gäste, die mich bereits als Experten für Kraftfahrzeugfragen akzeptierten. Großvater war also an jenem Abend bei uns zu Hause und ging eine gute halbe Stunde weder auf mich noch auf besagtes Schreiben ein. Dann plötzlich zog er den Brief aus seiner Brusttasche und stellte mich zur Rede. Ich sei ein Frechdachs ohne Benehmen. Er las den Brief, Zeile für Zeile, Wort für Wort, meinen schockierten Eltern vor. Meine Mutter schimpfte, wie dies ihr Schwiegervater von ihr erwartete, mein Vater blieb eher ruhig.

Mein »Protest« sah so aus, daß ich dem alljährlichen Weihnachtslunch der Familie im Hotel Imperial fortan fernblieb. Eine Erklärung dafür,

Oben: Mutter Elisabeth Lauda mit ihren Söhnen Niki (links) und Florian

Unten: »Mit zwölf Jahren für nichts anderes interessiert als für Autos« (links).
Der Vater: Peter Lauda (rechts)

warum man Sozialisten einerseits hassen, andererseits von ihnen Orden in Empfang nehmen darf, habe ich übrigens nie erhalten.

Ich muß jedoch auch gestehen, daß mein Großvater eine ehrfurchtgebietende Persönlichkeit war. Nicht nur sein Jaguar imponierte mir ungeheuer, sondern auch die elegante Wohnung in der Wiener Innenstadt inklusive livriertem Diener, das schöne Bauerngut in der Nähe von Hainfeld in Niederösterreich und der prachtvolle Besitz in St. Moritz.

Auch mein Großvater hat's mir nicht »gerichtet«, sondern stellte sich ganz im Gegenteil meiner Autofahrerkarriere in den Weg. Als Generaldirektor der Veitscher Magnesitwerke saß er unter anderem auch im Aufsichtsrat der Ersten Österreichischen Spar-Casse, von der ich im Alter von neunzehn Jahren die prinzipielle Zusage für meinen ersten Sponsorenvertrag als Rennfahrer in der Tasche hatte. Als mein Großvater davon durch seinen alten Freund Manfred Mautner Markhof erfuhr, ist es ihm gelungen, mir bei der »Ersten« den Geldhahn zuzudrehen. Das Geld, mit dem ich fest gerechnet hatte, war weg, und ich mußte unter großen Mühen bei einer anderen Bank einen Kredit aufnehmen. Den ich – ganz im Gegensatz zu dem erhofften Sponsorenvertrag – auch zurückzahlen mußte. Den Namen Lauda zu tragen kostete mich somit gleich zum Einstieg die Kleinigkeit von zwei Millionen Schilling. Bei jedem anderen wär's meinem Großvater völlig gleichgültig gewesen, ob er einen Sponsorenvertrag bekommt oder nicht. Bei seinem Enkel intervenierte er.

Eine wesentlich herzlichere Beziehung als zum Großvater hatte ich zu meiner Großmutter. 1967 hatte ich einen furchtbaren Unfall gebaut. Ich war gerade achtzehn Jahre alt und raste mit meinem Freund Peter Draxler über die Höhenstraße. Der Mini gehörte seinem Vater, dem Geflügelhändler und damaligen Rapid-Präsidenten Josef Draxler. Ich hatte zwar erst seit ein paar Tagen den Führerschein, doch fühlte ich mich nach zehnjähriger »privater« Fahrpraxis als sicherer Autofahrer, dem nichts passieren konnte. In meinem jugendlichen Leichtsinn schleuderte es mich mit 140 Kilometer in der Stunde aus einer Linkskurve, Peter und ich blieben glücklicherweise unverletzt, doch der Mini war nur mehr ein Schrotthaufen. Klar, daß ich dem Josef Draxler das zuschanden gefahrene Auto ersetzen mußte. Also ging ich zu meiner Großmutter und sagte: »Oma, ich hab' da ein Problem. Wenn du mir nicht 38 000 Schilling borgst, muß ich vor Gericht.« Ein Lauda vor Gericht!

Die alte Dame war natürlich außer sich. Aber doch nicht so sehr, daß sie gleich das Geld auf den Tisch geblättert hätte. Da half ich sicherheitshalber noch ein bißchen nach: »Vielleicht muß ich sogar ins Gefängnis.«

Das war zuviel für meine Großmutter. Sie schlug beide Hände über ihrem Kopf zusammen und ließ sich die Unfallgeschichte erzählen. Und danach hat sie mir die 38 000 Schilling gegeben, von denen ich einen Teil dafür verwendete, Josef Draxler den zerbeulten Mini abzukaufen. Ich weiß, daß man meiner Großmutter jahrelang zum Vorwurf machte, meinen Einstieg in den Rennsport ermöglicht zu haben. Denn mit Hilfe von Freunden reparierte ich den zerbeulten Mini, den ich dem Josef Draxler mit Großmutters Geld abgekauft hatte, und tauschte ihn mit einem Aufpreis von 20 000 Schilling gegen einen stärkeren Mini Cooper-S, mit dem ich dann mein erstes Rennen – das Dobratsch-Bergrennen in Kärnten – bestritt. Als ich 1980 zum erstenmal beschloß, mit dem Rennfahren Schluß zu machen, habe ich es sofort meiner Großmutter erzählt.

Nicht nur mein Großvater, auch dessen Bruder war ein berühmter Mann: Professor Ernst Lauda ging als »letzter Ritter der Medizin« – so nannten ihn seine ärztlichen Kollegen – in die Geschichte der Wiener Medizinischen Schule ein. Aus aller Welt flogen seine Patienten ein, um sich vom Chef der »Klinik Lauda« im Wiener Allgemeinen Krankenhaus behandeln zu lassen. Leber, Milz und die Erkrankungen im Darmbereich waren die Fachgebiete des prominenten Internisten, den Professor Fellinger einmal als »Wiener Kliniker im besten Sinne des Wortes« bezeichnet hat. Jahrzehntelang wurde in aller Welt nach Großonkel Laudas »Lehrbuch der inneren Medizin« unterrichtet.

Mein Vater hat die Familientradition würdig fortgesetzt. Auch er saß in unzähligen Aufsichtsräten und war Generaldirektor der Neusiedler Papierfabrik. Ein überaus intelligenter Mann, dem aber vielleicht die starke Persönlichkeit meines Großvaters fehlte. Meine ersten Rennen absolvierte ich, ohne daß er es wußte. Als er davon erfuhr, sagte er nur, er würde mir zwar keine Hemmnisse in den Weg legen, aber unterstützen würde er mich auch nicht. Das hatte ich auch gar nicht erwartet.

Meine Mutter war, im Wissen um die Gefahren des Rennsports, selbstverständlich genauso gegen meine Autokarriere wie mein Vater und alle anderen in der Familie. Ich war, schon als zehnjähriges Kind, für einen ganz anderen Sport ausersehen worden, der viel besser »in unsere

Kreise« paßte: Reiten. Doch ich haßte den Sport, der Geruch der Pferde war mir ebenso zuwider wie das Geräusch der Hufe, wenn die Tiere aus dem Stall trampelten. Gegen meinen Willen mußte ich reiten lernen.

Ich will nicht leugnen, daß mir die Selbstverständlichkeit, mich in einem großbürgerlichen Milieu bewegen zu können, vieles im Leben erleichtert hat. Nicht nur die konservative Erziehung, sondern auch der Wohlstand meiner Eltern halfen (ohne daß sie es wußten): Meine ersten Autos finanzierte ich auch zum Teil damit, daß ich den Kreditgebern die Villa meiner Eltern zeigte, um sie in Sicherheit zu wiegen, daß sie das Geld auch wieder zurückbekommen würden.

Ja, es gab tatsächlich nur eines: Autos, Autos und wieder Autos. Schon mit zwölf Jahren habe ich mich für nichts anderes interessiert, und mit fünfzehn hatte ich endlich mein erstes Auto, ein 1500 Schilling teures Käfer-Kabrio, genauso alt wie ich, Jahrgang 1949, das ich von meinem Taschengeld finanziert hatte und mit dem ich im Hof meines Elternhauses herumbrauste. Später ließ ich den VW auf das Gut meiner Großeltern schleppen, wo ich auch weitere Strecken fahren und alle möglichen Kunststücke aufführen konnte. Unter anderem baute ich eine Sprungschanze, um darauf auszuprobieren, wie weit man mit einem »Käfer« fliegen kann. Es waren gute 22 Meter.

Entsprechend dem zeitlichen Aufwand, den ich meiner Autoleidenschaft widmete, sahen meine schulischen Leistungen aus. Man steckte mich von einem Gymnasium ins andere, jedesmal mit demselben Erfolg: Die Zeugnisse waren Katastrophen, zweimal – in der dritten und in der fünften Klasse – mußte ich das Schuljahr wiederholen. Ich kann heute mitfühlen, was ich als schwarzes Schaf meiner Familie angetan habe.

Mit achtzehn Jahren verließ ich mein Elternhaus, nahm mir eine kleine Wohnung in Salzburg und begann, mein Leben selbst zu finanzieren. Und doch war der steinige Weg richtig für mich, für meine Entwicklung zur Selbständigkeit. Mein Großvater starb 1974, hat also noch von meinen ersten Erfolgen als Rennfahrer in der Zeitung lesen können. Einmal sagte er: »Der Niki sollte lieber auf der Wirtschaftsseite der ›Presse‹ als auf der Sportseite der ›Kronen Zeitung‹ stehen.«

Inzwischen ist es auch dazu gekommen, mein Name findet sich öfter auf der Wirtschafts- als auf der Sportseite. Und mir tut's leid, daß mein Großvater die Erfüllung seines Wunsches nicht erlebt hat.

Wolfgang Herles wurde 1950 in Tittling in Niederbayern geboren. Seine Jugend verbrachte er in Lindau am Bodensee. Er schloß sein Studium der Neueren Deutschen Literatur, Geschichte und Psychologie in München 1980 mit einer Promotion ab. Nach dem Besuch der Deutschen Journalistenschule war er fünf Jahre als Bonner Korrespondent des Bayerischen Rundfunks tätig. Danach war er Redakteur des TV-Magazins »Report-München«, Stellvertretender Hauptredaktionsleiter für den Bereich Innenpolitik beim ZDF und Leiter des ZDF-Studios Bonn. Neben verschiedenen anderen Sendungen moderiert er seit Januar 1993 »Live«, die Talk-Show des ZDF aus der Alten Oper Frankfurt. Er veröffentlichte unter anderem die Bücher »Nationalrausch« (1990), »Geteilte Freude« (1992) und »Das Saumagen-Syndrom« (1994).

Wolfgang Herles ist verheiratet und hat zwei Söhne.

Wolfgang Herles

Als die Schokolade noch von
den Bäumen fiel

Geboren wurde ich in einem Schulhaus, in der Dienstwohnung meines Vaters. Ich mußte etwas geahnt haben, denn ich wollte nicht heraus. Man zog mich mit der Zange. Seitdem kam ich zur Schule gerne zu spät. Schulhäuser kann ich bis heute nicht riechen; ich leide mit meinen Kindern, am meisten deshalb, weil die Schule um 8 Uhr beginnt.

Es gab eine Zeit, da glaubte ich, Schokolade wüchse auf Nadelbäumen – und das nicht nur zur Weihnachtszeit. Das wußte ich von Opa. Ich ging gern mit ihm im Wald spazieren. Immer wenn wir Rast machten, fielen Schokoladestückchen von Tannen. Sie waren der Traumbelag für die Semmel. Damals hätte ich »Nutella« für eine orientalische Märchenprinzessin gehalten. Meine Kinder kennen heute mehr Sorten Schokoriegel als Märchen. Gegen Bubbles und Monsters und Dinos und James Bond jr. haben Märchen kaum eine Chance. Damals reichte mir »Das Märchen von einem, der auszog, das Fürchten zu lernen« (mein Lieblingsmärchen) – und ein unüberbietbarer Horrorfilm lief in meinem Kopf ab. Anders als meine Kinder heute wußte ich aber nicht, was ein Horrorfilm ist. Dafür war ich viel leichter zu erschrecken. Eine Zeitlang wechselte ich die Straßenseite, wenn ich an einem bestimmten Schaufenster vorbei sollte. In ihm war eine Horde Gartenzwerge ausgestellt; ich hielt sie für echte Wesen. Meine Kinder sind nicht so leichtgläubig. Von klein auf wissen sie: Schokolade wächst im Supermarkt, wo denn sonst.

Das Dorf meiner frühen Kindheit hieß nicht »global village«, sondern Hohenau. Es lag tief im Bayerischen Wald. Auch die Wohnung des Schulleiters hatte kein fließendes Wasser. Meine Eltern holten es am Dorfbrunnen. Die Toilette bestand aus einem hölzernen Brett mit einem kreisrunden Loch. Gebadet wurde in einem Zuber aus Zinkblech, wie ihn meine Kinder aus Wildwestfilmen kennen. Das geschah in der Küche, dem größten Raum der Wohnung. Sie war so groß, daß ich mit Karacho auf dem Dreirad um den großen Tisch sausen konnte.

In der Küche stand eine mächtige Kredenz. Sie sah aus wie ein Hochaltar. An ihm las ich, behängt mit einer Tischdecke, das Hochamt, wie damals üblich, auf lateinisch. Der Pfarrer war damals die erste Autorität im Dorf. Ihr galt es nachzueifern. Pfarrer – das war mein erster Berufswunsch.

Der zweite war Koch. Jeden Morgen wurde der große Küchenofen mit Holzspänen angeschürt. Der Herd war, wie seit der Steinzeit üblich, das Zentrum der Familie. Stets war ich begierig zu wissen, was sich in den Töpfen tat. Meine Kinder kochen heute auch gerne mit. Dosen und Instantsuppen haben wir uns längst wieder abgewöhnt. In meiner Kindheit galten sie als Sendboten höherer Zivilisation. Ich erinnere mich, wie eines Tages im Wirtssaal fremdartige Frauen in blütenweißen Arztkitteln kostenlos Tassen mit heißer Nudelbrühe ausschenkten. Das war der Fortschritt: eine Magie namens Maggi.

Natürlich kennen meine Kinder die Extra-Super-Waschkraft des Weißen Riesen. Mutter kannte sie nicht. Es gab den großen Waschtag in der dampfenden Waschküche. Wasser schleppen, Einweichen in großen Bottichen, Rumpeln am Waschbrett, Kochen, Spülen – und immer wieder wringen.

Damit es ihr nicht langweilig wurde, strickte und nähte Mutter. Die Sachen trug vier Jahre später mein Bruder auf. Wir wären nicht auf die Idee gekommen, modische Forderungen zu stellen. Meine Söhne wissen

Links: Wolfgang Herles, drei Jahre, beim sommerlichen Bad im Wäschetrog.
Rechts: Weihnachten 1955, der kleine Wolfgang hat ein Schaukelpferd bekommen:
einen Lipizzaner mit echtem Roßhaar vom Dorftischler

genau, wie sie sich kleiden wollen und wie sie sich zu kleiden haben, um
in der Klasse nicht sozialer Diskriminierung zum Opfer zu fallen. Ihr
Markenbewußtsein ist so stark entwickelt wie ihr Geschmack. Man trägt
Nike-Schuhe und Burlington-Socken und Levis-Hosen, aber nur die mit
dem Label »501«, und Pullover von Chevignon. Ich trug Pullover aus
aufgetrennter alter Wolle.

Es scheint, als ersetzte die Mode heute die Jahreszeiten. In meiner
Kindheit gab es noch richtige Winter. Es konnte in einer Nacht so viel
Schnee hinlegen, daß am Morgen eine meterhohe Wächte am Schultor
lehnte. Ab und zu gab es sogar Kältefrei. Eisblumen blühten üppig auf
allen Fenstern. Gleich hinter dem Haus ging es bergab. Die Ski waren
ganz aus Holz; nicht einmal Stahlkanten hatten sie. Was ein Lift ist, lernte
ich erst in den Alpen.

Ins Allgäu, nach Lindau am Bodensee, zogen wir, als ich die erste Klasse noch nicht beendet hatte.

Dort war zwar die Küche wesentlich kleiner als im Schulhaus. Aus dem Waschzuber aber war eine Wanne geworden. Samstags heizte Vater den Warmwasserkessel an. Es reichte für zwei Wannen Wasser.

Mein Bruder und ich teilten uns das Badewasser und das Zimmer. Es war zugleich auch noch Eßzimmer. Deshalb schliefen wir auf einer Ausziehcouch. Aber der Wohlstand war schon nicht mehr aufzuhalten. Anfang der sechziger Jahre bezogen wir, worauf meine Eltern eifrig gespart hatten: das Eigenheim, ein Reihenhaus. Jetzt gab es für jeden von uns ein eigenes Zimmer, jedenfalls so lange, bis Opa dazukam, und: fließend warmes Wasser rund um die Uhr!

Einiges, was es damals noch gab, ist inzwischen abgeschafft. Die Schönschrift zum Beispiel, für die es Noten im Zeugnis gab. Es waren vollkommen vergebliche Torturen.

Die Welten, in die wir Kinder spielend eintauchten, haben sich nicht geändert. Es waren und sind immer noch Ritter und Piraten, der Wilde Westen und ferne Galaxien. Für all das reichte ein Häuflein Bauklötze auf dem Linoleumboden. Dann kam Plastik. Aber auch die ersten Lego-Teile waren simple Bausteine. Heute bietet die Spielzeugindustrie Ausstattungsorgien an, mit denen meine Kinder Massenszenen aus Hollywoodfilmen nachspielen. Aber fast noch schöner finden sie es, so wie wir damals, Stühle, Tische, Polstermöbelteile sperrmüllartig aufeinanderzutürmen und darin U-Boot, Rennauto oder Raumfahrt zu spielen.

Selbst Plüschtiere sahen damals irgendwie ausgemergelt aus. Das alte Schaukelpferd aber ist unerreicht. Der Dorftischler hatte es gebaut: einen Lipizzaner mit echtem Roßhaar. Meinen zweijährigen Bruder setzte ich aufs Pferd, er fiel herab und brach sich den Arm – so hoch ist das Roß; noch heute reiten meine Söhne darauf.

Die katholische Konfessionsschule war mit der evangelischen im selben Gebäude untergebracht. Sogar beim Sport und auf dem Schulhof wurden die Schüler sorgsam getrennt. In der Oberrealschule wurde diese Absonderung von der Geschlechtertrennung abgelöst. Nur die Humanisten waren privilegiert. Griechisch lernende Mädchen durften aufs Knabengymnasium. Ich hatte leider nur Latein. Das reichte immerhin dazu, Ministrant zu sein. Trotzdem ging das »Confiteor« von der zweiten Zeile

Wolfgang Herles mit seinem Vater in der Schweiz, Sommerferien 1956

an in »rabarberabarber« über. Am liebsten schwang ich das Weihrauch-
faß bei Beerdigungen (gutes Trinkgeld). Die Abscheu für Frühmessen
stoppte meine katholische Karriere, obwohl der Herr Stadtpfarrer die
Feuerzangenbowle meiner Mutter überaus mochte. Er legte die römischen Gesetze (es war die Zeit des Vatikanischen Konzils) tolerant aus.
Der Zölibat bedeute Ehelosigkeit, nicht Keuschheit, erklärte er.

Es war eine Zeit ohne Fernsehapparat! Ich war längst auf der Oberrealschule, als meine Eltern ein Gerät anschafften. An-schaffen: Das kommt
übrigens von Arbeit (Anmerkung für meine Kinder). Natürlich hat es mir
nicht geschadet, ohne Fernsehen groß geworden zu sein. Ich las viel mehr.

Was waren das für Bücher? Die zwei dicksten sehen noch heute
ziemlich unberührt aus: die »Heiligen Legenden« und die schwarzweiß im Nazarenerstil illustrierte »Tausend-Bilder-Bibel«. Sehnsucht
nach fernen Kontinenten weckten die Sanella-Sammelbilderalben. Meine
Lieblingsbücher trugen Titel wie »Abenteuer in der Serengeti«, »Tiger-
jagd in Siam«, »Jack, die Bärenklaue«, »Lederstrumpf«, »Robinson«,
»Als Schiffsjunge unter Piraten«. Später fiel ich Karl May in die Hände.
»Weltfahrt nach Troya«, die Geschichte des Heinrich Schliemann, begei-
sterte mich besonders. Bis heute komme ich an keiner Ausgrabung
vorbei.

Absolut verboten waren »Schundhefte«. So bezeichneten meine Eltern alle Comics. Ich lieh sie mir von meinen Freunden, am liebsten die
schmalen, auf billigem Papier schwarzweiß gedruckten »Sigurd«-Heft-
chen. Heute sind Eltern froh, wenn ihre Kleinen Donald Duck »lesen«,
statt nur im Fernsehen zu sehen. Asterix und Obelix gelten inzwischen
als humanistisches Bildungsgut.

Wir waren keine Game-Boy-Kids. Die Lehrer hatten weniger zu
klagen über die Konzentrationsschwäche ihrer Zöglinge. Kein Grund zu
Pädagogennostalgie: Meine Kinder wissen heute viel mehr von der Welt
als ich damals. Auch das kommt vom Fernsehen.

Als ich sechs Jahre alt war, durfte ich zum erstenmal mit meinen Eltern
verreisen. Es ging in die Schweiz. Mit sechs waren meine Kinder schon
ein paarmal in Amerika. Ich selbst war zwanzig, als ich das erste Mal ein
Flugzeug bestieg.

Meine Eltern gingen mit uns in den Sommerferien auf »große Fahrt«,
wie sie das nannten. Wir waren mit dem Zelt unterwegs, vier bis sechs

Wochen lang und selten länger an einem Ort als drei oder vier Tage. Wir Kinder entdeckten Europa von Gibraltar bis zum Nordkap. An diese Reisen erinnere ich mich genauer als an alles andere in meiner Kindheit.

Das erste Auto meiner Eltern nannte man »Leukoplastbomber«. Die Türen öffneten sich gegen die Fahrtrichtung. Öffnete man sie versehentlich während der Fahrt, konnte es passieren, daß der Fahrtwind sie einem aus der Hand riß. Vorausgesetzt, man ließ sie rechtzeitig los. Meiner Mutter wurde das einmal beinahe zum Verhängnis. Der Lloyd-Zweitakter ähnelte dem Trabant. Er wurde schwer beladen, denn meine Eltern nahmen nicht nur die Zeltausrüstung mit, sondern auch Dosennahrung für die gesamte Reisezeit, weil sie das für sparsam hielten. An besonders steilen Stellen haarnadeliger Paßstraßen, die mein Vater ebenso liebte wie heute ich, mußten wir aussteigen, damit das Gefährt die Steigung schaffte.

Auf der ersten Reise also ging es in die Schweiz. In Altdorf auf dem Marktplatz führten sie am Nationalfeiertag Wilhelm Tell auf (ich glaube, in der Dialektfassung). Danach wollte ich Schauspieler werden. Der große Monolog des Tell (»Durch diese hohle Gasse muß er kommen ...«) war lange meine Paradenummer. Dieser Berufswunsch hielt sich fast bis zum Abitur. Später, schon Journalistenschüler, wollte ich noch Theaterkritiker werden. Etwas Ähnliches wurde ich dann am Bonner Staatstheater.

Wie fremd war damals Europa! Meine zweite Reise ging nach Frankreich. Meine Eltern verstanden kein Wort der Sprache. Trotz der mitgeführten Dosen landeten wir einmal in einem Restaurant. Es wurde zunächst Brot serviert und Pastete. Meine Mutter wurde blaß, denn sie hielt das für das ganze sündhaft teure »Menü«. »Eßt!« sagte sie. Das taten wir. Danach kam Salat. Nur Salat. Wir aßen ihn auf. Ebenso die Suppe. Und danach das Gemüse. Als das Fleisch kam, konnten wir nicht mehr. Aber es war sozusagen alles bezahlt, auch der Käse und danach das Süße. »Die spinnen, die Franzosen«, würden meine Kinder sagen, frei nach Asterix, dem Gallier. Aber sie wissen heute natürlich Bescheid und haben schon zu Hause alle Küchen probiert. Mit »Mia bella Napoli« und der Schnulze vom Chiantiwein fing die Europäisierung der (West-)Deutschen an und führte hinauf in die multikulturellen Höhen der Toskana-Fraktion. Die Côte d'Azur ist mir und meinen Kindern vertrauter als die

Ebene Vorpommerns oder das Elbsandsteingebirge, und ich habe nicht vor, mich dafür zu genieren. Die Sehnsucht nach Deutschland mag Martin Walser gedrückt haben, mich nicht.

Auch wenn Walser auf dieselbe Schule gegangen war, eine halbe Generation vor mir: sein See wurde mein See, seine Gegend meine Gegend – das Flaschengrün des Wassers, der Geruch von Treibholz, Föhnfetzen, die aus dem Rheintal stieben, die Kopfsteingassen der Insel, die angefaulten Mostbirnen, mit denen wir uns Schlachten lieferten, das »Goldene Lamm«, in dem wir den Stiefel leerten, bis wir schwankten, der Keller des (evangelischen) Pfarrhauses, in dem wir zu »Bridge over troubled water« schwoften und danach bei den Hexensteinen nackt in den See stiegen.

Die Berge und davor der weite See. Im Sommer scheint es manchmal, als ob an dieser Stelle der Alpen der See ein tiefer Fjord des Mittelmeers sei, so nah ist der Süden.

Im Winter strahlt der See die im Sommer gespeicherte Wärme ab. Einmal nur in diesem Jahrhundert fror er ganz zu. Das war von Anfang Februar bis Anfang März 1963: die Seegfrörni.

> *Da recket die Magd die Arm' in die Höh':*
> *»Herr Gott! so rittest du über den See!«*
> *An den Schlund, an die Tiefe bodenlos*
> *Hat gepocht des rasenden Hufes Stoß!*

Die lange Ballade vom Reiter und dem Bodensee war etwas ganz anderes als all die anderen endlosen Balladen. Wir ritten auf dem Fahrrad über den See an seiner breitesten Stelle zwischen Langenargen und Romanshorn. Bizarre Eisberge hatte der Winter aufgetürmt. Abertausende überquerten die überfrorene Grenze. Die freundlichen Zollbeamten wurden zu absurden Figuren.

Verklären kann ich meine Kindheit nicht. Sie blieb im Gedächtnis als dünnes Aquarell, als merkwürdig ereignisloses Vergehen von Zeit. Aus der Sicht meines Vaters, der zwei Weltkriege erlebt hat, wahrhaft eine »glückliche« Kindheit. Die Schrecken meiner Kindheit, sieht man von einigen Schulpädagogen ab, waren schwach. Sonntagsspaziergänge mit anschließendem Kuchenessen haßte ich. Noch weniger mochte ich die

Arbeit im Schrebergarten. Ich sehnte den Augenblick herbei, in dem mich mein Vater losschickte, um aus der nahen Wirtschaft eine Radlermaß zu holen. Am schlimmsten war der Turnverein. Meine Eltern glaubten, Geräteturnen sei das richtige für mich. Später, in der Abiturklasse, ließ ich mich davon amtsärztlich befreien. Von der paramilitärischen Riegenbildung bis zu den blauen Flecken, die man sich an Reck und Barren holte: Es ist eine Art Folter, mit der seit dem nationalistischen Turnvater Jahn Generationen gequält werden.

Natürlich begegnete mir in der kleinen Stadt am See auch die Politik. Zuerst, als ich zur Begrüßung des bayerischen Ministerpräsidenten Ehard an der Rathaustreppe etwas aufzusagen hatte. Als Theodor Heuss starb, wurden wir alle in die Turnhalle befohlen. Ein Streichquartett spielte die Haydnhymne, der Direktor sprach, und ich durfte einen Text des Verstorbenen vorlesen. Einige Jahre später besuchte ich mit Freunden Versammlungen der NPD. Wir schrien so lange dazwischen, bis wir hinausgeworfen wurden.

Eines Tages schwappte die Revolution aus der fernen Universität bis nach Lindau. Ehemalige Schüler des Gymnasiums besprühten eines Nachts die Wände der Schule mit Parolen. Mir sind zwei in Erinnerung geblieben, und beiden stimme ich heute noch zu. Die eine bezog sich auf den Direktor. »Tausend Jahre Hümmer sind genug!« Der anderen Parole wegen wurde der Pausenhof der Unter- und Mittelstufe gesperrt. Es war ein besonders zersetzender Spruch: »Ficken macht Spaß.«

Das wußte ich damals nur vom Hören und Sagen.

Peter Roos, 1950 geboren, lebt nach Studien der Philosophie und Literatur in Deutschland, Italien und den USA als freier Schriftsteller im Alten Rathaus Zimmern bei Marktheidenfeld am Main und in Wien. Er ist bekannt geworden mit seinen beiden Generationsdarstellungen »Trau keinem über 30« und »Die wilden 40er«. Er hat unter anderem die Erzählungen »Von der Abschaffung des Tageslichts« und »Vespa stracciatella« geschrieben; zusammen mit Friederike Hassauer veröffentlichte er unter anderem die beiden Essay-Bände »Felicien Rops: Der weibliche Körper – der männliche Blick« und »Die Frauen mit Flügeln, die Männer mit Blei«. Für das Ballett der Nürnberger Oper schrieb er das Libretto »Jeans Blues«, für das Nürnberger Schauspiel den Monolog »Der Mitläufer und ich: Über die allmähliche Verfertigung der politischen Biographie des Lieblingslandschaftsmalers des Führers und von des Diktators Gnaden Direktor der Akademie der Bildenden Künste der Stadt der Reichsparteitage Nürnberg, Hermann Gradl – Eine dokumentarische

Bühnenerzählung für einen Nachgeborenen«. Urauf-
führung 1995 auf dem Reichsparteitagsgelände in
Nürnberg.

Peter Roos

Vaters Hitler-Schnitt, Mutters Dauer-Welle und unser Pilz-Kopf von den Beatles

Ein Brief

Lieber Florian,

unser letztes Gespräch geht mir nicht aus dem Kopf. Ich weiß zwar nicht
mehr exakt, wo genau wir haben abbrechen müssen, aber es ist mir
wieder wie ein Stromstoß in die Seele gefahren, daß wir stramm auf die
50 zugehen. 45, 50 – das Alter, in dem unsere Eltern damals das Heftigste
von uns ertragen mußten, *damals*, Mitte bis Ende der 60er Jahre. Damals,
es ging ja um unser Leben. Um nicht weniger. Um die Konstitution
unserer Person. Ich jedenfalls fühlte mich in Lebensgefahr. Zerrissen
zwischen dem Alten der Eltern, dem Unbekannten des Neuen, und in
mir selbst zerrten alle Energien, die mobilisiert sein konnten, in alle
erdenklichen Richtungen. Dieser Heftigkeit, die plötzlich wieder in mir
fauchte, bin ich nachgegangen: Ich wollte dem Reflex der 68er Zeit in
mir, bei uns daheim, in Eltern- und Schulhaus nachspüren. Die letzten

Wochenenden habe ich deshalb auf dem Speicher verbracht, wo meine, wo unsere Vergangenheit in leidlich beschrifteten Bananenkisten lagert. Es war eine Tortur!

Du machst so eine Kiste auf, und in Sekundenschnelle bist Du wieder der »kleine Roos« oder »der Prickel-Pit« oder »Es-ist-ein-Roos-entsprun-gen«! Gegenwehr bricht sofort zusammen. Die Atmosphäre quillt her-aus wie lange unterdrückter Rauch. Sie umhüllt Dich ganz und erfaßt Dich um und um, und da Du dieses Klima ja in Dir unter Verschluß hast, bricht auch die Innenwelt heraus und verbündet sich gnadenlos mit dem Würzburger Klima.

Hattest Du jemals Deinen Schülerausweis wieder in der Hand? Mit dem bin ich ins Kino, ins Theater, ins Dallenbergbad. Und wohin sonst noch! Da liegen noch zwei weiße Socken von Margit mit grünen Gras-flecken – mehr brauche ich Dir nicht zu sagen. Jede Menge ihrer Briefe. Von Grete ein Taschentuch. Fotos von Lisa und eine Bikini-Oberteil-Dedikation von Ulli. Lateinhefte, Mathematikhefte, Schülerzeitungen, Programmzettel des Stadttheaters und meine Zahnspange. Diese Zahn-spange! Nie konnte ich richtig damit küssen! Ich war weit und breit der einzige mit so einem Liebestöter im Mund. Schmeiß das Ding doch weg, hattest Du mir damals geraten oder sag Deinem Alten, es sei Dir in den Main gefallen, als Du die Architektur der Alten Mainbrücke und so. Konnte ich nicht, denn mir war erst wenige Wochen vorher die Brille ins Altwasser gerutscht, als ich dort schmuste, im Paddelboot, mit Karin.

Die 60er, die 70er: Kultur, Pubertät, Würzburg & wir. Das war, das ist unser Thema – fällt Dir's auch auf, jedesmal, wenn wir uns treffen? Es ist ein Bedürfnis, daß wir uns in der Lebensmitte, in der zweiten Pubertät, verständigen über die erste. Also!

»Weißt Du noch?« In dieser Haltung könnte ich beginnen, wie wir damals die Gaslampen auf der Löwenbrücke ausgetreten haben? Wie wir einmal im Suff – daß wir unfallfrei vom »Schützenhof« runtergekommen sind, grenzt an Wunder, und daß keiner in den Main gestürzt ist, als wir auf dem Steingeländer der Löwenbrücke Richtung Stadt balanciert sind! Kannst Du Dich erinnern, wie wir bei einer dieser hochnotpeinlichen Kultur-Exkursionen der Penne ins Martin-von-Wagner-Museum Kon-dome aufgeblasen haben, um sie dem antiken Gips irgendwo hinzutun?

Starte ich also mit der Schule! Ja, genau da hat neulich unser Gespräch geendet. Die Kultur unserer gymnasialen Ausbildung begann am Wittelsbacher Platz, im »Deutschen Gymnasium«, später »Matthias-Grünewald«.

Als Pennäler waren wir natürlich die Arschlöcher unter Würzburgs Schülern. In der Hierarchie der hiesigen höheren Schulen standen wir ziemlich weit unten, als Konkurrenz gar nicht wahrgenommen. »Musisches Gymnasium« – was ist das denn? Die Anstalt war hochsuspekt! »Schmalspurgymnasium«, hieß es, »Klavierfabrik« hieß es, und das Abi am Wittelbacher Platz sei nur eine Fingerübung. Der Grund: die gymnasiale Kurzform. Spätentwickler und musisch Begabte sollten die Chance haben, erst mit der dritten Klasse ihre Laufbahn zum Abitur zu beginnen. Musik war Hauptfach. Jeder mußte ein Instrument spielen. Und das war furchtbar. Man kann es sich nicht grausam genug vorstellen: Gängeweise hallte durch den Kadettenbau in jedem Schuljahr neu aus jedem klavierbestückten Klassenzimmer das gnaden- und lustlose Gehacke nach den diversen Methoden diverser Lehrer, ob Willy Schneiders »Klavier-Fibel«, ob Heinz Schüngelers »Neuer Weg«, ob Fritz Emonts »Erstes Klavierspiel« – im 45-Minuten-Takt wurde geklopft und gehämmert. Gruppenunterricht. Massenabfertigung.

Die Begabten oder Betuchten waren eh ausgesondert bei Privatlehrern oder am »Kons«, dem »Konservatorium«. Die armen Instrumente! Wie abgehalfterte Grubengäule standen sie da. Wie oft hatten wir ihre Gründerzeitbeine vor Wut über Czerny-Etuden getreten, wie viele Liter Bier in ihre durstigen Resonanzkästen gekippt! Nichts half. Das Königlich-Bayerische Klavierabitur mußte erklimpert werden – Für-Elise-Kitsch, Bach-Präliminarien, Forellen-Filets, Quer-Beethoven. Vergiß es! Alles Pseudo. Ich ziehe in Zweifel, ob Musisches massenhaft überhaupt unterrichtet werden kann. Heraus kommt höchstens der musisch an- und eingebildete Kinderarzt, Arbeitsjurist, Sonderschullehrer, der mit Dünkel ein Second-hand-Piano bedient, im Bertelsmann-Lesering sitzt und ein Abo der Deutschen Grammophon bezahlt. Oder? Natürlich: Kleiner Einblick ins Handwerk, Peepen in die Musikgeschichte, Horror der Harmonielehre – wer von uns Abiturienten konnte wirklich den Baß aussetzen, phrygische Tonleitern trällern, Tristan-Akkorde mimen?

1968

1995

Herrschte denn wenigstens ein musisches Klima in der Kaserne? Das höre ich Dich fragen, als ob Du Dich bei mir selbstvergewissern wolltest! Ich bitte Dich: Erspare mir die Antwort! »Mitnichten«, lautet die Antwort in der Sprache unserer Lehrer-Eltern.

Denn, wenn's bei der Notengebung Spitz auf Knopf stand, wurde in der Klavierfabrik der Muse in den Arsch getreten. Da spielte plötzlich keine Rolle mehr, ob einer eigenständig gemalt, photographiert, musiziert, gedichtet oder geschülerzeitungt hat. Da wurde die Mathematik mit der Physik verrechnet, Deutsch mit Latein, Bio, Geo undsofort und nicht zu knapp. Musik? Dudelte irgendwo bei Turnen und Religion.

Die Politik des Kastens war so repressiv wie an anderen Kästen auch. Phantasie-Verbote wie überall. Kontrolle in den Toiletten, in den Internatsbetten, bei unserer Schülerzeitung, die zu Unrecht den psychodynamisch signifikanten Titel »Ventil« trug.

Mit der 68er Bewegung erkämpften wir unser Raucherzimmer und durften aus dem Religionsunterricht austreten.

Schon vorher gab es immer wieder partisanenhafte Proteste, die die Pauker im Lehrerzimmer natürlich nicht verstanden haben. Warum waren denn plötzlich die Schülergottesdienste voll? Weil Tilmann an der Orgel Leitmotive, Themen, Töne und Variationen unserer Pop-Heroes Hendrix, Beatles, Stones, Kinks in die Vor- und Zwischenspiele integrierte: Kannst Du's Dir vorstellen – »Whiter Shade of Pale« und »House of the Risin' Sun« zwischen »Vater« und »unser«.

Du hast ja einiges wegen längerer Abwesenheiten nicht erlebt, aber ich erinnere mich, als – »Phantasie an die Macht!« – plötzlich an die Beton-Schulhof-Wand der neuen Kaserne gesprüht war: »Fuck Huber!« – Du standest neben mir mit Deinen Beatles-Jeans als Doktor Hock, die Lehrer nannten ihn »der Chef«, wir sagten nur »das Ohr«, heruntergewieselt kam und völlig ratlos fragte: »Was meint denn das, ›Fuck Huber‹?«, wobei er »fuck« wie »Muckefuck« aussprach. Uns hat's schier auseinandergeknallt! Remember? Kleiner Exkurs zur politischen Kultur.

Später an der Uni habe ich dann bei lustvoller Beschäftigung mit Hölderlin feststellen können, daß unser »Fuck«-Ohr eine Hölderlin-Kapazität war, der irgendwelche Liebestouren des mal wieder unglücklich verknallten Dichters hinter einer seiner unerreichbaren Diotimas her

nach Fulda oder so herausgefummelt hat. Behielt »das Ohr« aber schön
für sich – von wegen ›musisches Gymnasium‹!

Wobei ich jetzt Doppeltes vermeiden will, Florian, Schülerflapserei
und Abrechnung mit den Lehrerzimmerinvaliden, sonst müßte ich mit
unserem Franz-Josef-Strauß-Imitat »Blechmann« beginnen, der Fürch-
tegott des Internats und aller Deutschstunden, wenn er mit seiner schep-
pernden Cholerikerstimme Diktate gab oder diktierte, was Dichtung sei,
was nicht. Sein Strauß- und Stiernacken half ihm dabei, dem Angstma-
cher, Kinderschreck und Jugendbuchautor. Harry schrieb mir neulich
aus der Schweiz, wo er als Vorstandsmitglied einer Bank bankert, er
alpträume heute noch von ihm und Doktor »Meerschwein«, dessen
Mundgeruch, dessen Thomas Mann, dessen Brecht, und daß er einem
nicht in die Augen sehen konnte. Arme Willis!

Natürlich haben wir etwas gelernt! Natürlich sind wir in unsere über
alles erhabene abendländische Hoch-Kultur eingewiesen worden, Schil-
ler–Goethe–Sauerkraut, aber ich weigere mich zu vergessen, mit welcher
Stimme »der Spieß« durch die Gänge knallte, mit welcher Psychopatho-
logie Herr Stupidienrat Knopp den Physikunterricht exekutierte, und
wie »der Sir« nach der Pause ins laute Klassenzimmer schrie: »Hier
geht's ja zu wie in einer Judenschule!«

Wie weit waren wir damals schon von unseren Eltern weg und weg
von der ganzen Gesellschaft, der wir so nah waren! Was für eine andere
Sprache! Was für eine andere Wahrnehmung! Was für eine andere
Haltung zur Welt!

Wir waren ganz anders und doch so gleich und alles gleichzeitig in
gleicher Zeit. Revolutionäre, Mitläufer, kleine Erwachsene; ohne Leit-
bild, ohne Vorbild, Mimikry, Imitation; wir waren Abtrünnige, Su-
chende, Irrende, Probierende, und manchmal hatten wir auch etwas
gefunden für uns.

Thomas. Erinnerst Du Thomas?

Wie er immer, hochgewachsen und blaßhäutig, eine schwere, schwarze
Hornbrille adornolike auf der Nase, Gelehrtenjackett mit ausgebeulten
Ärmeln, ausgebeulten Taschen, schlotternde Cordhose mit ausgebeulten
Taschen, ausgebeulten Knien am Donnerstag mit der »Zeit« und irgend-
einem Sartre bewaffnet, es kann auch Camus oder Jaspers gewesen sein,

aus der »Bücherstube Hüber« – nicht »kam«, er »trat« aus Dame Ediths oberfeiner Hoch-Kultur-Stube. Ich hatte vorhin dazu schreiben wollen: »arrogant«. Unsicher, was dieses Wort wirklich bedeutet, erklärt mir der achte Duden: »anmaßend, dünkelhaft«. Thomas ist tot. Einer der ersten unserer Generation, den's erwischt hat. Herzinfarkt. Ein Schock. Früher habe ich mich nie getraut, ihn auch nur anzusprechen. So abgeschottet mit Geist, Kultur, Politik, Philosophie und dem Gewicht der Welt schritt er durch die wüste Burg, während wir uns die Pickel ausdrückten und den lieben Gott anflehten, er möge bis zum Klassenparty-Samstag keine mehr sprießen lassen! Das Wort »Akne« konnten wir kaum erst buchstabieren – siehe Duden Nummer 8. Man sagte von Thomas, er könne »beileibe« die Stadtbücherei nicht mehr benutzen und benutze nur noch die »UB«. Und er las die »Zeit« von A bis Z – die hätten wir gar nicht erst »rezipieren« können in unseren kleinen Bubenzimmern mit den Mini-Pennäler-Schreibtischchen, während er zu Hause dafür sicher ein Denker-desk hatte, extra-large.

Natürlich war Thomas nicht »anmaßend« oder »dünkelhaft«. Wahrscheinlich war er, wie wir alle, unsicher, schüchtern und sonst was. Wir haben ja nicht miteinander geredet, noch nicht. Erst als er ein begehrter und promovierter Archiv-Germanist geworden war, diese Früchte hat er nie einfahren können, kamen wir ins Gespräch, und wir sprachen in Marbach oft darüber, wie uns Provinz und Revolute geprägt haben und wie wir heute als Erwachsene und Berufstätige damit umgehen.

Thomas und die »Zeit«.

Wir dagegen. Immer noch im dumpfen Sumpf der Pubertät. Wann was war, weiß ich nicht mehr. Es ging immer alles sehr schnell, sprunghaft, brüchig. Jedenfalls seh ich Dich noch vor mir stehen, als Du Dir vom ersparten Taschengeld Deine erste eigene Hose gekauft hattest, eine unten ausgestellte Jeans mit Falte, die rot ausgefüttert war, die Falte mit einem Kettchen verbunden. Es sah ja wohl grausam aus, aber Du warst einfach der Hero. Und das in den Zeiten, wo unsere Mütter Jeans erst mal noch »Nietenhosen« nannten. Deine unaussprechliche »mit Schlag«. Weißt Du noch?

Als wir zu Dir nach Hause kamen – das Gesicht Deiner überaus gepflegten Lions-Club-Mama! Hätte man filmen sollen! Erst glaubte sie ja noch, das sei eine Leih-Hose oder von der Requisite des Stadttheaters! Als sie dann hörte, daß wir im »Western-Store« waren, rannte sie nach ihren Baldrian-Tröpfchen. Deine solventen »parents«, so unser »lingo« damals, bei »Sør« und »Kaspar« ausundeingehend, hätten Dir jede vergoldete Bogner-Buchse ins Zimmer gestellt, und nun dies! Der »Western-Store«! Kein Puff wäre schlimmer gewesen! Du hast nicht einmal mehr, wie sonst in solch prekären Situationen, versucht, Deiner Mutter ein Söhni-Küßchen aufzudrücken, sondern knapp und deutlich erklärt: »Denkst Du, die Stones würden bei ›Severin‹ einkaufen!« Pause, Du warst schon auf Deiner Bude: »Ihr Kleiderberater!« Die Wochen danach waren entsetzlich. Deine Haare wuchsen, Deine Koteletten standen schon am Hals, ich kämpfte mit meinem Ex-Kavallerie-Obersten Vater um Haarschnittmillimeter und durfte keine Beatles auf der neuen Stereoanlage hören, denn »diese Negermusik macht den Saphir kaputt«. Die Beatles, das stand wohl in »Christ und Welt«, Mutters Hauspostille, hätten in Hamburg von einer – sie schluckte mehrfach trocken und empört – Empore, Pause, herunter-, Pause, gepinkelt, und in der »Himmelsleiter«, der Kneipe hinter dem Kaufhof, durften »Langhaarige« nicht mehr verkehren! Das wurde selbst im Lokalteil der »Main-Post« nicht unkritisch vermerkt! Leute in »Gammellook« waren verdächtig, »Gammler« waren das oder fränkisch ausgesprochen »Biedels«.

Pop-Kultur!

Fellmäntel, langelange schwarze Strickschals, von Schwestern, Müttern, Omas, Tanten, Freundinnen genadelt, ein Ende nach vorn, eins nach hinten geschwungen, John-Lennon-Brillen, Parkas – je nach Musik-Geschmack war man gestylt. Knigge waren die Platten-Cover. Mein Volksschulfreund Walter, der bei »Wöhrl« eine Lehre machte, schwor als feiner »Kinks«-Fan – ein »mod« – auf Button-down-Hemden.

Das waren Probleme!

In der Schule natürlich Scheiß-Noten, Dein Alter hat Dich ja mehrfach aus dem gymnasialen Stadt-Verkehr gezogen und mit gehörigen Portionen Elternspende das jeweilige Jahresabschlußzeugnis in irgendeiner Klitsche im Badischen finanziert. »Mein Abi kostet meinen Alten ein Fertighaus!« Dein Kommentar, aber »wenn der unbedingt will, daß ich Abitur mache!« Uns war ja viel wichtiger als alle gallischen und germanischen Kriege – von Faschismus wurde ja in den Oberschulen nicht

geredet –, wer jetzt neuer Drummer bei den »Shakers five« wurde, was
mit dem Leadgitarristen der »Fade leaf« los war, daß das Ekel Peter bei
den »Sharks« ein Beatles-Schlagzeug hatte, und Bello und Haudi waren
bei den »Knights« eingestiegen, und Haudis Mutter hatte ihm Jimi
Hendrix' Blumenjacke vom Platten-Cover abgenäht. Überhaupt Jimi
Hendrix! Wie der im »Beatclub«, durfte ich übrigens zu Hause auch nie
sehen, die Gitarre spielte, mit der Zunge – da hat's mich aus dem Sessel
geworfen: »Ich glaub, ich spinn, ich glaub, ich spinn!«, soll ich fortwäh-
rend geschrien haben. Das war so unglaublich, so obszön, so pornogra-
phisch, so verboten, so Sünde, so Anti. Das war: gegen alles. Ich war
tagelang fertig, ich habe nächtelang von nichts anderem geträumt als
von dieser unendlich langen, nassen, dreckigen geilen Zunge an den Gi-
tarrensaiten! Und dann doch wieder ganz brav rauf in den Gemeinde-
raum der Martin-Luther-Kirche zu irgendeiner Konfirmandenparty,
Schmuse-Musik der Walker Brothers und Blues mit Amelie oder mit
dem Mäusle.

Übrigens, die ersten »Pommes« downtown gab's im »Picnic« – hier
traf sich alles, was gegen alles war!

Ja, Flori, und der »Pferdestall« war damals auch so ein »in-place«;
dann dauernd die »Tanzschule Hartung« mit dem alten Schlurfgreis und
seiner aufgedonnerten Donna aus Eibelstadt or somewhere else, vom
Land halt, mit den eingestochenen Ohrringen und dem breitfränkisch
intonierten »quick-slow-slow, quick-slow-slow«. Jedenfalls spielten wieder die »Sharks« mit dem unvergleichlichen Tilmann, ein Pinkel, der
einem auch so arrogant erschien – aber wer ist denn nicht hinundzurück-
geschmolzen bei »Love me do« oder »Love to you«, »You've got to hide
your love away« oder »For no one« oder? »Bingam« oder »Ting«, die
Diskothek in der Karmelitenstraße, später »Off«, heute »Paramount« –
wer Stoff kaufen wollte zum Kiffen mit »King Crimson« im Frauenland,
hier war er richtig. Und der »Omnibus«. Das war's! Der Typ, der das
damals organisiert hatte, war Franzose, oder? Ein echter Hippie! Hieß
Philippe, und fuhr er nicht mit einem roten Londoner Doppeldeckerbus
herum? Live-Rock gab es dort damals, Orgien soll's damals gegeben
haben und die Pille umsonst – typisch Würzburg: Alles stand unter
totalem Sex-Verdacht. Als ob wer mit *einer* Pille etwas anfangen könnte!
Wer weiß, welcher Weihbischof sich das wieder ausgedacht hatte.

Jedenfalls funktionierte diese Gegen-Welt.

Würzburg schrie ja nach Gegen-Welt.

Man mußte nur zu den Star-Konzerten ins »Kons« gehen. Ging ich. Daddy zahlte die Karten, und ich mußte Anzug tragen und Haare waschen. Da waren schon einige »kings« an Bord, denke ich heute, und ich hoffe, ich vergreife mich nicht, wenn ich behaupte, ich hätte die olle Elly Ney noch klimpern hören und den alten Kempff. Dem saß ich fast auf dem Schoß! Für mich war's das Höchste, auf dem Podium hinter dem Flügel auf der Höhe der Klaviatur zu sitzen und dem Künstler auf die Pfoten zu sehen, ob er auch ja den Fingersatz beherrscht, ne! Ganz peinlich war's, wenn die Lokalmatadoren sich selbst spielten, ein Klavierlehrer mit Pianistenehrgeiz dauernd den Text vergaß, die Noten holte und dann heulend vom Podium stürzte. Nicht weniger schweißtreibend, wie sich Professor Hollfelder zelebrierte. Aber Gulda! Gott Gulda. Das war das höchste, was Würzburgs Musi-Kultur der 60er Jahre ins Kons gebracht hat. Endlich! Wir kannten den ja alle, wenigstens in unserer Klasse. Denn Wolfgang war der absolute Gulda-Fan, reiste ihm nach, wohin er durfte und konnte, schrieb ihm Briefe und so weiter. Was für mich damals der Walsers Martin war, war für Hösch der Guldas Fritz. Und stell Dir vor, Du warst ja damals in irgendeinem Landschulheim, stell Dir vor: Der Künstler, Friedrich Gulda, trat, in Würzburg, auf dem heiligen Podium, im oberheiligen Konservatorium, neben der himmlischen Sonstwiekirche mit – Rollkragenpulli auf. Ja, gibts denn das? Vater war wochenlang sprachlos. Du hast was für Dein Leben versäumt, armer Floh! Warum warst Du auch immer weg von Würzburg, wenn hier der Wandel zugeschlagen hatte! Jedenfalls Gulda! Koteletten hatte er, und die Schuhe glänzten auch nicht nach Mutti wie beim Hollfelder. Und endlich konnte man Beethoven hören, und bei den Zugaben sind wir auf den billigen Plätzen selbstverständlich sitze- und reihenweise ausgeflippt, während der übrige Saal von stillempörtem Klunkerschaukeln und kollektiver Ablehnung dampfte! Meine Mutter schüttelte tagelang den Kopf, daß mein blöder Bruder und ich schon feixten, sie hätte einen Parkinson guldensis. Jedenfalls haben wir nachher die Künstlerkabine ge- und den Künstler bestürmt! Hösch war der Hero, selbstverständlich. Der Gulda muß gedacht haben, wir seien eine Horde Ertrinkender, wahnsinnig jedenfalls. Seine japanische Frau damals hatte vor Schreck ganz europäisch aufgerissene Augen. Highlight highlight highlight! Seitenweise in der Schülerzeitung abgefeiert! Ich schwöre, daß in Würstlburgs Plattenläden wochenlang kein Gulda zu kriegen war.

»Wir hungern die aus!« verkündete Gammel, er sah aus wie Brian Jones von den Rolling Stones, nur schwarz – »was wollen die denn in Würzburg ohne Nachwuchs!«

Ich jedenfalls war in allen mir zur Verfügung stehenden Ferien in England. England war das Land dieser Jahre, und für mich waren diese Ferien ein einziger Adrenalinstoß. Würzburg? Weit weg. Das fränkische Schilda? Gibts das überhaupt noch? Ich hab gegibbert, ob ich noch Karten für »The Who«, für »Dave Dee Dozy Beeky Mick and Tich«, für »Eric Burdon & The Animals«, für »The Pretty Things«, für »The Troggs«, für »The Mindbenders«, vor allem für »The Who« bekam, und ich bekam sie. Teils nur frech und zwar mit dem Presseausweis unserer Schülerzeitung »Ventil«. Wenigstens was! In London sah ich den Beatles-Film »Magical Mystery Tour« Stücker siebenmal, jedem Rolls Royce habe ich zehnmal nachgeguckt, in der Hoffnung, John Lennon oder Paul McCartney oder wenigstens den doofen Ringo drin zu sehen, ich hoffte, in der Carnaby-Street Mick Jagger zu treffen oder Roger Daltry oder Pete Townshend. Aber ich traf nur Paule Essler aus Oberstreu und Graham Bonney, der mir fast um den Hals gefallen ist, weil ich ihn erkannte. Ich wollte nur ein Autogramm, aber er gab mir fünf. Wenigstens in London konnte man mit uns Youngstern!

Eine Flucht-Bewegung von Würzburg weg ging – das war zwar erst ganz am Ende der 60er und Anfang der 70er Jahre, muß aber hier endlich einmal deutlich gesagt werden – ging hinaus nach Ochsenfurt. Ja. *Du* weißt, was ich meine! Ilse und Hans-Jürgen Freund. Das war ein exterritoriales Zentrum. Das war in aller unsrer Aufruhr Heimat. Ohne bürgerliche Faxen. Ein Anti-Zuhause zu Hause. Hans-Jürgen immerzu auf der Musik-Wolke malend, der Heilige hieß Hendrix. Ilse, die Schöne, sein schönstes Modell – alle hatten wir ihre Busen und ihre Pos in allen Formen und Farben und Perspektiven zu Hause, per Serigraphie, an der Wand. Bodenständig und praktisch, realistisch und auch streng, brachte sie, bei allem Verständnis für das psycho-politische Chaos, Ratschlag und Ordnung in die Aufruhr. Sie führte ein open-house, mit allen Nöten und Lüsten war man willkommen: Schul-Not, Eltern-Not, Not mit der Freundin, Finanz-Not, wobei ja keiner immer nie Geld hatte! Für sexuelle Nöte gab es immer ein Kondom oder zwei und das Notbett in der Dunkelkammer unter Hans-Jürgens Repro-Anlage. Und kochen konnte sie und Salate machen. Und Mundharmonika spielte der Freund, Blues dröhnte, und seine »Musik-Wolken« entstanden, seine schönsten Bilder. Psychodelisches Zwischenspiel nach den harten, schockfarbigen Agit-Prop-Lithos: ein Mann auf dem Klo mit runtergelassenen Hosen, Musik fährt rot, gelb, blau, blau, grün, pink, lila, orange ins Hirn – hing in allen elf Toiletten, die ich seither bewohnt habe. Schwarze Musiker, Blues und Boogie am Klavier, hab ich bei ihm kennengelernt, Roosevelt Sykes, Otis Spann und »Bad Luck and Troubles« von Memphis Slim: »Feeling like screaming and crying« in die Ohren, Rotwein, kiffig, wenig Licht, auf dem Boden liegen, Beine breit, Arme weg vom Körper, fliegen oder was – »Blue Memphis special«. Das war's! Flippig war das nicht. Zu ambitioniert. Zu stark gebunden an Ur-ApO-Ambitionen. Wilhelm Reich lesen, »Massenpsychologie des Faschismus«, Sex-Pol, Mitscherlich, März-Verlag. Erotik, Körper, Sexualität, Politik – das hatte uns im Griff. Gerhard Zwerenz veröffentlichte damals gerade seine »Nummernbücher« im »Normalverlag«, freche Pornos und Anti-Pornos – »nur für Erwachsene«. Henryk M. Broder begann zu publizieren, wir lasen alles von ihm in »konkret« und »spontan«. Die Freunds waren viel älter, wir beide '50, die beiden 1944 geboren, wie ältere Geschwister, aber okay. Die Hartensteins hingen auch mit herum, genannt »die Stones«! Der rote, heute grüne Volker und seine fromme Helene. Harte Reden gab's, gemeinsames Denken, und irgendwie hat's damals in unseren Hirnen und Herzen gekracht, und die Bewegungen in den Seelen waren wuchtig. So etwas gibt es heute nicht mehr, zumindest nicht mehr unter 40-, 50jährigen. Jeder hat seinen Familien-Knast, seinen Berufs-Knast, seinen Streß-Knast – wir haben die Welt wirklich nicht verändern können. Vielleicht ein Haarriß im System?

Wenigstens haben wir unseren »Stone« Volker als grünen harten Stein im schwarzen Bayern mitten in den Landtag hinein gewählt – immerhin!

Ansonsten war die Kunst-Szene mau. Klerikal. Wohletabliert, abgestanden, ranzig. Unter einer Dunstglocke. Es passierte einfach nichts. Die vakuumverpackte Stadt barockte vor sich hin.

Erinnerst Du Dich eigentlich an diese Lions-Club-Chose in der Residenz? Deine Eltern hatten zwei Karten übrig, weil irgendwelche big shots vom big business der Unterfrankenmetropole noch wichtigere Kultur-Termine hatten – da wurden wir beide eingeladen. Gekämmt und gebadet, wohl kurz vor unserer Intimrevolution. Und was war? Mozartfummel bei Nerz und Kerzenschein und anschließend gings in den »Russischen Hof«. Als ich das Pastetchen von der Königin mit Messer und Gabel essen wollte, hob doch so eine geliftete Lions-Mutti und Brauereibesitzersgattin ihre Schminkbrauen, hob an zu einem wesentlichen Beitrag, Eß-Kultur betreffend, und klärte mich auf, wie denn Königin-Pastetchen zu tranchieren sei. »Ich hätte auf den Tisch scheißen können!« – Dein Kommentar.

Neulich hast Du mich ja wieder an meine erste öffentliche »Scheiße!« erinnert, aber wir konnten uns, erinnerst Du Dich, nicht mehr erinnern, wann ich sie wie und wo losgelassen hatte. Ich hab's mittlerweile verortet. Ort der Handlung: Kammerspiele. Stück: Diskussion um die Junge Theatergemeinde. Nach 30 Laber-Minuten des Kulturdezernenten habe ich ihn gefragt, was er als Jurist wohl von Kultur verstünde. Freche Frage, laberlaber. Kurze Ungeduld von mir, dann gleich: »Das ist doch alles Scheiße!« Mannomann. Zu Hause durfte dieses Wort nur unter Strafe ausgesprochen werden, 1 Straf-Mark in den Porzellan-Esel. Und *hier*, im Theater, Musentempel, moralische Anstalt, ö-f-f-e-n-t-l-i-c-h.

Du mußtest natürlich noch eins drauf setzen: »Sie sind nicht nur ein Voll-Jurist, Sie sind ein Voll-Idiot!« hast Du gerufen, und fort waren wir, Hähnchen essen beim »Karthäuser«. Befreiend, sehr befreiend.

Es war ein tödliches Klima.

Abgestanden, bewährt, saturiert. Kein Wind, keine Blähung, kein Geschlecht. Überall schwebten die kastrierten Engel umher. Überall standen die Kirchen herum und im Weg. Und wo keine Pfarrer waren, liefen Lehrer vorneweg und Eltern hinterher. Du kriegtest einfach die Arme nicht vom Leib und von Ausschreiten keine Spur. Kein Raum. Nur Dunstglocke. Strangulierend, erstickend. Repressiv.

Das schlimme daran sind nicht die Beweise, die ich off hand liefere. Das Juste Milieu dieser Zeit, die Luft, die Atmosphäre wars. Als gäbe es das Wort *Frage* nicht, schon gar nicht das Wort *Zweifel*. Man war rechtgläubig und hatte es zu sein. Überall die Selbstgefälligkeit derer, die sich ab sofort bzw. schon immer im Besitz des Himmelreichs glaubten. Oder Vater Staat oder Mutter Sprache! Schulhaus, Elternhaus, Kinderzimmer.

In solchem Binnenklima hast Du keine Chance.

Andererseits. Falls Du nicht untergehst oder fliehst oder mittust, ist so eine Situation identitätsstiftend. Wo Du Dich der demonstrativen Front kollektiver Selbstzufriedenheit, seelischer Hermetik und geistiger Borniertheit konfrontiert siehst, *mußt* Du etwas tun. Wobei es keine freie Entscheidung ist, hier in die Opposition zu gehen. Würzburg schafft Revolten. Würzburg produziert Aufruhr. Würzburg will den Gegen-Entwurf. Nur in solchen Städten blüht die Sub-Kultur! Wobei Würzburg auch nur ein Symbol war für unseren Staat damals und die ganze Gesellschaft. Gefährlich bloß, wenn dieses Andere, statt weiterzugehen, in der Front verharrt, dort einrastet, statt Neues zu entwickeln. Das Eigene suchen, spüren und behaupten, zur Frische und Blüte und auf die Spitze treiben und nicht kurz vorher kappen lassen, sich nicht heimholen lassen, sich nicht integrieren lassen. Diese Integration. Das ist die schmerzlichste Form der Kapitulation.

Jedenfalls waren wir gefährdet.

Und gefährdet war alles, was nicht der Jungen Union angehörte oder der Kolping-Jugend.

Ich will dabei nicht eine Stadt verantwortlich machen für unsere Pubertät, für Aufbruch, Umbruch, Revolte. Natürlich war die Stadt schräg, quer, daneben, weil wir schräg, quer, daneben waren.

Es war wüst, es war Wüste, Pubertäts-Wüste, keine signal- und – luthersch – haltgebende Burg. Würzburg war eine Wüste Burg.

Damit sei keine Sekunde dieser Seuche exkulpiert.

Aber Abenteuer war es auch, gleichwohl lebensbedrohlich, dieser suizidale Balance-Akt und dieser triumphale Seiltanz auf einer ganz bestimmten, eingegrenzten, historisch determinierten Strecke unseres Lebenslaufs.

Jedenfalls waren wir gefährdet.

Aber Genies waren wir trotzdem alle. Keiner hats ausgesprochen, jeder hat es von sich gewußt. Konsens. Es gab also neben der klammtiefen Depression um das offensiv verletzende Wüsten-Klima auch den Wahn, den Höhenflug. Den Suff. Die Tränen. Die Liebe – immerhin: eine Nische zum Überleben!

Jedenfalls war uns und nicht nur uns beiden eines völlig klar – ob die Lehrer Eltern waren oder die Eltern Lehrer, egal:

Wirklich war alles über 30 Arsch!

Und wenn ich Dir das heute als 45jähriger schreibe, teile ich Dir dies mit an der Schmerzgrenze, denn. Ich kann mir ausmalen, für wie steinalt und mausetot mich jetzt die 17jährigen halten.

Laß, Flori, bitte von Dir hören, bald. Ich umarme Dich, herzlich,

Reimer Claussen wurde 1950 in Heide/Schleswig-
Holstein geboren. Nach Beendigung seiner Schnei-
derlehre in Hamburg studierte er sechs Semester an
der Modeschule in Düsseldorf. Anschließend absolvierte er eine dreijährige Assistenzzeit im Couture-
Haus Detlev Albers in Berlin. Seit dieser Zeit arbeitet
er als freier Stylist und entwirft Kollektionen für füh-
rende internationale Unternehmen. Der Durchbruch
gelang ihm 1984 mit der ersten Pret-à-Porter-Kollek-
tion unter seinem Namen; er etablierte sich auf An-
hieb in der Spitzengruppe der deutschen Designer.
Neben anderen internationalen Auszeichnungen erhielt er 1986 das »Goldene Spinnrad«, verliehen von
der Europäischen Seidenkommission und der Stadt
Krefeld. Preisträger dieser begehrten Trophäe sind
unter anderem: Pierre Cardin, André Courèges, Ema-
nuel Ungaro, Karl Lagerfeld, Romeo Gigli und Christian Lacroix.

   Reimer Claussen arbeitet weltweit mit internationalen Produzenten zusammen.

Reimer Claussen

Der Junge aus Dithmarschen:
Hör mal 'n beeten tau

Meine Mutter wurde einmal von einer großen Tageszeitung gefragt, ob sie denn das Gefühl habe, daß ich eine glückliche Kindheit gehabt hätte. Sie antwortete: »Ich glaube nicht, wir haben ihn wohl nie richtig verstanden, weder mein Mann noch ich. Er war nicht wie die anderen Jungen.«

Sie hat recht. Rückblickend ist es deshalb nicht einfach, über mein Elternhaus zu sprechen. Auch ist vieles – wieso, weiß ich eigentlich gar nicht – in meinen Erinnerungen nicht vorhanden.

Mein Elternhaus, das war die Süderstraße 24 in Heide/Holstein. Diese kleine, ländliche Stadt liegt nur 20 Kilometer von meiner bis heute so geliebten Nordsee entfernt. Ich bin Norddeutscher mit ganzer Seele. Die weite, schier endlose Landschaft mit ihren klaren Farben hat mich geprägt. Heute zieht es mich in jeder freien Minute nach Sylt. Ich brauche die Strandmärsche, den Wind, den Geruch und die Farben als Lebenselixier.

In Heide wurde ich am 7. September 1950 geboren.

Mein Vater war gelernter Bäckermeister. Ob meine Liebe zu allem

Süßen daher kommt? Von seinem Vater übernahm er eine alteingesessene Kolonialwarenhandlung, so einen richtigen Kaufmannsladen, wie er heute Seltenheitswert hat.

Die Stiefmutter meines Vaters – meine über alles geliebte Großmutter – brachte in die Ehe mit meinem Großvater eine Bäckerei ein. Seitdem teilte sich das Geschäft in zwei Hälften: Mein Vater hatte die Lebensmittelabteilung, und meine Mutter sorgte sich um die Backwaren.

Mein Vater meinte es sicherlich gut mit mir und erfüllte mir fast all meine Wünsche, wenn er auch gelegentlich bärbeißig streng war. Aber er konnte wohl auch nicht aus seiner norddeutschen Haut heraus. Gefühle zeigen war nicht seine Sache. Wortkarg war er, und erst als Erwachsener ist mir bewußt geworden, wie sehr ich Gespräche mit ihm vermißt habe. Er war ein guter Kaufmann, ein Mann ohne Bruchstellen: fleißig, nüchtern, sparsam und irgendwie stolz auf seine Familie, die seine Ecken und Kanten am stärksten zu spüren bekam.

Wie gerne hätte ich den Sinn fürs Kaufmännische von meinem Vater geerbt. Diese Eigenschaft wäre mir sicher neben meiner Kreativität gut bekommen, hätte vieles erleichtert und hätte mir manch schmerzvolle Erfahrungen erspart. Vater hat sein möglichstes getan: Zum siebten Geburtstag bekam ich einen Minikaufmannsladen. So konnte ich jeden Morgen zeitgleich mit ihm das Geschäft öffnen und abends wieder schließen. Ich hatte vor allem Spaß, meinen Laden zu dekorieren. Kreativität wurde gefördert, kaufmännischer Sachverstand nicht geweckt.

Meine Eltern haben hart gearbeitet. Besonders meine Mutter, die vom frühen Morgen bis zum späten Abend auf den Beinen war. Wurden doch in die Bäckerei schon morgens um 6 Uhr die frischen Brötchen und Brote geliefert, mittags die Sahnetorten und Kuchen, auf die ich jeweils sehnlichst wartete. Daß ich damals nicht selber wie ein Pfannkuchen aussah, wundert mich noch heute.

Die Mutter war immer tätig, sorgte sich ständig um alles und jeden. Doch nie hörte ich sie klagen. Zeit für sich hatte sie kaum. Sie fand stets die richtigen Worte, um zwischen ihrem launischen Mann und ihrem »zartbesaiteten« Buben zu vermitteln. So richtig sauer war ich nur einmal auf sie. Das war, als sie meine zehnjährige Alleinherrschaft als Sohn und Enkel mit der Geburt meines Bruders beendete. Wochenlang heulte ich: »Ich mag keine Jungen. Ich will eine Schwester. Dörte soll sie heißen.

Reimer Claussen, drei Jahre, mit seinen Eltern und Großeltern
vor dem Lebensmittelladen in Heide

Bitte tausche den Jürgen um.« Der Bruder blieb, und geblieben ist auch die Distanz zwischen uns beiden. Wenn die ganze Familie trotz aller Dissonanzen doch gut miteinander ausgekommen ist, so gebührt dieses Verdienst allein meiner Mutter.

Sie ist eine gute Köchin, was ich vor allem heute genieße. Damals erledigte meine mich rund um die Uhr verwöhnende Großmutter den Haushalt. Die Eltern arbeiteten eben im Laden, und die Oma hatte die Küche fest im Griff. Ich aß fast alles – noch heute liebe ich Hausmannskost und verabscheue dekoriertes, nicht definierbares Essen. Meine Großmutter ließ mir tägliche »Extrawürste« zukommen, besonders wenn ich später aus der Schule kam und alleine »nachessen« mußte. Furchtbare Zeiten waren es daher für mich, wenn die Oma ihren Jahresurlaub von der Familie nahm und zu ihrer Tochter nach Hildesheim entschwand, aber auch in diesen vier Wochen war sie in allergrößter Sorge, »wir könnten ohne sie nicht überleben ...«

Reiseurlaub kannte man in meiner Familie nicht. Das mag daran liegen, daß die Eltern im Geschäft unabkömmlich waren, das Geld für große Reisen nicht da war und wir auch kein Auto hatten.

Ich erinnere mich allerdings an viele sonntägliche Vergnügungsfahrten mit unseren unmittelbaren Nachbarn, die ein Möbelgeschäft besaßen. Diese hatten auch einen Sohn in meinem Alter, mein erster Spiel- und Schulfreund. Wir beiden Jungs wurden »sonntäglich herausgeputzt«, und dann ging es mit dem Mercedes ins Grüne. Manchmal wurde daraus sogar eine Fahrt über die Grenze ins nahe Dänemark.

Als ich größer war allerdings, brachte jeweils ein Elternteil mich und meine Lieblingscousine in den Sommerschulferien nach Oberfranken. Mir erschien es wie eine Weltreise, zumal wir meist den Liegewagen im Nachtzug ab Hamburg-Altona nahmen. Im Fränkischen hatte der Cousin meiner Mutter einen wunderschönen Gutshof. Ich interessierte mich jedoch für das Landleben wenig, da ich etwas Ähnliches ja fast täglich in Dithmarschen hatte. Wurde ich von meiner Mutter dort unten in Bayern abgeliefert – mein Großvater nannte diesen Aufenthalt immer »Besuch bei der bayerischen Linie« –, holte mein Vater mich und meine Cousine nach zwei oder drei Wochen wieder ab.

Meine Cousine war zwei Jahre älter als ich. Wir spielten fast täglich miteinander, ich liebte sie abgöttisch und versprach ihr, sie später einmal zu heiraten. Sie hatte natürlich das Spielzeug, das man mir als Jungen nicht zugestehen wollte: eine wunderschöne Riesenpuppenstube mit benutzbarem Kochherd. Ich kochte darauf köstliche Suppen und krosse Bratkartoffeln – natürlich für mich und meine Cousine, nicht etwa für die Puppen und Teddys.

Meist aber blieb ich in den Schulferien zu Hause und verbrachte die Zeit im Garten, der sich direkt an unser Geschäftshaus anschloß und riesig und wunderschön war. Obstbäume säumten die langen Zäune wie eine Allee. Der ganze Stolz meines Vaters war ein Spargelbeet. Den Spargel stach er immer höchstpersönlich. Und an dem Sonntag, an dem der erste frische Spargel auf den Tisch kam, war auch er immer zu Hause. Was ansonsten selten vorkam, denn in einem Häuschen im Garten waren auch seine Brieftauben beheimatet. Diesem Hobby widmete er seine ganze Freizeit. Wie ich ehedem von ihm den Kaufmannsladen geschenkt bekommen hatte, überreichte er mir auch eines Tages ein eigenes Taubenhaus. Gerne hätte er sein Hobby mit mir geteilt, aber die Viecher interessierten mich nun mal überhaupt nicht. Ich war eher in den Erdbeerbeeten oder dem Treibhaus mit seinen köstlichen Tomaten und

Reimer Claussen macht im Sommer 1964 eine Reise zu seinem Patenonkel nach Berlin.
Hier bei der Rückkehr nach Hamburg

Gurken zu finden. Und im Sommer pflückte ich immer die Blumen-
sträuße fürs Haus und Geschäft.

Wenn ich die Augen schließe, sehe ich immer noch die sommerliche
Farbenpracht vor mir. Mir kommen all die herrlichen Düfte in Erinnerung, und ich bin mir sicher, daß es ebendieser paradiesische Garten war,
der meine Liebe zur norddeutschen Heimat mitbegründet hat.

In diesem Garten wimmelte es damals von Kindern, nicht nur von
befreundeten Nachbarskindern, und das hatte auch seinen Grund: Erinnerte unser Garten doch an einen richtigen Kinderspielplatz. Es gab
Sandkästen, Schaukeln, und ich war wohl das einzige Kind in Heide, das
ein eigenes Karussell mit sechs großen Holzenten hatte. Das war natürlich nicht elektrisch, sondern wurde von Hand gedreht, war aber trotzdem die Sensation für alle Kinder. Sehr oft gab es Balgereien, wer auf
mein Karussell durfte und wer nicht.

Es ist dieser Garten, in dem sich mein ganzes »Kinderfreizeitleben«
abspielte. Oft bauten wir richtige Jahrmärkte auf, verkauften Limonade,
Backwaren und von uns selbst ausrangiertes Spielzeug. Sogar Moden-
schauen fanden statt, bei denen uns eine lange Gartenbank als Laufsteg
diente. Unserer Kreativität waren schon damals keine Grenzen gesetzt.
Meine Eltern waren froh, wenn ich den ganzen Tag beschäftigt war. Sie
selbst hatten genug im Geschäft um die Ohren.

Karg gelebt haben wir nun wirklich nicht, brauchten wir doch nur von
der Küche oder unserem »Alltagseßzimmer«, wie wir es nannten, durch
den Flur in den Laden zu gehen, wo alles Eßbare auf uns wartete ...

Und nicht nur gutes Essen gab es. Wir haben auch die großen Feste des
Jahres gebührend gefeiert, besonders Weihnachten war für mich das Fest
der Feste.

An Weihnachten hatten wir immer einen wunderschön geschmückten
Tannenbaum mit Lametta, kunterbunten Kugeln, unzähligen Schokoladenkringeln und weißen oder roten Kerzen. Es war ein richtiges Fami-
lienfest. Traditionsgemäß gab es am Heiligabend vor der Bescherung
»Karpfen blau«. Gewöhnlich mußten Vater und ich nachmittags den
Fisch mit zwei Stangen Meerrettich beim Fischhändler holen. Dieses
feierliche Essen war mir ziemlich egal, denn wie alle Kinder fieberte ich
natürlich nur der Bescherung entgegen. Das gute Zimmer – das Weihnachtszimmer – blieb schon lange vor dem großen Ereignis verschlossen.

Ich erinnere mich noch genau, wie einmal eine elektrische Eisenbahn vom Weihnachtsmann – wobei es sich hier um Onkel und Tante handelte – aufgebaut wurde. Darüber habe ich mich riesig gefreut, doch etwas anfangen damit konnte ich eigentlich nie. Sie war mir einfach viel zu technisch.

Und sowieso war ich mir damals, im Alter von acht Jahren, sicher, daß ich weder Lokomotivführer noch sonst etwas Vergleichbares werden wollte. Schon damals wollte ich unbedingt etwas mit Mode machen. Und das hatte auch etwas mit Weihnachten zu tun: Denn regelmäßig gab es zum Fest von meinem Onkel, der ein berühmtes Modehaus in Berlin hatte, ein großes »Kleiderpaket«. Meine Mutter erhielt jeweils aus der gerade aktuellen Kollektion einen Mantel, ein Kleid oder ein Kostüm. Leider waren diese Kleidungsstücke für den täglichen Gebrauch in Heide bisweilen jedoch zu ausgefallen. Mutter versuchte sie dann, obwohl es ihr sehr unangenehm war, in Berlin in etwas »Tragbares« umzutauschen. Ich war damit natürlich nie einverstanden. Mir wäre es viel lieber gewesen, wenn alle Nachbarinnen und Freundinnen neidvoll auf Mutters Modellkleid geschaut hätten. Mein sicherer Geschmack war übrigens zu Hause unumstritten. Wurde meiner Mutter von meinem Vater ein neues Kleid genehmigt, so war ich es, der dieses in den drei dafür in Frage kommenden Modegeschäften aussuchen durfte bzw. eine Auswahl meiner Mutter vorlegte.

Ich bekam von diesem Onkel, dessen Patenkind ich war, meist eine graue Flanellhose, ein Hemd oder einen Pullover und einen Kinderblazer. Und ein wunderbarer kamelhaarfarbener Dufflecoat stellte an jenem Heiligen Abend die elektrische Eisenbahn vollends in den Schatten.

Beige, Kamelhaar, sollte ab sofort eine meiner Lieblingsfarben werden, ebenso Flanellgrau, und überhaupt wurde dieser Dufflecoat mein Lieblingskleidungsstück. Bis ich beim besten Willen nicht mehr hineinpaßte, trug ich das Prachtstück. So machte mich der so sehr ge- und berühmte Berliner Chic in frühester Kindheit auf dem Lande »stadtfein«, und jedes Klamottenpaket meines Berliner Modeschöpferonkels brachte mich meinem Berufstraum ein winziges Stückchen näher.

Schon als Knirps beriet ich im elterlichen Geschäft die Kunden: »Wie können Sie nur ein solch häßliches Braun anziehen?!« Meine Familie nahm meine ganze Modeschwärmerei nur mit Verwunderung und Kopfschütteln zur Kenntnis. »Der Junge hat noch viel Zeit«, hieß es, »zuerst einmal wird das Abitur gemacht.« Ob meine Eltern jemals daran geglaubt haben?

Tatsächlich begann nach vier Jahren Grundschule mein schier unendlicher Leidensweg auf dem Gymnasium. Schon das dritte Jahr dort mußte ich wiederholen. Im nachhinein muß ich zugeben, unglaublich faul gewesen zu sein. Die Lehrer gefielen mir nicht. Eigentlich wollte ich überhaupt nicht zur Schule gehen. Ich mußte, also entschied ich mich für stillen Protest: Bei Mathematikarbeiten etwa schrieb ich grundsätzlich nur die Aufgaben ab, dann verließ ich heulend das Klassenzimmer. Tägliche Nachhilfe in Latein und anderen Fächern änderten nichts an meiner Situation in der Schule. Ich blieb wieder sitzen, wurde sogar einmal nachversetzt, weil jahrelange »Einser« in Kunst zwei Fünfen ausgleichen konnten. Schließlich wechselte ich die Schule und mußte täglich mit dem Bus ins 20 Kilometer entfernte Büsum an der Nordsee fahren. Meine schulischen Leistungen blieben davon unbeeindruckt. Ganz im Gegenteil zu meinen Eltern, die irgendwann kapitulierten. Drei Jahre vor dem Abitur beendete ich meine schulische Laufbahn.

Von da an war ich auf mich selbst gestellt. Auf ging es in die große weite Welt – das war für mich Hamburg. Schon zwei Tage später konnte ich meinen Eltern die beruhigende Nachricht per Telefon durchgeben, daß ich eine Lehrstelle als Damenschneider gefunden hatte.

Da war ich gerade achtzehn Jahre alt, und mein langgehegter Modetraum begann sich mit Leben zu erfüllen.

Elvira Bach wurde 1951 in Neuenhain im Taunus geboren. Von 1967 bis 1970 besuchte sie die Staatliche Glasfachschule in Hadamar. Anschließend studierte sie an der Hochschule der Künste in Berlin. Von 1979 bis 1981 arbeitete sie an der Schaubühne am Halleschen Ufer als Requisiteurin, Foyerdame und Souffleuse. Von 1982 an arbeitete sie als Artist in Residence in Altos De Chavon in der Dominikanischen Republik.

In den Jahren 1984 und 1992 wurden ihre Kinder Lamine und Maodo geboren. Seit 1987 verbringt Elvira Bach längere Aufenthalte in Dakar, Senegal. Elvira Bach arbeitet und lebt in Berlin.

Elvira Bach

Temps perdu

Für mich ist die Kindheit unbedingt mit Nostalgie verbunden, denn sie ist *die* schöne Erinnerung par excellence: An sie denken bedeutet für mich, das Glück zu vergegenwärtigen, aber das ist nicht einfach, ja fast unmöglich, denn es ist das Glück einer verlorenen Zeit.

In Berlin, weit entfernt vom Taunusdorf meiner Kindheit, läßt die Distanz manchmal Einzelheiten jener Zeit in großer Nähe und Deutlichkeit vor mir aufleuchten. Und in solchen seltenen Momenten, in denen mich das Glück jener Zeit durchrieselt, sich in mir also plötzlich und unwillkürlich reaktualisiert, so als würde es mir eben gerade widerfahren, erkenne ich, daß dort im unwiederbringlich verlorenen Damals das Reservoir verborgen ist, aus dem ich die Energie meines Lebens und meiner Kunst schöpfe. Einige solcher Aspekte versuche ich wie Puzzlestückchen zusammenzusetzen, um den inneren Gesamteindruck jener Zeit wiederzufinden.

Frühling

Wenn ich mich jener Zeit, die vergangen ist, also bewußt anzunähern versuche, so entsteht sie vor mir aus einer ähnlichen Leere wie der, welche der Winter im Frühjahr hinterläßt, wenn er, von der stärker werdenden Sonne vertrieben, das Feld räumen muß, so daß ganz allmählich das Leben zurückkehren kann, ein grüner Schimmer, einige Schneeglöckchen, Tulpen und Narzissen. Die winterliche Leere, aus der meine Kindheit auftaucht, ist eine doppelte: Es ist die Distanz, die mich als erwachsener Großstadtmensch von der bunten, duftenden Fülle und Unmittelbarkeit, die ich als Kind erlebte, trennt, aber auch das Hineinragen des damals jüngst Vergangenen, des Krieges in die Gegenwart. Als Wiederaufbauzeit, als die Nachkriegszeit der fünfziger Jahre glich diese Kindheit einem Aufatmen, einem unbeschwerten Frühling nach einem langen, harten und bösen Winter, von dem wir nichts wußten, denn nachdem seine Spuren, die Zerstörung des Alten, beseitigt waren, war er nur noch indirekt durch die Einfachheit, Kargheit und Sparsamkeit der Dinge gegenwärtig. Alles war sehr kostbar und bedeutungsvoll, denn von allem war nur die Sache selbst vorhanden, keine Zweit- und Drittausführungen oder endlose Serien und Kopien, und diese war meist erkennbar als solide Handarbeit, so solide, daß diese Gegenstände, Kleidung oder Spielzeug zum Teil heute noch erhalten sind. Diese raren und sinnfälligen Gegenstände, an denen die Arbeitsprozesse noch nachvollziehbar waren, wurden mit Sorgfalt behandelt, so daß die erzieherische Vermittlung von Achtung und Respekt sich fast wie von selbst ergab, während sie mir heute bei meinen Kindern fast unmöglich erscheint. Ostereier, von einer Tante auf dem Spaziergang versteckt, konnten uns noch in echtes Entzücken versetzen, und wenn wir mit Vater am Karfreitag Moos holten, so hatte der Osterhase bis zum Ostermorgen daraus ein Gärtchen mit Haus und Weidenzaun gebastelt.

Mit den ersten Sonnenstrahlen auf dem Balkon wurden die Rollschuhe aus dem Schrank geholt und die Frage gestellt: »Dürfen wir heute die Kniestrümpfe anziehen und die Puppenwagen ausführen?« Der Mai war also wiedergekommen, und jedesmal machte die ganze Familie einen langen Fußmarsch zur »Roten Mühle« oder zum »Rettershof«, Ausflugszielen im blühenden Wiesengrunde.

Elvira Bach (rechts) mit
ihren Eltern und ihrer
Zwillingsschwester
Ingrid 1953 in
Neuenhaim

Elvira (rechts) mit
Ingrid vor den Oster-
nestern sitzend im
Frühjahr 1957

Aber was der Krieg nicht geschafft hatte, zerstörten die Deutschen durch den Wiederaufbau: Die Reste der alten Bausubstanz verschwanden. Unser neuerbautes Haus war das erste, das aus der Enge des Dorfes ausbrach und außerhalb, auf einem Grundstück am Waldesrand, errichtet wurde. Heute steht es inmitten einer endlosen Neubausiedlung.

Meine Schwester

Wenn ich in bezug auf meine Kindheit »wir« sage, dann meine ich zunächst ganz speziell meine Schwester Ingrid, denn wir beide sind, obwohl wir sehr verschieden sind, als Zwillinge geboren. Das gleiche Alter, die gleichen Erfahrungen, die gleiche Kleidung – alle diese Ähnlichkeiten verstärkten nur die Verschiedenheit unserer beiden Persönlichkeiten, die für andere schon bis ins Gegensätzliche reicht, für uns aber nur auseinanderstrebende Gesichtspunkte ein und derselben Grunderfahrung bzw. ein frühes Stadium von Teamarbeit darstellt.

Schlief ich Daumen lutschend und in seliger Ruhe hinten im Kinderwagen, so stand meine Schwester vorne an der Brüstung und hat geschrien, um schon für die nächste gemeinsame Mahlzeit zu sorgen; kurz, Ingrid war und ist sehr lebhaft, engagiert setzte sie sich für unsere Interessen ein, so auch für bestimmte Geschenke, wie Fahrrad oder Rollschuhe, während ich eher still und passiv bin. Daher liebe ich es heute, wo wir ein getrenntes Leben führen, daß meine Kinder soviel Unruhe und Leben in die Bude bringen. Übrigens, mein Name war damals Fränzi, ich weiß eigentlich nicht, warum. Aber es hatte sicherlich etwas damit zu tun, daß ich mich gerne im Tirolerhut der Öffentlichkeit präsentierte.

Auf jeden Fall wirkte sich unser Doppelleben als Intensivierung aus. Wir waren uns die liebsten Freunde und spannendsten Spielgefährten: Leidenschaftlich wurden unsere Puppen an- und ausgezogen und vor allem eingecremt oder gefüttert, etwa mit der gerösteten Grießsuppe, die wir auf einem für uns riesigen Puppenspiritusherd zubereiteten, nachdem wir vorher in unserem Kaufladen alles besorgt hatten. Ebenso favorisierten wir das Indianerspiel, nicht zuletzt, weil wir unsere schicken

Oma Dina (rechts außen), ihre Schwester Elisabeth Best (2. von links) und deren Mann
Fritz, mit einer Nachbarin (ganz links) vor dem Haus in Neuenhaim. Fränzi alias Elvira
Bach mit Tirolerhut, rechts daneben Ingrid

Squaw-Kostüme mit Borden und Perlenstickerei dabei tragen konnten,
aber auch weil es Spaß machte, unsere Opfer, die Nachbarskinder, mit
unreifen Mollebuschbirnen zu bewerfen. Die ärgerliche Unterbrechung
von Mutter, die uns zum Essen rief, fand in der Verabredung – Kommt
um 3 Uhr wieder! – ihr Echo.

Sommer

Die Sonne scheint. Die Wiese ist grün, die Erdbeeren werden rot. Unsere
Schildkröte läuft umher und frißt sich satt, ein plötzliches Hereinbrechen
des Überflusses, eines wahren Schlaraffenlandes von Früchten: Erdbeeren, Kirschen, Himbeeren, Johannisbeeren, Aprikosen, Mirabellen, Pfir-
sichen und Pflaumen. Und es war auch im Juni, während der Erdbeer-
ernte, als mein Vater die Nachricht erhielt, daß nicht nur eine, sondern

zwei Töchter geboren worden waren. Die Erdbeere wurde jedenfalls zu einem meiner Lieblingsmotive, weil sie ein Zeichen ist, in dem sich für mich meine Kindheit verdichtet. In Berlin jedoch kann ich mir eben deswegen keine mehr kaufen, denn es macht einfach keinen Spaß, sie so abgepackt, in kleinen Portionen vor sich zu sehen. Dann muß ich immer an früher denken, wenn wir beim Pflücken geholfen haben, an die Fülle der Früchte und an die vielen Erdbeertorten mit Schlagsahne, die es in der Sommerzeit gab, oder an unser Lieblingsessen: Pfannekuchen mit Erdbeerbrei.

Eines der wenigen Dinge, die wir mit Vater gemacht haben, ein- oder höchstens dreimal, wie toll, einfach toll war das, als wir an drei Sonntagsmorgen durch die flimmernde Hitze der Kornfelder auf dem Hebberich ins Altenhainer Tal wanderten und uns die Geräusche aus dem Schwimmbad immer lauter entgegenkamen – denn es war der Weg ins Schwimmbad, wo wir stolz seinen Schwimmkünsten zusahen, aber schon um zwölf oder halb eins waren wir wieder daheim.

Abends nach dem Abendessen sitzen wir noch auf der Treppe vor dem Haus und halten Ausschau nach den ersten Glühwürmchen. Dann laufen wir erfreut auf die Wiese und schlagen Purzelbäume, oder wir pflücken Gänseblümchen und machen uns Kränze daraus.

Die Eltern

Sie, denen wir unsere Existenz verdanken, standen eher im Hintergrund. Vieles andere war uns näher und wichtiger, denn beide arbeiteten hart, so daß sie wenig Zeit für uns hatten.

Vater war Maurer, denn der Krieg, von dem er so begeistert erzählte, hatte es verhindert, daß er seinen Wunsch und sein Talent, Architekt zu werden, erfüllen konnte. Statt dessen wurde er später irgendwann Leiter der Hausverwaltung der Hoechst AG, sein Talent aber verwirklichte er, indem er ein Haus entwarf und es auch ganz alleine, nur mit der Unterstützung seiner Frau und seines Vaters, aufbaute, es nach und nach, etwa durch Fundstücke von Abrißhäusern, verschönerte und durch Anbauten vergrößerte. Dieses Haus und sein Garten sind insofern das ganz persönliche Lebenswerk meiner Eltern.

Unsere Mutter, voller Energie und Neugierde, litt darunter, nicht mehr von der Welt gesehen zu haben, nicht dieselben Chancen zur Selbständigkeit gehabt zu haben, die sich heute ihren Töchtern eröffnen. Daher neigt sie dazu, aus innerer Unruhe ihre Pflichten als Hausfrau allzu ernst zu nehmen. Dennoch kann ich rückblickend sagen, daß es unsere Eltern waren, denen wir unseren Sinn für Schönheit verdanken, insbesondere der künstlerische Einfluß durch die Familie meines Vaters, dessen Onkel Kunstschmied war und der auch selber zeichnerisches Talent besaß.

Herbst

Bis in den Herbst hinein setzte sich die Obsternte fort, denn nun wurden die Äpfel unter stahlblauem Himmel geschüttelt und aufgesammelt. Der Berg der Säcke wuchs von Tag zu Tag, und wir kletterten darauf herum. Schließlich wurden sie zum Nolle Jean gebracht, und es begann das aufregende Ritual des Äpfelkelterns – wie ich sie liebe, die herbstliche Stimmung in dieser alten Kelterei, die ich vor allem durch ihre schweren und feuchten Gerüche vergegenwärtige. Hier tranken wir den süßen, frisch gepreßten Apfelmost, bevor er sich ein paar Tage später in den prickelnden, »bizzelnden« Rauscher und schließlich in den Äppelwoi verwandelte. Dann gärten Schaumwürste aus den Fässern im Keller, die Vater zuvor vom Küfer, einem Onkel, hatte öffnen, säubern und schwefeln lassen.

Ganz spät im Herbst, als es schon ganz nebelig war und die Blätter fielen, machten wir uns auf, um am Hardtberg die stacheligen Eßkastanien aufzulesen, Relikte der römischen Vergangenheit in dieser Region direkt hinter dem Limes am Südhang des Taunus.

Tante Irene

Zu den Personen, die in unserer Kindheit stärker im Mittelpunkt standen, gehört sie, meine Patentante, die zusammen mit ihrem Bruder den Obsthandel meiner Großeltern übernommen hatte. Für uns war es unheimlich spannend und aufregend, bei den Aktivitäten von Tante Irene dabeizusein. Da waren die Versteigerungen in Kronberg, vor allem aber

die Fahrten zur Großmarkthalle in Frankfurt. Nachdem abends zuvor all
die vielen Früchte abgeliefert worden waren, fuhren wir am nächsten
Morgen um 4 Uhr in der Frühe im vollgeladenen Lkw dem Sonnenauf-
gang entgegen nach Frankfurt, wo uns die Großmarkthalle wie ein
riesiger Bauch verschluckte. Erst um 11 Uhr waren wir dann wieder zu
Hause, aber wir waren jedesmal todunglücklich, wenn wir einmal nicht
mitgenommen wurden, da man uns bei Oma schlafen lassen wollte, so
daß wir nur noch das Motorengeräusch des abfahrenden Lastwagens
hören konnten. Aber wenn sie dann zurückkam, liefen wir ihr entgegen,
sprangen auf den Wagen und bauten uns Wohnungen aus den leeren
Kisten oder versteckten uns in den Gängen zwischen den Kistenstapeln.

Winter

Wie schön war der Heimweg mit Mutti abends von Oma und Tante
Irene zurück nach Hause, denn er führte durch die Dorfstraße. Dort
stand der mit vielen Lichtern geschmückte Weihnachtsbaum auf dem
Dorfplatz, und im Schaufenster der Bäckerei waren Nikoläuse und
Lebkuchen zu bestaunen. Außerdem waren wir ganz aufgeregt über
Omas Geheimnisse im Wohnzimmer, in das wir bis Weihnachten nicht
hineindurften. Morgens lag dann manchmal ein kleiner Lebkuchenstern
auf dem Nachttisch. Wenn ich im Halbdunkel aufwachte, roch ich ihn,
noch bevor ich ihn erkennen konnte. Dann kam der erste Schnee. Mutti
rief uns die Nachricht ins Kinderzimmer, und wenn sie uns wecken kam,
schauten wir zum Fenster raus: Alles war weiß, und es schneite, welche
Freude. Nach der Schule schnallten wir die Ski an, dann ging's ins Feld zu
Schwüngen, Sprüngen, Stürzen und Läufen bis in die Dunkelheit. Be-
rauscht und müde von der kalten Luft, kamen wir nach Hause.
     Unsere Kinderkrankheiten kamen meist im Winter. Im Fieber begann
dann das Tapetenmuster zu leben und in immer neue Muster zu verlau-
fen, auch der Raum bewegte sich, und die Lichter schwebten herum. Auf
dem Nachttisch standen Orangenstücke mit Zucker, und Tante Irene
und Oma kamen zu Besuch, brachten Geschenke mit und lasen uns vor.
Später hörten wir von unten ihre Gespräche mit Mutti und fühlten uns so
geborgen.

Dinas Großfamilie

Der aus meiner heutigen Sicht als alleinerziehender Mutter nur als utopisch zu bezeichnende Anachronismus, den nur wir in unserer Kindheit erfahren durften, war die dörfliche Lebensgemeinschaft einer matriarchalisch strukturierten Großfamilie, denn nach dem Tod unseres Großvaters war Oma Dina das Oberhaupt der Familie, zu der noch ihre Schwester und deren Mann gehörte sowie ihre Tochter Irene, unsere Familie und die ihres Sohnes, insgesamt zwölf Personen oder neun Frauen und drei Männer. Vielleicht litten ihre Kinder unter ihrer resoluten Strenge, aber für uns war sie der Rückhalt, der uns Stärke, Mut und Vertrauen gab. Sie las viel, war modern und aufgeschlossen (so schnitt sie z. B. auch den Nachbarskindern die Zöpfe ab), war eine hervorragende Schneiderin, die uns und unsere Puppen mit der schönsten und aktuellsten Garderobe ausstattete, uns zu Einkäufen in Frankfurt begleitete (um dort die passenden Ballyschuhe zu besorgen) und dazu animierte, uns die Welt anzuschauen. Auch tolerant und großzügig war sie, etwa wenn sie Hausierern nicht nur Meerrettichstangen, Töpfe und Bürsten abkaufte, sondern ihnen, aber auch Bettlern, noch eine Mahlzeit bereitstellte. Ja, gerade auch in der Zeit, als erste Schatten in unsere goldene Kindheit fielen, die der Schule, in die wir viel zu früh eingeschult wurden, blieb sie uns ein Fels der Hoffnung, der uns die Gewißheit gab, daß alle diese Schwierigkeiten uns im Grunde nicht umwerfen können.

Wolfgang Lippert – geboren 1952 in Berlin – begann nach dem Schulabschluß der Mittleren Reife eine Lehre als Kfz-Mechaniker. Nach kurzzeitiger Tätigkeit in diesem Beruf wurde er nacheinander Tourbetreuer eines populären Chors, Fotograf sowie Produktions-assistent bei der TV-Serie »Außenseiter – Spitzenrei-ter«. Später studierte er Gesang an der Musikschule Berlin-Friedrichshain und arbeitete in verschiedenen Bands und mit bekannten Komponisten.

Parallel begann er seine TV-Karriere in der Sendung »Meine erste Show«. Es folgte »He Du«, eine eigene TV-Spielserie für Kinder. 1985 landete er mit seinem Hit »Erna kommt« einen Ohrwurm – und war in allen Radiocharts ostwärts der Elbe auf Platz 1, in sämt-lichen TV-Unterhaltungssendungen zu sehen und in Liveprogrammen auf unzähligen Bühnen unterwegs. Er wurde Gastgeber der TV-Gameshow »Glück muß man haben« und Talkmaster im Berliner Rundfunk. 1988 präsentierte er den »Kessel Buntes« und bekam eine erste Chance als TV-Moderator in West-

deutschland bei Radio Bremen mit der Rate-Show
»Stimmt's?«. 1992 und 1993 moderierte er »Wetten
daß ...?« und ab 1994 »Goldmillion« im ZDF.

Wolfgang Lippert hat einen inzwischen erwachsenen Sohn und eine noch schulpflichtige Tochter. Er
lebt zusammen mit seiner Lebensgefährtin Kirsten
Kühnert und deren Sohn Ole in Berlin-Köpenick.

Wolfgang Lippert

»Mohrchen hat den Aal gefressen«

Klar, hab' ich gesagt, als der Verlag anrief, mach ich. So manches fiel mir auch ein, aber einiges wußte meine Mutter besser. Nach etlichen »Weißt-Du-noch-Telefonaten« haben wir uns doch länger Zeit genommen. Es gab Käsetaschen à la Mutti (mein Lieblingsgebäck seit frühester Kindheit), und dann haben wir meine Geschichte ganz von vorn erzählt.

Es war am Vorabend des 16. Februar 1952. Ich erinnere mich noch ganz genau. Meine Eltern waren schon zu Bett gegangen, und Vater schlief bald ein. Mutter war ein bißchen unruhig und nahm sich noch eine Lektüre vor. Ja, und ich selbst hatte das Warten satt und dachte, es wäre doch Zeit für mich, endlich das Licht der Welt zu erblicken! So machte ich mich – zuerst noch vorsichtig – bemerkbar. Mutter nahm das zur Kenntnis, wartete aber noch, bis ich etwas energischer wurde. Nun schien es ihr doch zweckmäßig, Vater zu wecken.

Anfang der fünfziger Jahre hatten PKWs – insbesondere im Privatbesitz – Seltenheitswert und wer damals schon mobil war, galt als besonders privilegiert. Meine Eltern hatten weder Auto noch Telefon. Es war also gar nicht so einfach, Mutter *und mich* schnell ins Krankenhaus zu bringen. Aber da gab es einen uralten Lieferwagen vom Typ Adler, und der gehörte meinem Opa. Er hatte einen kleinen Handelsbetrieb und wohnte in unserer Nähe. In dieser Nacht waren Opa und sein Adler die Rettung, denn ich drängte schon sehr. Vater lief durch die dunklen Straßen zu ihm, und gegen Mitternacht ging's dann eine halbe Stunde lang im ungeheizten Lieferwagen über die gefrorenen und zum Teil unbefestigten Straßen von Waldesruh am südöstlichen Stadtrand Berlins, wo wir damals wohnten, zum Kaulsdorfer Krankenhaus. Dort im Kreiß-saal angekommen, gab es für mich in der sicheren Obhut einer Heb-amme kein Halten mehr. Genau 1.05 Uhr war's, da moderierte ich meinen ersten Auftritt in der damaligen DDR.

Als ich zur Welt kam, war mein Bruder Klaus schon neun Jahre alt und wünschte sich ein Brüderchen, wogegen meine Eltern sich auch über ein kleines Mädchen sehr gefreut hätten. So kam ich Klaus ganz gelegen, obwohl er später bei so mancher kindlichen Initiative meinerseits seine ursprünglichen Vorstellungen doch nicht so ganz erfüllt sah. Aber all diese Überlegungen taten der großen Freude aller Familienangehörigen überhaupt keinen Abbruch, denn ich war ein gesundes und schon damals äußerst lebhaftes Baby. An einem frühlingshaften Tag kam dann Vater ins Krankenhaus, holte Mutter und mich ab, und ich konnte endlich unser Zuhause kennenlernen.

Wir wohnten in einem kleinen Haus mit einem großen Garten rings-herum. Also Mittagsschlaf im Grünen, und das fand ich erst mal gleich sehr langweilig. Viel Bewegung war mir wichtig, und so kamen unsere alten Nachbarn des öfteren zu Hilfe, weil meine frühen tänzerischen Bewegungsübungen im Kinderwagen das Gefährt immer fast zum Um-kippen brachten. Dabei war es doch nur ein Zeichen meiner unbändigen Lebensfreude! Mutter hatte ihre Tätigkeit in einem Büro aufgegeben, um sich besser um uns Kinder kümmern zu können. Vater war Technologe in einem VEB und Alleinverdiener unserer vierköpfigen Familie. Um das Budget aufzubessern, spielte er häufig mit seiner geliebten Geige – er hat sie noch heute – zum Tanz auf. Als Chef einer zehnköpfigen Werkska-pelle war er sehr oft mit seinen Musikern und Musikerinnen zu den verschiedensten Anlässen im Einsatz. Mutter gehörte früher dazu und konnte Akkordeon, Klavier und Mandoline spielen. Da war es nahelie-

Oben: Wolfgang Lippert mit seinen Eltern an der Ostsee auf Usedom (1963)

Unten: Wolfgang bei seiner Lieblingsbeschäftigung, 1967

gend, daß auch Bruder Klaus Klavierunterricht bekam, sich aber später mehr der Gitarre widmete. Musik war bei unseren Familienfeiern und Freundestreffen immer an der Tagesordnung. Lachen, Singen und Musizieren bestimmen heute meine frühen Kindheitserinnerungen. Und berufliche Intentionen waren schon damals erkennbar: Im Kinderwagen wollte ich immer den Ton angeben und habe durch lautes und ganz begeistertes »Mitkrähen« die Erwachsenen oft aus dem Takt gebracht, sagt Mutter.

Bei der erbärmlichen Versorgungslage in den fünfziger Jahren war die Nutzung eines Gartens ein großes Glück. Mein Vater hatte sechs Stallungen für eine Nutria-Zucht gebaut. Jeder Stall bestand aus einem Schlafraum, einem Freigehege und einem kleinen Wasserbecken, das ja Nutrias unbedingt zum Futterwaschen und zur Fellpflege benötigen. Diese kleinen Vegetarier geben ein tolles Bild ab, wenn sie aufrecht sitzend eine Mohrrübe zwischen den Vorderpfoten genüßlich verzehren. Ein Zeremoniell, was mich jedesmal fasziniert haben muß – ich werde es nie vergessen. Alle sechs Wochen wurden die Tiere amtlich gezählt, denn es war Pflicht, alle Felle abzuliefern. Das Entgelt dafür richtete sich natürlich nach der Qualität der Tiere. Insbesondere im Winter war die Beschaffung von Futtervorräten ziemlich schwierig, und so gaben meine Eltern die kleine Nutriazucht wieder auf. Unkomplizierter war es dagegen mit unserer Hühnerhaltung, die Mutters Speiseplan immer vorzüglich bereicherte.

Später zogen wir in ein größeres Haus, und wir Jungens bekamen jeder ein eigenes Zimmer. Außer den vielen Obstbäumen gab es dort im Garten auch eine tolle Schaukel und eine große Buddelkiste. Für letztere war mein Bruder schon zu groß, und ich verteidigte mein Revier. Nur auserwählte Freunde durften mitbuddeln oder schaukeln. So gab es des öfteren »territoriale Auseinandersetzungen« mit Nachbarskindern, die ich aber immer zu einem freundlichen Abschluß brachte, denn schon damals war mir nichts unangenehmer als ein langwieriger Streit.

Ganz im Gegensatz zur damaligen politischen Situation rings um uns, wovon wir Kinder in Waldesruh praktisch nichts mitbekamen. Überhaupt merkten wir kaum etwas von all den unangenehmen Dingen, die es im täglichen Leben gab. So konnte man ja die meisten Lebensmittel noch immer nur *auf Karten* kaufen. Schlecht bestellt war es auch um

Heizmaterial, das war noch lange kontingiert. Im Wohnzimmer um den Kachelofen herum hatten wir es meistens gemütlich warm, in der Küche froren aber oft die Kartoffeln an.

Eines Tages wurde Waldesruh vom Ostteil Berlins »getrennt«, obwohl es dem Ansehen und der Bebauung nach nahtlos ineinander überging und beides zum DDR-Territorium gehörte. Aber verwaltungsmäßig war es nicht mehr Großberliner Gebiet. Bei einer Einwohnerversammlung wurde von den SED-Kommunalpolitikern erklärt, daß man dem »Klassenfeind« die Wege versperren müsse. Dann wurden Schlagbäume an der Stadtrandgrenze errichtet und tiefe Gräben ausgehoben. Längere Zeit war jedes Passieren dort verboten und so gut wie unmöglich. Später gab es Wachhäuschen mit deutschen und russischen Grenzposten, wo Ausweise und Taschen kontrolliert wurden. Wenn jemand mal in Westberlin gewesen war und Westprodukte – egal, ob geschenkt oder gekauft – bei sich trug, wurden diese beschlagnahmt.

Vater fuhr vor dieser unsinnigen Grenze fünfzehn Minuten mit dem Fahrrad durch den Wald zur Arbeit. Nun hatte er mit Bus, S-Bahn, Straßenbahn und längerem Fußmarsch einen riesigen Umweg zu machen und brauchte die sechsfache Zeit – also anderthalb Stunden – dafür. Es ärgerte ihn täglich so sehr, daß die Eltern beschlossen, nach Berlin überzusiedeln. Das war damals ein schwieriges Unterfangen, denn man mußte »Kopftauschpartner« haben bzw. finden, die von Berlin nach Waldesruh ziehen wollten. Da wir aber ein so schönes Domizil im Grünen zum Tausch anzubieten hatten, war dieses Problem zu bewältigen. Schwieriger war es, in Berlin ein passendes Grundstück zu finden, denn das waren immer schon sehr begehrte Objekte. Meine Eltern fanden dann doch eines, ganz in unserer Nähe. Und weil das Haus in einem sehr schlechten Zustand war, nannten wir es »Hexenhaus«. Nun waren Tatkraft, Erfindungsgeist und Selbsthilfe für meine Eltern angesagt. In der Praxis hieß das, bei einem der seltenen Baugeschäfte anzustehen, um eventuell Mauersteine oder ein paar Säcke Zement oder noch kostbarere Sachen wie eine Badewanne oder ein paar Rollen Tapete zu ergattern. Die Warterei in den langen Schlangen war für mich sehr langweilig und oft genug standen wir umsonst ...

Wir bauten an und um und aus und freuten uns alle, wenn wieder etwas vom »Hexenhaus« verschönert war. Ich hatte eine kleine Spielzeugkarre bekommen, in die immerhin zwei Steine paßten, und war ganz stolz mitzuhelfen. Auch hier hatten die Eltern einen Gemüsegarten und einige Hühner. Und eine schwarze Katze namens Mohrchen besaßen wir auch. Unser Fischhändler war mit seinem Angebot damals auch auf die Ausbeute eines privaten Köpenicker Anglers angewiesen, und der lieferte ihm eines Tages einige eigentlich zu kleine Räucheraale. Mutter hatte Glück und bekam vier Stück; pro Familienmitglied also einen. Daß dann jeder letztlich nur einen halben bekommen konnte, hatten wir Mohrchen zu verdanken. Die Aale lagen nämlich in der Ofenröhre, die der Mutter im Sommer als Kühlschrankersatz diente. Vor dem Ofen stand eine Bank, und von dort aus konnte sich Mohrchen auf die Hinterbeine stellen, um die Tür zu öffnen.

Neben unserem Garten war der Spielplatz des Mahlsdorfer Kindergartens. Da hätte ich gerne mal mitgespielt, aber ich war damals sehr schüchtern und ließ mich auch von der Mutter nicht überreden, *ohne* sie dort mitzumachen. So war es auch, als ich dann in die Schule kam, die nur hundert Meter von unserem Grundstück entfernt lag. Wenn die Lehrerin uns Kinder vom Schulhof in die Klasse führte, lief ich entgegengesetzt wieder hinter Mutter her. Die Lehrerin fragte gleich am ersten Schultag, wer von uns denn zu den Pionieren wolle? *(Ulbrichts sowjetischer Import einer Kinder- und Jugendorganisation!)* Alle Kinder meldeten sich, nur ich nicht. So richtig wußte ich auch nicht, was ein Pionier sein sollte, denn mein großer Bruder war keiner und meine Eltern hatten damit wenig »am Hut«, die schickten mich traditionell zur Christenlehre. Auf die Frage der Lehrerin antwortete ich dann, daß ich ja Polizist werden wolle, worauf die ganze Klasse lachen mußte.

Solcherlei Späße habe ich während meiner ganzen Schulzeit beibehalten und zu *den Pionieren* kam ich erst viel später, als Wehrpflichtiger innerhalb meiner Armeezeit. Polizist wollte ich übrigens auch nie werden – statt dessen aber Autoschlosser. Das war wirklich mein Traumberuf. Als Vater das erste Moped erwarb, versuchte ich immer wieder mit kleinen »technischen Eingriffen« das Geheimnis der mechanischen Fortbewegung zu ergründen. Seit dieser Zeit faszinieren mich Motoren.

In der Schule trieb ich nicht nur meine Späße, ich hatte auch »Hummeln im Hintern«, war also immer unterwegs und konnte einfach nicht still sitzen. Dafür gab's jede Menge Ermahnungen. In den ersten vier

Schuljahren hatten wir ein sehr nervöses Fräulein Lehrerin, der meine Lebhaftigkeit ungeheuer mißfiel. Doch dann bekam unsere Klasse eine junge Lehrerin frisch von der Uni – mit viel Begeisterung und Liebe zum Beruf. Aber davon profitierte nicht nur ich, sondern die gesamte Klasse.

An dem damals noch hausaufgabenfreien Mittwoch machte Fräulein Brunzel mit uns häufig Wanderungen oder Radtouren. Ein herzkrankes Mädchen in unserer Klasse, das sehr schwach war, konnte nur mitfahren, wenn es im Rollstuhl geschoben wurde. Selbstverständlich waren wir Jungen da Kavaliere und halfen unserer Mitschülerin. Eines Tages aber erlag sie ihrer schweren Erkrankung. Wir liefen alle verstört hinter ihrem kleinen Sarg her. Ich habe sehr geweint und kann heute noch unsere damalige Traurigkeit nachempfinden. Immerhin war es die erste Beerdigung, die ich miterlebte, und meine allererste Konfrontation mit dem Tod.

Fräulein Brunzel unternahm auch Ferienreisen mit uns. So waren wir einmal an der Ostsee und ein anderes Mal in Thüringen. Dort schliefen wir in einer großen Schulaula in für uns aufgestellten Doppelstockbetten, Jungen und Mädchen in einem Raum. Daß es gelang, uns Zwölfjährige »im Zaum« zu halten, war dem Erzähltalent unserer Lehrerin zu verdanken: Sie setzte sich allabendlich zu uns und erzählte einen Krimi. Das machte sie ungeheuer spannend. Sie sprach dabei sehr leise und dadurch zwang sie uns zur Ruhe. Alles lauschte, aber das Ende der Geschichte bekamen die meisten von uns nicht mehr mit. Wir waren längst eingeschlafen.

Auch meine Eltern reisten mit uns, so gut das damals möglich war. Die erste Reise ging nach Koserow an der Ostsee. Solche Urlaubsorte waren zumeist vom FDGB, der ostdeutschen Einheitsgewerkschaft, aufgeteilt – private Beherbergungen waren rar. Und oft gab es mindestens zehn Anwärter auf einen Urlaubsplatz. Damals war Vater besonders erfreut, als er eine Reise zugeteilt bekam. Für mich als Sechsjährigen war das Meer ein Riesenerlebnis! Mein Bruder hat dort seine Liebe zum großen Wasser entdeckt und fuhr von dieser Zeit an jedes Jahr in den Sommerferien mit seinen Freunden per Fahrrad zum Zelten auf die Insel Usedom. Meine Eltern zelteten später dort noch einige Male mit mir, denn es war wie gesagt kaum möglich, privat in Ferienhäusern oder Hotels unterzukommen.

Irgendwann hatten wir dann zwei Mopeds und machten damit Urlaubsfahrten. Ich saß auf dem Sozius beim Vater. Besonders gern waren wir in der herrlichen Umgebung von Berlin, wie in der Märkischen Schweiz, aber auch bis Thüringen fuhren wir einmal mit unseren Mopeds. Während dieses Urlaubs – übrigens auch eine Reise vom FDGB – hörten wir morgens im Frühstücksraum wie immer Nachrichten des ostdeutschen Rundfunks. Am Sonntag, dem 13. August, war dann plötzlich von der Errichtung eines »Antifaschistischen Schutzwalls« die Rede, und ich verstand die entsetzten und empörten Urlauber ringsum nicht. Niemand frühstückte zu Ende, alle diskutierten aufgebracht über *den Mauerbau.* Erst als meine Eltern mir dieses komplizierte politische Ereignis erklärten, begriff ich so langsam, was geschehen war.

Ich selbst hatte gerade noch eine Woche zuvor in einem Westberliner Krankenhaus zu einer notwendigen Untersuchung gelegen. Schwestern und Ärzte waren dort besonders nett gewesen und verwöhnten mich mit allerlei leckeren Sachen, die ich bis dahin kaum kannte. Die Eltern waren auch täglich aus Ostberlin zu Besuch gekommen. Jetzt war all das nicht mehr möglich, und wir hörten auch, wie schwierig es war, in ähnlichen Fällen Menschen wieder nach Hause zu holen. Durch meinen Krankenhausaufenthalt hatte ich so als Kind schon eine Vorstellung davon, wie schicksalhaft dieser Mauerbau für das Leben vieler Menschen war. Auch wir Kinder konnten unsere Westberliner Verwandten nicht mehr sehen, was für die älteren unter uns besonders schmerzlich war. Als Onkel und Tante starben, durften meine Eltern auch nicht zur Beisetzung. Nicht einmal telefonieren war möglich, und Briefe brauchten Wochen oder gingen ganz und gar verloren. Als wir uns 1962 unseren ersten Fernseher anschaffen konnten, hatten wir dann zumindest die Möglichkeit, Westberlin auf dem Bildschirm wiederzusehen. Meine Eltern haben sich an diesen unnatürlichen Spaltungszustand in Deutschland nie gewöhnen können und doch mußten sie damit leben. Spätestens als mein großer Bruder innerhalb der nach dem Mauerbau eingeführten Wehrpflicht zur Nationalen Volksarmee eingezogen wurde, um das »Vaterland« gegen den »Klassenfeind« zu verteidigen, mußten auch Mutter und Vater sich mit der existierenden Situation arrangieren.

In bezug auf Fahrzeuge gab es in unserer Familie eine gesunde Entwicklung. Da waren zuerst die Fahrräder. Klaus hatte ein ganz besonderes zusammengebaut, und ich mußte es natürlich einmal verbotenerweise benutzen. Das blieb aber leider kein Geheimnis, weil ich nämlich damit stürzte und einiges dabei zu Bruch ging. Es gab mächtig Ärger! Nach den vielen Touren mit den Fahrrädern kam die Zeit der Mopeds. Da konnten wir die Ziele weiter stecken. Und irgendwann war dann der erste Trabi da. Endlich einen Automotor aus nächster Nähe betrachten – ich war selig! Mein Vater mußte viel Geduld aufbringen, um bei ständig geöffneter Motorhaube meinen Wissensdurst zu stillen. Eigentlich hatten meine Eltern sich vorgestellt, daß ich Rechtsanwalt werden sollte, weil ich besonders gut reden und diskutieren konnte. Allmählich ließen sie sich aber doch davon überzeugen, daß sie meinen Berufswunsch Autoschlosser wohl akzeptieren mußten.

Mutter arbeitete in dieser Zeit als Sekretärin bei einem Notar, in dessen Praxis sie einmal einen Kfz-Meister kennenlernte, den sie dann fragte, ob er in ein paar Jahren – ich mußte ja noch zur Schule gehen – einen Lehrling gebrauchen könnte. Mit seiner Zusage war für meine Eltern ein großes Problem gelöst, denn Lehrstellen in dieser Branche waren mehr als begehrt.

Meine Mutter meint, daß ich schon als Knirps »sozial« veranlagt war. Wenn ich im Garten spielte, konnte sie mich vom Fenster aus beobachten. Eines Tages sah sie mich am Gartenzaun stehen und gegenüber auf der Straßenseite eine ganze Schar von Kindern. Die waren offensichtlich gerade aus der Schule gekommen. Warum blieben sie dann aber alle bei mir stehen? Noch dachte sich Mutter weiter nichts dabei, als ich dann aber einige Male in den hinteren Teil des Gartens lief und bald darauf wieder zu den Kindern zurückkam, schaute sie dann doch einmal nach. Was mußte sie sehen?! Ich trug, wie das in meinen Kinderjahren noch üblich war, eine Schürze mit einer aufgenähten großen Tasche vorn. Aus dieser Tasche verteilte ich Tomaten und holte eifrig Nachschub von Mutters prächtig wachsenden Stauden. Das war eine Delikatesse für uns Kinder, denn im Handel gab es Tomaten nur sehr selten zu kaufen. Böse über meine Freigiebigkeit war meine Mutter aber trotzdem nicht, und mit einem weinenden und einem lachenden Auge freute sie sich sogar ein bißchen, daß ich Spaß am Teilen und Verschenken hatte.

Daß Wertbegriffe von Kindern andere als die der Erwachsenen sind, ist bekannt. So hatte ich im Garten ein paar kleine und für mich besondere

Steine gefunden, die ich wie einen Schatz behandelte. Aus Märchen wußte ich, dafür braucht man ein Versteck! Wir hatten einen Hausboden, der nur von außen über eine lange Leiter erreichbar war. Genau der richtige Platz für meinen Schatz. Mein Freund Thomas hielt unten Wache, während ich mit meinen Steinen hochkletterte. Doch da geschah es: Ich verfehlte die oberste Sprosse und stürzte kopfüber auf den harten Plattenweg. Weil ich weder gleich wieder aufsprang noch ein bißchen weinte, begriff Thomas sofort, daß ich bewußtlos war. Er rannte schreiend ins Haus und holte meine Mutter. Die hatte schreckliche Angst um mich, denn meine Stirn war mächtig angeschwollen, etwas aufgeplatzt, ich blutete und gab kein Lebenszeichen von mir. Mein Bruder holte sofort einen Arzt, der Gehirnerschütterung und Armbruch diagnostizierte. Mein Heilungsprozeß ging danach allerdings schneller als erwartet vonstatten, und das Positive an diesem Vorfall, was mir in Erinnerung geblieben ist, waren etliche schulfreie Tage zu Hause, wo ich mich natürlich von Mutter sehr verwöhnen ließ.

Ich ging gern zur Schule, aber am liebsten, wenn wir uns lustige Streiche ausdachten. Einmal beschlossen wir, unsere Lehrerin auf besondere Art zu überraschen: Ich stellte mich in der Pause in den Klassenschrank, um dann während des Unterrichtes plötzlich mit Gepolter herauszukommen. Ich hatte aber nicht damit gerechnet, daß unsere junge und schlaue Lehrerin die Sache sofort durchschaute; mein leerer Sitzplatz, das Kichern der Mitschüler und die mehr oder weniger verstohlenen Blicke auf den besagten Schrank. Schmunzelnd schloß sie zu meinem großen Erschrecken den Schrank von außen ab, tat so, als wäre nichts gewesen und gab ganz normal Unterricht. So mußte ich eine ganze Schulstunde in einer äußerst unbequemen Haltung aushalten. Die Blöße, mich bemerkbar zu machen, um mein selbstgewähltes »Gefängnis« verlassen zu können, wollte ich mir nicht geben!

Irgendwann hatte ich gehört, daß die Zucht von weißen Mäusen eine sehr witzige Angelegenheit sei. Man könne darüber hinaus die Tierchen später wieder verkaufen, also mit den Mäusen »Mäuse machen«. Meine Tierliebe, gepaart mit dem Gedanken an eine Taschengeldaufbesserung, ließ mir die Idee in einem sehr verlockenden Licht erscheinen. Um mein monatliches Guthaben war es nämlich nicht besonders bestellt. Meine Eltern waren der Meinung, daß ich, um der gerechten Verteilung willen, auch nur das bekommen sollte, was mein Bruder in meinem Alter einige Jahre zuvor bekommen hatte. Inzwischen hatte aber das Preis-Verdienst-Niveau in Ostdeutschland den Geldwert negativ beeinflußt, die Mark war weniger wert, aber meine »Bedürfnisse« stiegen unaufhörlich. Also ran an die Mäuse! Ich baute aus gebrauchten Besteckkästen und Fenstergaze kleine Mäuseappartements, in denen nun die Aufzucht stattfinden sollte. Ein paar Tiere bekam ich geschenkt, und Küchenabfälle zum Füttern hatte ich auch genug. Mit den kleinen scharfen Nagezähnen der Mäuse hatte ich allerdings nicht gerechnet. Sie fraßen Löcher in ihre Appartements und verteilten sich in unserem Geräteschuppen. Dort flitzten alsbald jede Menge weiße und auch graue Mäuse herum, die sich anscheinend sehr gut leiden konnten. So war der Schuppen in Windeseile mit Nestern überfüllt, in denen winzige rosa Mäuschen lagen. Fazit: Mein Taschengeld konnte ich nicht aufbessern, denn niemand wollte die Mäuse kaufen, und wir hatten eine Mäuseplage auf dem Grundstück, die selbst Mohrchen kaum lösen konnte, denn die Mäuse vermehrten sich schneller, als sie gefressen werden konnten!

Meine Tierliebe nahm aber deshalb keinen Schaden. An einem nahegelegenen See fing ich zur Sommerzeit viele Kaulquappen und nahm sie mit nach Hause. In unserem Garten stand eine große Wanne, die als Regenwasserbehältnis diente. Da kam mein Fang immer hinein, und es machte mir ungeheuren Spaß, das Gewimmel zu beobachten. Als ich einige Tage später wieder nach meinen Kaulquappen sehen wollte, waren sie zu meinem großen Entsetzen alle verschwunden. Dafür hüpften aber jede Menge Frösche um die Wanne herum. Mit der Erklärung dieses biologischen Phänomens durch meinen Vater begann ich damals übrigens erstmals an der Klapperstorchtheorie zu zweifeln.

Mein Vater machte mir auch manches andere klar. Einmal ging es um ein Luftdruckgewehr, das ich mir gewünscht hatte, weil irgendein Freund so etwas besaß. Vater, der als junger Mann in den Krieg ziehen mußte und in all den Jahren immer an vorderster Front schreckliche Erlebnisse hatte, erzählte mir dann etwas von Tod und Mord. Ich verzichtete auf das Gewehr und habe bis heute eine Abneigung gegen Waffen.

In unserem Hause wohnte kurze Zeit eine Familie mit einem kleinen Sohn. Christian war ein lieber Junge mit einem großen Appetit. Als ich wieder einmal unseren Hühnern das Weichfutter in die Volière brachte, nahm ich Christian mit. Das Futter muß wohl sehr appetitlich gerochen oder ausgesehen haben, denn Klein-Christian hockte sich kurzentschlossen zwischen die Hühner vor den Futternapf und langte auch mit zu. Es muß ihm wohl sehr geschmeckt haben. Ich konnte ihn nur zurückhalten, als ich ihm kurzerhand erklärte, daß er nach dem Verzehr ein Huhn werden würde!

Mit dem Appetit hat man sowieso als Kind des öfteren größere Probleme. Meist hat man ihn gerade auf Sachen, die einem nicht gehören oder sonstwie unerreichbar scheinen. So ging es auch uns beiden unzertrennlichen Freunden, Thomas und mir. Wir hatten einige hundert Meter entfernt von unserem Zuhause eines Tages im Juli einen großen Baum entdeckt, an dem viele riesengroße Süßkirschen hingen. Aber leider stand dieser Baum nicht auf der Straße, sondern in einem Garten hinter einem Zaun. Also schmiedeten wir beide einen Plan: Wenn es dunkel ist und die Eltern schlafen, würden wir uns treffen, um heimlich ein bißchen zu ernten. Mit der gegenseitigen Verständigung war es aber nicht so einfach. Sie mußte doch möglichst lautlos sein. So dachten wir uns etwas aus: Ich band mir, als ich mich ins Bett legte, einen dünnen Faden um den großen Zeh und hängte das andere Ende aus dem Fenster. Eingeschlafen war ich schon, als Thomas dann an dem Faden zog. Schlaftrunken kleidete ich mich wieder an und leise, ganz leise machten wir uns auf den Weg. Gespenstisch dunkel war es auf der Straße, doch bald gelangten wir an den betreffenden Garten. Aus vorsätzlichen wurden so verhinderte Diebe, denn wir hatten nicht berücksichtigt, daß unmittelbar neben dem Kirschbaum eine Straßenlaterne stand und die gesamte Umgebung in helles Licht tauchte! Das überforderte unseren Mut und verschlug uns den Appetit. Mit einem Gemisch von Traurigkeit und Erleichterung schlichen wir in unsere Betten zurück. Ich gebe aber zu, daß wir zu anderen Gelegenheiten noch des öfteren Kirschen geklaut haben, denn die gab es bis zum Ende der DDR nur sehr selten und meistens überhaupt nicht zu kaufen.

Meine große Leidenschaft war schon in früher Jugend der Wassersport, wohl auch, weil ich in dieser Beziehung meinem großen Bruder nacheiferte. Der hatte, bevor er – bedingt durch seine besonders guten Zeugnisse – einen Studienplatz bekam, eine Lehre als Bootsbauer abgeschlossen und sich während dieser Zeit ein Segelboot selbst gebaut. Das

Sperrholz dafür schenkte ihm unsere Westberliner Verwandtschaft in überdimensionalen Paketsendungen. Das Geld dazu hätten die Eltern bei den horrenden Umtauschkursen auch nicht aufbringen können und beim volkseigenen Ostberliner Holzhandel gab's nichts dergleichen. Dafür baute Vater aber meinem Bruder die »Bootswerft«; einen großen Schuppen aus alten Brettern und Fenstern. Platz hatten wir schließlich genug auf unserem Grundstück. In fleißiger Arbeit und mit viel Geduld und Zeit entstand dann ein wunderschönes und voll gebrauchsfähiges Segelboot. Ich war begeistert, aber damals leider noch zu klein für diesen Sport.

Einige Jahre später konnte ich dann Mitglied in einem Segelclub werden. Das war für mich eine tolle Sache. Im Rahmen von vormilitärischen Ausbildungsaspekten wurden sportliche Ertüchtigungen jeder Art von den DDR-Oberen sehr gefördert. Auch eine Seglerausbildung wurde so der Jugend beinahe kostenlos geboten. Über solche Zusammenhänge dachten wir aber damals nicht nach. Ich machte ohne finanzielle Probleme mit sechzehn eine Prüfung, erhielt ohne bürokratische Formalitäten meinen Segelschein und konnte ohne langwierigen Bau eines eigenen Segelkahnes die Sportclubboote nutzen. Und als ich Autoschlosser wurde, kam meine Freundin natürlich auch mit segeln. Aber das ist dann schon eine andere Geschichte; die Geschichte vom Erwachsensein!

Epilog

Heute habe ich ein eigenes Motorboot, auf das ich mich so oft wie möglich zurückziehe. Hier fallen mir auch die meisten Episoden aus meiner Kindheit ein. Große und kleine Erlebnisse, die mich geprägt haben. Ich weiß, daß ich eine sehr glückliche Kindheit hatte und daß das nichts mit materiellen Dingen zu tun hat, wie man in unserer schnellebigen und kalter werdenden Zeit immer öfter zu glauben meint. Liebe, Geduld, Verständnis und Zuneigung sind unbedingt notwendige Zutaten, und die wird man niemals kaufen können. Meine Eltern haben mir das alles gegeben und dafür bin ich ihnen sehr dankbar.

Andreas Lukoschik, vielen besser bekannt als »Leo«
aus der gleichnamigen ARD-Fernsehsendung, wurde
1953 im östlichen Nordrhein-Westfalen geboren.
Nach dem Abitur hat er Psychologie und Biologie in
Zürich und Konstanz studiert.

1976 hat er mit dem Diplom abgeschlossen, um
sich dann dem Journalismus und Bücherschreiben zu
widmen. Nach der magischen Zahl von sieben Büchern hat er die Veröffentlichungen eingestellt. Während dieser Zeit wurde er mit achtzig Fernsehsendun-
gen einem Millionenpublikum als »Leo« bekannt.

1992 zog sich Andreas Lukoschik auf eigenen
Wunsch vom Bildschirm zurück, wurde Unterhal-
tungschef bei Vox und arbeitet zur Zeit mit seiner
Agentur CPA in Wiesbaden an Kommunikationspro-
jekten und Vermarktungsstrategien für TV Celebrities
und internationale Markenprodukte. Eine besondere
Herzensangelegenheit ist ihm die Vorstandstätigkeit
bei »Children for a better world«.

Andreas Lukoschik

Im Pandämonium skurriler Zeitgenossen

Wenn ich mich an die Zeit »bei uns zu Hause« erinnere, dann denke ich zurück an die fünfziger und sechziger Jahre in einer kleinen Kurstadt im östlichen Nordrhein-Westfalen. Das hört sich nicht nur idyllisch an. Es war's auch. Natürlich kam mir das damals nicht so vor, sondern erscheint mir erst jetzt im nachhinein so. Aber es war eine ungeheuer intensive Idylle. Denn als Kind erlebt man an einem einzigen Nachmittag sehr viel mehr Bewegendes als heute in einem ganzen Monat. Nicht, daß es heute langweilig wäre. Weit gefehlt. Aber damals gab es noch nicht den Begriff »Terminkalender«. Nichts war geplant. Alles fand einfach statt. Und immer ging es um alles: Es war die Zeit der Entdeckungen.

Wir lebten damals in einem herrlichen Altbau. Unten war die Drogerie meines Vaters, und oben wohnten wir, also meine Familie und ich. »Meine Familie«, das war mein von mir sehr geachteter Vater, meine geliebte Mutter, meine ältere Schwester, zu der meine Gefühle je nach Streit- respektive Friedensgrad zwischen großer Zuneigung und Wut schwankten, und eine altersmäßig für mich damals undefinierbare Großtante. Die Wohnung bestand aus sieben sehr geräumigen Zimmern.

Heute nennt man so etwas Luxus, aber damals war der Raum noch nicht
so knapp. Oder die Mieten noch nicht so hoch. Wie man will. Auf jeden
Fall hatten wir viel Platz. Es gab in unserer Wohnung sogar Zimmer ohne
rechte Funktion. Die waren einfach nur so da. Man stelle sich das vor.
Wie »zwecklos«: Raum ohne Funktion. Einer hatte beispielsweise keine
Fenster und war schlecht beleuchtet. Er war für uns Kinder das »schwarze Zimmer«, in dem nur ein paar alte Schränke standen. Ein herrliches
Versteck. Für mich selbst. Aber auch wenn ich etwas vor meinen Eltern
zu verstecken hatte.

Ein anderer Raum war früher das Zimmer des Hausmädchens oder
eines anderen Bediensteten gewesen. Es war klein, abgeschrägt, verwin-
kelt – und voller ungebrauchter Möbel, Schränke, Truhen. Kurz: Es gab
alles, was ein Kinderherz braucht, um in seine Phantasiewelt abzutau-
chen. (Ein ähnlich spannendes Zimmer entdeckte ich übrigens unlängst
bei einem Besuch in Schottland in einem alten Herrenhaus. Augenblick-
lich war ich wieder acht Jahre alt und verbrachte einen ganzen Nachmittag in diesem Zimmer – und in meiner Kindheit.)

Dieses Zimmer war mein Reich. Hier erlebte ich ganze Nachmittage
vollkommen losgelöst von der Wirklichkeit in meinen Träumen. Ich
baute (als technisch vollkommen desinteressierter Knabe) eine von einem
Patenonkel höchst perfektionistisch ertüftelte elektrische Eisenbahn kurzerhand zur »Bude« um, und durchlebte unter der Platte im Gewirr der
Kabel und Drähte – die eigentlich dem komplizierten Schaltplan folgen
sollten – die aufregendsten Höhlenabenteuer. In diesem Reich versteckte
ich alles, was mir sammelnswert erschien (und das war zum Leidwesen
meiner Mutter eine Menge). An der Tür zu meinem Reich hängte ich ein
Schild auf: »Eintritt verboten!« – für alle Familienmitglieder. Es hielt sich
damals zwar keiner dran, aber ich hatte zum ersten Mal so etwas wie eine
Duftmarke gesetzt. Und das erfüllte mich mit dem Stolz eines jungen
Hundes, der zum ersten Mal sein Revier abgesteckt hat.

Im Keller unseres Hauses hatte ich ein weiteres Paradies aufgetan: Es
war der Kartonkeller der Drogerie, vor dem ebenfalls ein Schild hing
»Eintritt verboten!« – für mich. Denn in diesem Keller bewahrte mein
Vater alle Kartons auf, in denen vom Großhändler die Drogeriewaren an-
geliefert wurden, um sie ihm zur Weiterverwendung später wieder zu-
rückzugeben. Damals »recycelte« man nicht, man war einfach sparsam.

Andreas Lukoschik mit seiner Mutter und Schwester beim Plätzchenbacken (1958)

Nun fand ich diese Kartonansammlung aber außerordentlich interessant, weil sie eine ganz vortreffliche Unterlage war, wenn ich in meiner Phantasie »von Indianern angeschossen aus schwindelerregenden Höhen irgendwelcher Felsen um den Silbersee abstürzte« – und weich in der Wirklichkeit landen wollte. Und so stürzte ich von den unterschiedlichsten Bösewichten getroffen aus den unterschiedlichsten Gebirgen – immer auf dieselben Kartons. Am Ende eines solchen bleihaltigen und anstrengenden Nachmittags war ich erschöpft, die Mehrzahl der Kartons platt – und mein Vater auf 180. Dem Schild »Eintritt verboten« wurde schließlich durch flankierende pädagogische Maßnahmen die notwendige und letztgültige Effizienz verschafft, woraufhin ich mich auf weniger spektakuläre Abstürze in meiner Spielwelt verlegte. (Und immer noch hinreißende Abenteuer erlebte.)

Später, im zarten Alter von zwölf Jahren, suchte ich übrigens diesen phantasiemäßig hochbesetzten Kartonkeller erneut auf. Allerdings nicht um ereignisreiche Abenteuer abzufedern, sondern um lauten Tönen die notwendige Dämpfung zu verpassen. Ich hatte mir nämlich in den Kopf gesetzt, es einem Freund gleichzutun und mit ihm gemeinsam im Schulorchester die Trompete zu spielen. Vorher war es natürlich erforderlich, erst einmal diese blechbläserne Kunst zu erlernen, was naturgemäß mit emsigem Üben der Tonleitern verbunden ist. Und genau das tat ich denn just in diesem Kartonkeller. Zu meiner großen Verwunderung erschien mein ansonsten ausgesprochen langmütiger Vater rasch und zügig an meinem »geheimen« Wirkungsort, um meine Übungssitzungen mit sofortiger Wirkung zu unterbinden. Er hatte – wie die Kunden in der Drogerie – nämlich das grauenvolle Getröte dank der Heizungsrohranlage gut und deutlich im Laden vernehmen können.

Es muß an der Wahl des nächsten Übungsortes für meine Blechblasambitionen gelegen haben, daß meine Karriere als Mitglied des schulischen Trompetenensembles bereits in den Anfängen der Übungsphase scheiterte. Weil ich die nicht nur falschen, sondern vor allen Dingen falschen *und* lauten Töne als empfindsames Wesen nicht ertragen konnte, zog ich es vor, die nächsten Tonleitern aus dem Fenster des Dachbodens herauszutröten. So reduzierte sich die Belastung meines Trommelfells beträchtlich. Es erübrigt sich zu erwähnen, daß diese keinesfalls intimen Tonübungen dank nachbarlicher Intervention ein relativ schnelles Ende fanden ...

Um meine – nach eigener Einschätzung recht ausgeprägten – »musischen« Begabungen sozial verträglicher auszubilden, verlegte ich mein Interesse anschließend von der niederen Produktionsebene in die gehobene Führungsetage: ich wollte keine Töne mehr erzeugen, ich wollte sie dirigieren. Als Objekt, an dem ich diese bedeutsamen Fähigkeiten erlernen wollte, erschien mir Beethovens »Schicksalsymphonie« nicht nur musikalisch hinreichend eingängig (»Tatatataaa!«), sondern auch thematisch meiner Situation voll entsprechend. Merke: Große Künstler (von Mozart mal abgesehen) wurden schon immer in ihren Anfangsjahren von der Welt verkannt! Meine ältere Schwester hatte Beethovens Fünfte in einem Schallplattenring günstig erworben, und so hatte ich Zugang zu diesem Meisterwerk. Also legte ich es auf den Plattenteller – und dirigierte drauflos. Vor dem Plattenspieler. Nun ja, das hat zumindest niemanden gestört und mich in die Lage versetzt, Beethovens Fünfte bis zum heutigen Tag auswendig zu können. Man lernt eben immer für's Leben ...

Nun fragt sich der aufmerksame Leser vielleicht, woher meine Neigung zu meiner bisweilen skurrilen Lebensführung kommt. Meine beiden Eltern als genetisch-bedingte oder modellhafte Erklärungsursache heranzuziehen, wäre untauglich, weil zu einseitig. Nein, ein gerüttelt Maß an Eigenwilligkeit in Haltung, Erscheinung und Lebensführung erschien mir damals eine völlig normale Eigenschaft *aller* Erwachsenen zu sein. Denn ich war damals von skurrilen Erwachsenen geradezu umzingelt.

Die anfangs erwähnte Großtante zum Beispiel, die zur Familie gehörte und auf den Zuruf »Tante Grete« reagierte, war eine sehr schweigsame Frau um die Siebzig. Sie trug seit dem Tod ihres Mannes vor undenklichen Zeiten nur schwarze Kleidung, was ihre voluminöse Erscheinung keineswegs abmilderte. Im Gegenteil. Auf die beiden kurzbeinigen Familienmitglieder – also mich und unseren Hund – machte sie aus unserer bodennahen Perspektive den Eindruck einer sich frei bewegenden schwarzen Kugel. Den Hund erfüllte das mit Angst, woraufhin er sich bei Annäherung dieses Ungetüms mit mutmachendem Getöse auf das schwächste Glied dieser Dunkelkugel stürzte – und versuchte, sie in die Beine zu beißen. Da er kein besonders geschickter Jäger war oder vielleicht auch im Sinne des Familienfriedens nur so tat als ob, blieb die Tante zeit ihres Lebens unverletzt.

Bei mir erzielte ihre Annäherung keine derartig heftige Abstoßungsreaktion. Ich äußerte statt dessen regelmäßig den Wunsch nach meinem Lieblingsgericht »Armer Ritter«. Denn das Kochen nahm »Tante Grete« meiner Mutter zu deren Entlastung ab (sie arbeitete im Geschäft an der Seite meines Vaters mit). »Tante Grete« versorgte so die ganze Familie als Köchin. Neben der Befriedigung der kulinarischen Wünsche gehörte ihre ungeteilte Aufmerksamkeit der katholischen Kirche. Wie stark beides miteinander verwoben war, wurde mir erst klar, als ich einmal bemerkte, daß sie bei der sonntäglich-morgendlichen Klößeherstellung jeden einzelnen Kloß wie die Perlen des Rosenkranzes nutzte – und die für den Rosenkranz vorgeschriebenen Gebete murmelte, während ihre Finger die köstlichen Klöße formten.

Ihre große Anteilnahme am kirchlichen Geschehen mündete zwangsläufig in Planungen über meinen weiteren Lebensweg. Schließlich war

ich der einzige männliche Nachkomme meiner Familie, und stand deshalb nicht als beste, sondern als einzige Hoffnungsprojektion für die
Berufung zum Priester zur Verfügung. (Nebenbei bemerkt war das einer
der Gründe, warum es so oft bei uns zu Hause meine Lieblingsspeise
»Arme Ritter« gab …) Allerdings läßt sich die mangelnde Ernsthaftig-
keit, mit der ich meine berufliche Zukunft als Priester verfolgte, daran
erkennen, daß ich mich vom Theologenberuf schnurstracks abwendete,
als ich mir die Unmöglichkeit vorstellte, in einer Soutane Fußballspielen
zu wollen. (Ich hoffe, daß alle transzendental übergeordneten Instanzen
diese kleinlich-irdische Einschätzung meines kindlichen Gemütes wohlwollend gütig übergehen mögen.) Mit diesem Moment war's auf jeden
Fall mit meiner Hirtenkarriere aus und vorbei. Wie übrigens auch mit
den »Armen Rittern« auf meinem Teller. Aber … alles hat seinen Preis.

Neben dieser Tante traten in der kleinbürgerlichen Provinzidylle meiner Kindheit noch einige weitere, höchst bemerkenswerte Figuren auf.
Manchmal wundere ich mich heute noch, wieviel Individualismus damals möglich war.

So hatte ich zum Beispiel einen Zahnarzt, der irritierenderweise immer
dann zu singen anfing, wenn seine Patienten vor Schmerz aufstöhnten
und kleine Sterne sahen, weil er gerade seinen Bohrer ellenbogentief in
ihren Zahnschmelz versenkte. Man mag es kaum glauben, aber dieser
Mann hatte noch weniger Gespür für den passenden Übungsort seiner
musikalischen Ambitionen als ich …

Das komplette Gegenteil war mein Mathematiklehrer. Nicht daß er
unmusikalisch gewesen wäre. Das zu beurteilen hatte ich nie Gelegenheit. Aber er war eine Seele von einem Mensch: gutmütig, wohlwollend
und liebenswert. In seiner genialischen Fachbezogenheit hatte er jedoch
die Zeichen der Zeit oftmals falsch verstanden. Sein größter Irrtum war
sicherlich die Mitarbeit im Wernher-von-Braun-Umfeld an der Entwicklung der V2-Wunderwaffe in Peenemünde. Nun ja, als ich ihn kennenlernte, hatte er diesen Irrtum auf jeden Fall hinter sich – und ich ihn vor
mir: als Mathematik- und Klassenlehrer. In dieser Funktion war ihm
mehr Prognosesicherheit zu eigen. Denn eines Tages äußerte er die
Vermutung, daß sein schlechtester Schüler (es wird niemanden wundern,
daß es sich dabei um mich handelte) niemals in seinem Leben nach der
Schulzeit etwas mit Mathematik zu tun haben wird. Erfreulicherweise

flankierte er diese Voraussicht mit einem äußerst schonenden Kontakt »Lukoschik und die logischen Gesetze der Mathematik«. Meine Dankbarkeit ist ihm dafür bis heute sicher.

Eine andere Figur des damaligen Provinzpanoptikums, in dem ich meine Kindheit verbringen durfte, war der Leiter des katholischen Kirchenchores. Er liebte die großen Auftritte bei feierlichen Hochämtern und hatte seinen Chor gut im Griff. Eine Altstimme aus seinem Chor hatte er aber nicht nur »gut«, sondern ganz »außerordentlich« im Griff, was sogar mir als Sechsjährigem schon auffiel. Nicht daß ich eine überdurchschnittlich aufmerksame Beobachtungsgabe gehabt hätte, was die erotischen Beziehungen Erwachsener betraf (das war mir damals noch etwas undurchsichtig). Aber diese besondere Zuneigung zwischen Chorleiter und Altstimme war eben auch für mich augenscheinlich. Nicht nur, weil ich diesen Kontakt ausgesprochen spannend fand, sondern weil ich mich nach demselben gesehnt hatte. Nicht in bezug auf die Altstimme, sondern was ihre ebenfalls sechsjährige Tochter betraf. In sie war ich nämlich unsterblich verliebt.

Ein anderes Mitglied dieses »Ensembles merkwürdiger Erwachsener« war der Pferdemetzger aus unserer Nachbarschaft. Er erregte damals bereits mein Gefühl für Gerechtigkeit, oder besser, meinen Sinn für Ungerechtigkeit. Denn nicht nur, daß dieser schreckliche Mensch wundervolle Tiere wie Pferde regelmäßig in unserer unmittelbaren Nachbarschaft mit einem weithin hörbaren Schuß vom Leben zum Tode beförderte und sie anschließend erniedrigenderweise auch noch zu Wurst verarbeitete. Nein, er verdiente damit auch noch so viel Geld, daß er sich davon einen amerikanischen »Straßenkreuzer« (so hieß das damals) leisten konnte. Um was für ein Modell es sich dabei gehandelt hatte, ist mir nicht mehr in Erinnerung. Anscheinend war dieses Detail weder für die Entwicklung meiner Abscheu noch für die Ausbildung meines Mitgefühls von Bedeutung.

Gleichzeitig erfüllte mich damals aber eine Ahnung von der Existenz göttlicher Gerechtigkeit. Dieser Mann war nämlich mit einem derartig abscheulichen Geschmack geschlagen, daß er sich seinen Straßenkreuzer in einem Farbton gekauft hatte, der damals in den Schaufensterauslagen einschlägiger Textilgeschäfte für Damenschlüpfer en vogue war: helles Türkisgrün! Ich erahnte die Abgründe in diesem Mann, als ich mir vor

Augen hielt, wie man in einem riesigen amerikanischen Schlitten in
»Schlüpfergrün« durch die Welt fahren kann. Es konnte sich bei ihm nur
um eine Art Unterhosenmörder handeln, weshalb ich ihn im trauten
Kreis konstant so titulierte.

Der morphiumabhängige Arzt und Frauenheld, den ich zwar niemals
leibhaftig gesehen habe, der aber als lebendige Vision ständig in den
Erzählungen meiner Eltern lebte, gehört ebenfalls als Gruselfigur in die
Erinnerungswelt meiner Kindheit. Oder, oder, oder ...

Kurzum: Ich war von einem Pandämonium skurriler Zeitgenossen
umgeben, die mir alle ein mehr oder minder gutes Beispiel waren, nicht
artig, sondern eigen-artig zu werden. Böse Zungen könnten darin eine
gewisse Prädisponierung für einen Beruf sehen, in dem man hauptsächlich mit eigenartigen Menschen zu tun hat, so wie ich ihn dann auch
später mit dem Abschluß zum Diplom-Psychologen ergriffen habe. Das
mag der Anfang gewesen sein. Später wollte ich das Ganze aber noch
steigern und nicht mehr nur mit »eigen-artigen« Menschen zu tun haben,
sondern vor allen Dingen mit »merkwürdigen«. Und so wendete ich
mich dem Fernsehen zu und entdeckte dort vor und hinter den Kulissen die reinsten Prachtexemplare. Aber das ist wieder eine andere Geschichte ...

Dr. Friedbert Pflüger wurde 1955 in Hannover geboren. Er studierte Politikwissenschaft, Staatsrecht und
Volkswirtschaft in Göttingen, Bonn und Harvard (USA).
Nach seiner Promotion 1982 war er bis 1984 Mitarbeiter des Regierenden Bürgermeisters von Berlin,
zuletzt als Leiter seines persönlichen Büros. Danach
wurde er Pressesprecher des Bundespräsidenten. Er
ist Mitglied zahlreicher Stiftungen und Ausschüsse,
wie etwa der Tropenwaldstiftung Oro Verde, der At-
lantic Association of Young Political Leaders oder der
Deutsch-Polnischen Gesellschaft, Bonn. Seit 1971 ist
er Mitglied der CDU, seit 1990 Mitglied des Bundestages und seit Anfang 1995 Abrüstungspolitischer
Sprecher der CDU/CSU-Bundestagsfraktion. Auch als
Sachbuchautor hat er sich mit Veröffentlichungen wie
»Richard von Weizsäcker« (1990), »Ein Planet wird
gerettet« (1993), »Die Zukunft des Ostens liegt im
Westen« (1994) und »Deutschland driftet« (1994)
einen Namen gemacht. Seit 1987 ist Friedbert Pflüger mit Prof. Dr. Margarita Mathiopoulos verheiratet.

Friedbert Pflüger

Jan Pallach und John Kennedy

Meine politische Laufbahn begann mit einem Fehlschlag. Irgendwann zwischen 1960 und 1963, also im Alter zwischen fünf und
acht Jahren, nahm mich meine Mutter in das »Aktualitäten-Kino«, das
»AKI«, im Hauptbahnhof Hannover mit. Da das Fernsehen noch nicht
sehr verbreitet war, ging man gerne ins AKI, um »das Neueste aus aller
Welt« in einer Wochenschau zu sehen, die mit Werbung und Walt-
Disney-Trickfilmen garniert wurde. Aufmerksam verfolgte ich die Nachrichten, zumal mir die Namen der wichtigsten Akteure aus Gesprächen
meiner Eltern geläufig waren. Ein älterer Herr mit wenig Haaren hielt
eine temperamentvolle Rede, schimpfte und gestikulierte. »Mutti, ist das
Adenauer?« fragte ich laut und hörbar. Die Kinobesucher brüllten vor
Lachen. Es war Chruschtschow gewesen.

Die zweite Berührung mit der Politik erfolgte am 22. November 1963.
Ich saß im Zimmer meiner Mutter, die Nachrichten hörte und plötzlich
ganz bleich wurde: John F. Kennedy war in Dallas erschossen worden.
Ich solle schnell zu meinem Vater laufen und ihn davon unterrichten.
Auch er reagierte tief betroffen – Grund genug für mich, Nachfragen zu

stellen: Wer war Kennedy? Warum hatte man ihn getötet? Wieso ermordete man überhaupt jemanden? Das alles wühlte mich furchtbar auf. Ich sammelte Zeitungen und Illustrierte, schnitt alles über die Kennedys aus und klebte es in ein Schulheft, mein privates Kennedy-Album.

Diese Ereignisse waren die Auslöser für mein ernsthaftes Interesse an Politik. Ich sah Nachrichten (1964 hatten wir pünktlich zur Olympiade in Tokio endlich ein TV-Gerät bekommen) und ging meinen Eltern, gelegentlich auch anderen Verwandten, mit ständigen Fragen auf die Nerven. Ich erinnere mich noch heute an die Bonner Regierungskrise 1965/66, den 6-Tage-Krieg im Nahen Osten 1967 und den Einmarsch der Warschauer-Pakt-Staaten in die Tschechoslowakei 1968. Jan Pallach, der sich am 16. Januar 1969 aus Protest gegen die Niederschlagung des »Prager Frühlings« auf dem Wenzelsplatz selbst verbrannte, und Moshe Dayan, der Vater des israelischen Sieges gegen die arabischen Angreifer, avancierten neben Kennedy zu meinen Idolen.

Die vielleicht wichtigsten politischen Erlebnisse meiner Kindheit stellten jedoch die Besichtigungen von Mauer und Stacheldraht an der innerdeutschen Grenze dar. Mein Vater stammte aus Duderstadt, einer wunderschönen Kleinstadt im Eichsfeld, direkt an der innerdeutschen Grenze. Bei jedem Verwandtenbesuch in der Gegend fuhren wir zur »Roten Warte«, blickten auf den Todesstreifen, die Wachtürme und die trostlosen Ortschaften auf der anderen Seite, die mein Vater aus seiner Jugend alle kannte. 1967 reiste ich mit meiner Mutter in den Herbstferien nach Berlin. Die Mauer mitten durch die Stadt empfand ich noch belastender, unmenschlicher: Warum sperrt Ulbricht die Menschen ein? Warum wird auf sie geschossen, wenn sie von einem Teil Deutschlands in den anderen wollen?

Auch später beeindruckten mich die Erlebnisse »im Osten« immer besonders stark. Ende 1973 reiste ich als Erstsemestler mit einer kleinen Studentengruppe nach Prag. Ich lernte Lubos, Daša und Zdenka kennen, feierte mit ihnen Silvester und ließ mir Prag zeigen. Vor allem Lubos war voller Haß gegen das Regime, voller Bewunderung für die Aktivisten des Prager Frühlings. Aber es dauerte einige Zeit, bis er über diese Themen redete, denn er hatte Angst. Auf dieser Reise lernte ich auch zum ersten Mal Bürger aus der DDR kennen. Zwei Krankenschwestern aus Großenhain bei Dresden. Sie besichtigten mit ihrer Reisegruppe Schloß

Friedbert mit seinen Eltern: Friedbert Pflüger sen. (Ingenieur) und Ruth Pflüger (Lehrerin) in Hannover im Dezember 1955

Im Oktober 1975 ist der stellvertretende RCDS-Bundesvorsitzende Dr. Friedbert Pflüger zu Gast beim rheinland-pfälzischen Ministerpräsidenten Dr. Helmut Kohl in Mainz. Links: Dr. Hans Reckers, heute Ministerialdirektor im Bundesfinanzministerium.

Karlstein unweit Prags. Ich erinnere mich noch genau, wie unser Bus fast
zeitgleich mit dem Bus aus Dresden bei der Burg eintraf und Ost- und
Westdeutsche sich gegenseitig musterten, als käme man vom Mars. Für
die Burg interessierte man sich kaum noch, man versuchte, Kontakte zu
knüpfen. Die beiden jungen Frauen aus Ostdeutschland wußten viel
mehr über die Bundesrepublik als wir umgekehrt über die DDR. Wir
schrieben uns einige Male Briefe. Da wir uns aber nur schwer besuchen
konnten, versiegte der Kontakt.

Ein halbes Jahr später, im Sommer 1974, fuhr ich mit meinem Vetter
Wolfgang Glinicke, der in Berlin studierte, nach Ostberlin. Wir badeten
im Müggelsee und schlossen Bekanntschaft mit Bärbel, einem Mädchen
aus der Nachbarschaft. Den ganzen Nachmittag redeten wir miteinander
– bis Wolfgang und ich erklärten, daß wir nun wieder »rüber« müßten.
Bärbel schluckte, hatte Tränen in den Augen. Ja, das würde sie auch
gerne – einfach mal »rüber« fahren. Wladiwostok war für sie leichter zu
erreichen als Westberlin. Immer, wenn ich Udo Lindenbergs Lied »Mädchen aus Ostberlin« höre, muß ich an diese Begegnung denken.

Aber schon in der Schulzeit kamen Einflüsse hinzu, die mit dem
Schwarzweißraster des Kalten Krieges nicht mehr automatisch im Ein-
klang standen. Irgend jemand hatte mir das »Bolivianische Tagebuch«
Che Guevaras geschenkt, das ich begeistert verschlang. Schon bald hing
ein Che-Poster in meinem Zimmer. Noch stärker berührten mich die
musikalischen Ausläufer der weltweiten Kulturrevolution gegen die kon-
servativ-bürgerliche Lebensweise: Beatles, Rolling Stones, Joan Baez,
Bob Dylan, später das große Woodstock-Konzert – das ging an keinem
Jugendlichen meiner Generation vorbei. Wie fast alle Jungen in meinem
Alter ließ ich mir – zum Leidwesen meiner Eltern – die Haare wachsen,
bis sie schulterlang waren. Sobald es ging, kam auch ein Vollbart dazu.
Ich blieb Anhänger der CDU, Antikommunist, gleichzeitig aber lehnte
ich das »Spießertum« um mich herum ab, träumte von einem Leben als
»Easy Rider« in Kanada, reiste mit Rucksack durch Skandinavien, über-
nachtete im Sleep-in in Amsterdam. Als ich einmal einer angehenden
Freundin Musik vorspielte, war sie verblüfft: »Was, ein Rechter hört
Santana?«

Zunehmend wurden wir in der 9. und 10. Klasse auch durch die
Studentenbewegung politisiert, die 68er wirkten mitten hinein in unsere

Schule, an der eine »Rote Zelle« entstand, in der man am Nachmittag Marx und Engels las und darüber zu diskutieren versuchte. Links zu sein, Staat und Demokratie zu verhöhnen, gegen Bildungsnotstand und für Nulltarife im öffentlichen Nahverkehr zu demonstrieren – das galt als chic. Ein Mitschüler, der bei einer Demonstration gegen die Fahrpreiserhöhungen der Hannoverschen Verkehrsbetriebe ÜSTRA in ein Handgemenge mit der Polizei geraten war und für kurze Zeit inhaftiert wurde, galt später als bestaunter Held in der Schule. Zu der nächsten Demonstration setzte er sich – ganz professionell – einen Motorradhelm auf, um sich »besser mit den Bullen prügeln zu können«, wie er sagte. Ich wandte mich in der Klasse gegen sein Verhalten und begann, unterstützt von einem Lateinlehrer, eine liberale Politik-AG als Gegengewicht aufzubauen. Später wurde ich auch Redakteur der Schülerzeitung *Die Glocke*, danach sogar einer der Schülersprecher.

Der Druck der aufgebrachten Masse, das Diktat der Mehrheit, das Vorgehen gegen Andersdenkende, die Allmacht eines Kollektivs – da müssen die Alarmglocken klingeln, da kann nichts Gutes wachsen. Mir war damals mehr instinktiv als rational klar, daß der allgemeine Trend nach links nicht nur zu Emanzipation, sondern in zunehmendem Maße zu neuer Intoleranz, Anpassungsgebaren und der Etablierung unkontrollierter Herrschaft führte. Was an der Schule noch harmlos und friedlich war, wurde an den Hochschulen gefährlich und gewalttätig. Deshalb trat ich 1973 mit Beginn meines Studiums in Göttingen dem Ring Christlich-Demokratischer Studenten (RCDS) bei, um – ausgerechnet am sehr linken Fachbereich Sozialwissenschaft – den politischen Kampf gegen Maoisten und RAF-Sympathisanten (z. B. »Buback-Nachruf« mit der »klammheimlichen Freude« eines Göttinger »Mescalero«) aufzunehmen. Ich war hier zunächst völlig allein, von fast allen Kommilitonen geschnitten, manchmal sogar bedroht. In Bremen wurde ich später, als RCDS-Bundesvorsitzender, einmal von linken Studenten aus der Uni getragen: »Reaktionäre haben hier nichts zu suchen.«

Aber zurück zur Schulzeit: Vor dem Hintergrund der politischen Debatten wuchs mein Wunsch, mich sobald wie möglich der CDU anzuschließen. Im Juni 1971, wenige Wochen nach meinem sechzehnten Geburtstag, entdeckte ich im Anderter »Wochenspiegel«, einem Anzeigenblatt, eine kleine Anzeige der CDU mit der Telefonnummer

des Ortsvorsitzenden Peter Jahn. Ohne zu zögern, rief ich an und bat
um die Aufnahme in die CDU. Wenige Tage später trafen wir uns auf
meinen Vorschlag in einem Anderter Ecklokal namens »Zur Post«. Jahn
war zunächst sichtlich mißtrauisch. Es war sehr ungewöhnlich in jenen
Zeiten, daß sich ein Jugendlicher freiwillig bei der CDU meldete, noch
dazu einer mit langen Haaren und Jeans. Jahn hielt mich anfangs wohl
eher für einen verkappten Juso. Wollte ich ihn auf den Arm nehmen?
War ich ein »U-Boot«? Zu seiner Skepsis trug bei, daß »Zur Post«
ausgerechnet das Stammlokal der Anderter SPD war – was ich aber
nicht gewußt hatte.

So dauerte es eine Weile, bis wir warm wurden. Erst als ich Jahn meine
Ablehnung gegenüber dem in Mode kommenden Haschisch und meine
Kritik an der »Roten Zelle« an meiner Schule lang und breit erläutert
hatte, taute der CDU-Chef auf. Kaum hatte er Vertrauen gefaßt, sprach
er zu mir von einer notwendigen Gründung eines Ortsverbandes der
Jungen Union. Dabei könnte ich eine maßgebliche Rolle spielen. Fünf
Monate später, im November 1971, gründete ich mit einigen Freunden
und Freundinnen den Ortsverband Anderten-Misburg der JU. Ich wurde
Vorsitzender, zur Beisitzerin wählten wir Rita Pawelski – heute stellvertretende Vorsitzende der CDU-Fraktion im niedersächsischen Landtag.

Innerhalb kürzester Zeit wuchs der Ortsverband von fünfzehn auf
über achtzig Mitglieder an. Während andernorts Juso-Gruppen und
Willy-Brandt-Initiativen aus dem Boden sprossen, florierte in Hannover-
Anderten die junge CDU. Der Grund: Wir stellten etwas auf die Beine.
Ein Schlosserlehrling bastelte uns in seiner Freizeit zwei stabile Fußball-
tore, die wir auf dem Anderter Schützenplatz den Kindern der Gemeinde zum »Bolzen« zur Verfügung stellten. Zusammen mit Anwoh-
nern bauten wir auf einem freistehenden Grundstück einen kleinen
Abenteuerspielplatz, reinigten Grundstücke von Abfall, führten im Ort
eine Unterschriftenaktion für mehr Kindergartenplätze durch und for-
derten von der Gemeinde den Bau eines direkten Fußweges in den
hannoverschen Tiergarten. Im Umkreis konnte keine SPD-Veranstal-
tung stattfinden, ohne daß die JU dort auftauchte und Position bezog.
Innerhalb der CDU traten wir entschieden für Reformen ein. Wir
pflegten Briefkontakt mit einer »Reformgruppe« in der Berliner JU, die
dort gute inhaltliche Arbeit leistete und damals bundesweit ein Begriff

war. Eine meiner ersten Aktivitäten in diesem Sinne war folgender Brief an Peter Jahn vom 13. 12. 1971:

»Der Ortsverband der Jungen Union fordert CDU-OV Misburg auf, sich unverzüglich von der neugegründeten ›Deutschen Union‹ zu distanzieren, dessen nationalkonservatives Gedankengut eindeutig im Gegensatz zu den erklärten Zielen der CDU steht. Die CDU-Misburg soll sich für die Aufhebung des Hospitantenstatus für den DU-Vorsitzenden Zoglmann in der CDU/CSU-Fraktion einsetzen.«

Wir kreuzten damals auf den Sitzungen des Rates auf und löcherten den SPD-Bürgermeister Heinz Schulz mit mehr oder weniger klugen Fragen – z. B. zur Vorschule oder zur Gestaltung des Partnerschaftsverhältnisses zwischen Anderten und dem Normandie-Örtchen Oissel sur Seine. Dorthin war ich 1970 als Mitglied der Handballabteilung des TSV Anderten gereist. Wir hatten dort in Familien gewohnt, an Jugendbegegnungen teilgenommen, eine »Rue d'Anderten« eingeweiht und einem festlichen Abend mit französischen Honoratioren und Kommunalpolitikern beigewohnt. Damals wurde ich auserkoren, für die anwesenden deutschen Jugendlichen ein paar Dankesworte zu sprechen – meine erste kleine politische Rede. Ich lobte die herzliche Gastfreundschaft, sprach über die sich anbahnenden deutsch-französischen Freund- und Liebschaften und darüber, daß das 25 Jahre nach Kriegsende fast ein Wunder sei. Natürlich erwähnte ich de Gaulle und Adenauer, unseren Bürgermeister und den der Patengemeinde und schloß angemessen mit »Vive Oissel – vive Anderten«. Weitere 25 Jahre später lächelt man ein wenig über solches Pathos, aber einige ältere Franzosen waren sichtlich bewegt.

Über Krieg und Nationalsozialismus war bei uns zu Hause nur ganz selten gesprochen worden. Meine Eltern waren beide Mitglied der Hitlerjugend und später der NSDAP gewesen, durchaus im Glauben, damit dem Vaterland am besten zu dienen. Meinen Vater (Jahrgang 1914) bewahrte sein Ingenieurberuf bis 1943 vor dem Fronteinsatz, bis dahin wurde er zum Bau von Militärflugplätzen, z. B. in Norwegen, gebraucht. Erst in den letzten zwei Kriegsjahren mußte er in den Osten, wo er als Fernmelder unter anderem in der Nähe von Smolensk stationiert war. Er war wahrlich kein Oppositioneller, aber von Kriegsbegeisterung keine Spur. Er wäre lieber zu Hause geblieben. Mehrfach entging er bei Partisanenangriffen nur knapp dem Tod. Am Ende des Krieges kam er bei

Remagen in amerikanische Kriegsgefangenschaft, und Monate später
kehrte er völlig ausgehungert nach Hause zurück.

Ich fragte selten nach Einzelheiten, zumal sich mein Vater, den ich sehr
liebte, 1965 eine schwere Lungenkrankheit zuzog und es ihm seit damals
bis zu seinem Tod 1983 nie mehr gutging. Ich akzeptierte, daß man ihn
nicht aufregen durfte – und nichts regte ihn mehr auf als Fragen nach
Krieg und NS-Zeit. Als 1977 der Film »Holocaust« im deutschen Fernsehen lief und die halbe Nation erschütterte, ging mein Vater früher
schlafen. Er könne das nicht sehen. Meine Mutter wählte den anderen
Weg. Statt zu verdrängen, stellte sie sich dem ganzen Schrecken. Natürlich wußte sie inzwischen vieles über die NS-Herrschaft, von der Po-
gromnacht bis zu Auschwitz. Aber dieser Film war doch etwas anderes.
Er zeigte das Schicksal einzelner Menschen auf, die unsere Nachbarn
hätten sein können und die sich dann im KZ wiederfanden. Meine
Mutter war tief bewegt und weinte.

Später ist sie in der Christlich-Jüdischen Gesellschaft aktiv geworden
und seitdem oftmals nach Israel gereist. Sie hat unzählige Bücher über
Israel und die Geschichte der Juden gelesen – alles Versuche, die Zeit des
NS-Terrors »aufzuarbeiten«. Meine Mutter hat heute gute Freunde in
Israel. 1985, als Richard von Weizsäcker eine junge israelische Lehrerin
aus Jerusalem mitbrachte (die zuvor erklärt hatte, daß sie nie nach
Deutschland fahren wolle), fungierte meine Mutter zwei Tage als Gastge-
berin. Sie besuchte mit Yael Gouri Bergen-Belsen und die Synagoge in
Hannover. Meine Mutter ist eine eher konservative Frau, verwurzelt in
ihrer evangelisch-lutherischen Religion. Aber soziale Ungerechtigkeit,
Fremdenfeindlichkeit, Antisemitismus und Rassismus – dagegen war
und ist sie sofort auf dem Plan, z. B. durch Hausbesuche bei den
minderbemittelten Eltern ihrer Schüler, durch die Betreuung alter Menschen oder zuletzt auch durch die Teilnahme an der hannoverschen
Lichterkette gegen rechtsradikale Ausschreitungen.

Dr. Florian Langenscheidt wurde 1955 in Berlin geboren. Sein Studium der Germanistik, Philosophie und
des Journalismus schloß er mit der Promotion zum
Dr. phil. ab. Im Anschluß daran studierte er Verlags-
wesen an der Harvard University und erlangte an
INSEAD in Fontainebleau den Master of Business
Administration. Darauf folgte eine zweijährige Ver-
lagstätigkeit in New York. Florian Langenscheidt ist
Gesellschafter in der Langenscheidt-Verlagsgruppe
sowie Vorstandsmitglied beim Verlag Bibliographi-
sches Institut & F. A. Brockhaus AG. Er hat einen
Lehrauftrag an der Ludwig-Maximilians-Universität in
München.

Besonders engagiert sich Florian Langenscheidt
als Initiator und Vorstandsvorsitzender der globalen
Kinderorganisation »Children For A Better World«. Er
ist Stiftungsrat, Gründungs- oder Vorstandsmitglied
zahlreicher internationaler Vereinigungen wie zum
Beispiel »Artists United for Nature«, »World Wide
Fund for Nature« oder »Atlantik Club«. Auch als Buch-

autor (u. a. »1000 Glücksmomente«, 1991; »Stern-
schnuppenwünsche«, 1992) und freier Journalist
(*Frankfurter Allgemeine Zeitung, Süddeutsche Zeitung, Forbes* und *Max*) hat sich Florian Langenscheidt
einen Namen gemacht. Als Fernsehmoderator ist er
regelmäßig im Bayerischen Rundfunk in der Sendung
»NachtClub« zu sehen.

Florian Langenscheidt ist verheiratet und hat zwei
Söhne.

Florian Langenscheidt

Fundament des Glücks

Kölner Paradies

Vor mir lag der aufgeklappte Karton. Ich falzte ihn sorgsam und fixierte alles mit breitem Klebeband. Dann verschloß ich ihn vorsichtig und umwand ihn mit Metern von Schnur. Gut, daß meine Zungenspitze ohnehin vor lauter Anstrengung herausschaute, denn sie mußte nun Briefmarken befeuchten. Mit krakeliger Schrift adressierte ich das Paket noch – und fertig war es für den Stapel neben mir, der inzwischen schon Tischhöhe erreicht hatte. »Oha!« rief ich zufrieden. Die Pakete mußten jetzt endlich zur Post. Meine Großmutter kam aus der Küche und trug Paket um Paket nach draußen. Ich konnte eine kleine Pause einlegen, zumal mein Verpackungsmaterial ohnehin zur Neige ging. Gut, daß Oha bald wiederkam mit neuen Kartons und viel Schnur ...

Mehr Geduld und Liebe habe ich selten angetroffen in meinem Leben. Oha war (leider lebt sie nicht mehr) meine Großmutter mütterlicherseits; sie war verheiratet mit dem wunderbar humor- und liebevollen

Florian Langenscheidt auf dem Arm seiner Mutter an Weihnachten 1955 in Berlin

Opa, und beide lebten in Köln-Marienburg. Ich durfte dort zahlreiche Sommer verbringen und Pakete packen. Ich liebte das über alles. Und Oha machte es ohne ein Zeichen der Ungeduld mit: Sie trug die (leeren) Pakete in den Garten, zerlegte sie hinter dem Haus in die Einzelteile und versorgte mich durch den Haupteingang wieder mit neuem Material ... Das Schöne daran: Sie nahm mich an, wie ich war. Kein Drängen, jetzt einmal etwas Vernünftiges zu machen. Kein ständiges Herumkorrigieren, wie es Eltern und Schule notgedrungen ständig tun müssen.

Oha saß auch ohne jeden Blick auf die Uhr mit mir auf der Streusandkiste des nahe gelegenen Autobahnverteilers und kategorisierte Autos nach Kennzeichen, Marken und Anhängern. Oder sie baute Fallerhäuschen nach Fallerhäuschen. Und Opa ging mit mir in den Himbeergarten, fuhr mit mir durch das Braunkohlenrevier oder spielte Modelleisenbahn im Wohnzimmer. Mit echtem Rauch! Das werde ich den beiden nie vergessen (und wünsche es jedem Kind auf dieser Welt): daß sie mich so

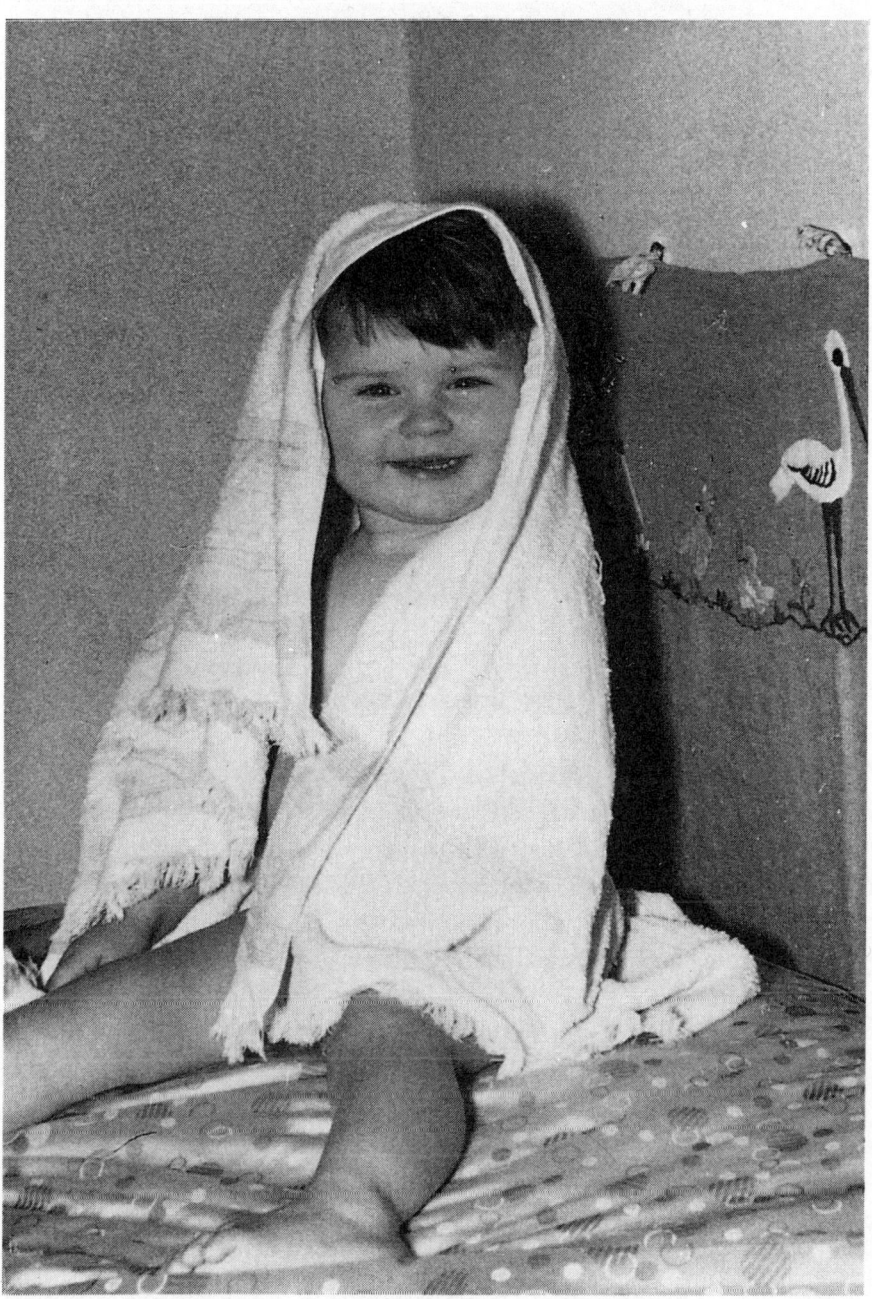

Florian nach dem Baden auf der Wickelkommode 1956

geliebt haben, wie ich bin. Ohne mich ständig an irgendwelchen strengen Maßstäben zu messen. Denn das war schwierig damals. Ich war ein wenig eigenartig, vergaß überaus attraktive Geburtstagseinladungen vollkommen oder mußte plötzlich weinen am Eßtisch, weil Opa keine Beine mehr hatte (ich sah sie ja schließlich nicht unter dem Tisch).

Meine Eltern, verantwortlich für mein weiteres Schicksal, machten sich Sorgen um meine Leistungen in der Grundschule (sie langweilte mich zutiefst, und ich fing erst im Gymnasium an, mich anzustrengen). Oha und Opa wiesen immer wieder auf einen Fast-Nobelpreisträger in unserer Familie hin, der in meinem damaligen Alter auch etwas eigenartig gewesen sei. Und aus dem sei doch auch etwas geworden! (Wie gerne hätte ich den beiden später meine Dissertation gezeigt ...)

Der Tod der beiden traf mich hart. Und ähnlich schmerzhaft empfand ich es, als ich bei einem Verlagsbesuch in Köln kürzlich wieder einmal vor dem großelterlichen Haus stehen wollte und statt dessen an einem Riesen-Appartementblock hochsah. A la recherche du temps perdu ...

Berlin vorm Mauerbau

Über den ersten zwei Lebensjahren liegt ein warmer Mantel unbeschwerten Vergessens. Eigenartig, daß die überaus starken Prägungen dieser ersten Berührungen mit der Welt nicht mehr im Gedächtnis abrufbar sind. So muß ich mir mit vorgegebenen Fakten helfen: Geboren wurde ich im März 1955, drei Jahre nach meinem Bruder Andreas und zwei Jahre vor meiner Schwester Beate. Und zwar in Berlin, sechs Jahre vor dem Mauerbau.

Wir lebten in Schlachtensee in der Lagardestraße – inzwischen umbenannt. Und hier kommt Erinnerung ins Spiel, jedoch eher verunsichernd als klärend. Denn unser Haus sah ich immer innerlich vor mir in fast mythischer Größe und ebenso den Riesengarten mit seinen Obstbäumen und seiner mächtigen Mauer. Und dann fuhr ich als Student einmal hin – und es war ein ganz normales Zweifamilienhaus mit einem netten Garten und einer rund 1,50 Meter hohen Mauer drumherum.

Das gibt zu denken. Sind vielleicht all meine Erinnerungen so radikal subjektiv nur aus meiner Perspektive bestimmt? Kann ich mich überhaupt verlassen auf meine inneren Bilder aus der Kindheit? Sei's drum. Ich habe nur mein Hirn und Herz – und die Erzählungen der anderen Familienmitglieder sind auch nicht objektiver.

Wir hatten überaus harmonische und glückliche erste Jahre in Berlin. Die begehbare Puppenstube, der Igel unter den Obstbäumen, die umwerfende Freundin Antje aus der Nachbarschaft (sie küßt mich dankenswerterweise auf dem Umschlag dieses Buches), der sonnendurchflutete Wintergarten – all das ist Fundament meines Lebens und Teil meines Optimismus heute.

Und wieder die Großeltern (hier väterlicherseits): die offenherzige und gastfreundliche Großmutti, die ihren einzigen Nachteil zu feuchter Küsse durch häufiges Zustecken von Schweizer-Franken-Stücken auszugleichen wußte, und der humorvoll-noble Großvati mit Fliege und weißem Schnauzer, dessen gütige und lachende Augen mich heute oft noch anschauen ...

Und dann plötzlich das erste Erfahren von Politik und Unsicherheit. Berlin wurde durch die Mauer zerrissen: am 13. August 1961 (das Datum werde ich nie vergessen). Ich war sechs und bekam in kindlicher Aufmerksamkeit doch unendlich viel mit von den gespaltenen Gefühlen, die in Berlin herrschten.

Unser Verlag war nahe der Grenze gelegen, aber im westlichen Teil der Stadt. Wir haben mit ihm in den darauffolgenden 28 Jahren konsequent Berlin die Treue gehalten. Nur als Familie sind wir im Herbst 1961 nach Süddeutschland gegangen ...

Die Münchner Schule

Der Ernst des Lebens begann in München. Es leuchtete anfangs gar nicht. Wir zogen in das Dachgeschoß jenes Hauses, in dem die wenigen Verlagsmitarbeiter/-innen ihre Büros fanden, die mit in den Süden gezogen waren. Lange Gänge, Schreibtischstuhlrennen, Kantine – die Arbeitswelt hatte uns Kinder plötzlich fest umfangen.

Eines Tages rief ich begeistert in der nicht unbedingt bunten Umwelt aus: »Der Teppich hat ja ein Muster!« Ich hatte meine erste Brille auf der Nase.

Gegenüber am Bogenhausener Herkomerplatz die dunkle Gebele-
schule. Hier wurde ich im September 1961 eingeschult und durfte
Bayern von seiner besten Seite kennenlernen: Die Prügelstrafe war noch
nicht abgeschafft. Unsere Lehrerin war nicht von der ganz schlanken Art
und immer schwarz gekleidet. Hatte man etwas ausgefressen, mußte
man seine Finger auf das Lehrerpult legen und bekam mit dem Rohr-
stock Schläge darauf. Zog man die Hand weg und der Stock zerbrach,
gab es die doppelte Ration.

Wen wundert's, daß ich am letzten Schultag vor den Sommerferien
einmal so glücklich aus der Schule rannte, daß ich direkt in ein Auto lief.
Später wurde eine Absperrung an diese Stelle gebaut, die dort heute noch
steht.

1963 zogen wir nach Schwabing, und ich kam in die weitaus heiterere
Simmernschule. Schwierig war hier nur zu entscheiden, in welche der
beiden Zwillinge in unserer Klasse ich mehr verliebt war.

Überhaupt: Mit der Schule hatte ich – auch während der neun Jahre im
Schwabinger Oskar-von-Miller-Gymnasium – glücklicherweise nie Probleme. Der Stoff interessierte mich meistens, ich mußte mich nicht
zu sehr anstrengen, zwei Lehrer waren beeindruckende Vorbilder für
mich und prägten mich menschlich sehr, und ich hatte wunderbare
und herausfordernde Freunde, denen ich heute noch für vieles dankbar
bin.

Nur eines irritierte mich immer wieder: die in meinen Augen absolute
Einheit zwischen den Autoritätsinstanzen Eltern und Lehrer. Wenn
Lehrer etwas behaupteten, war das für meine Eltern die Wahrheit, egal,
was ich dazu sagte. Ich wuchs in einer sehr leistungsbewußten Familie auf
(und spüre das heute täglich an meinem inneren Ehrgeiz und Engagement): Beim Abendessen gab es ein Mettwurst- und ein Quarkbrot, und
beide mußte man aufessen. Meinen Vater sahen wir auch zu Hause
immer wieder beim Aktenstudium, so daß mein Bruder auf die Frage
nach dessen Beruf einmal »Briefe öffnen« antwortete. Und über Jahre
hinweg mußte ich gegen alle inneren Widerstände Geige lernen. Wie
genau erinnere ich mich an die Überlegungen auf dem Weg zum Geigen-
unterricht, ob dieser oder der Zahnarztbesuch schlimmer seien! (Vielleicht hat mich das später zum Entsetzen meiner Eltern in die Hände des
experimentellen Musiktheaters getrieben.)

Florian Langenscheidt mit Wellensittich in Berlin 1957

Neben der genuinen und unbedingten Liebe zwischen Eltern und Kindern gab es immer dieses Element der Anerkennung durch Leistung in unserer Familie. Das entstammte guter preußischer Pflichtauffassung und hat unzweifelbar große erzieherische Meriten, nimmt aber doch ein Stück Spontaneität und puren Spaß aus dem Leben. Schwächen waren etwas, das man nicht zeigte, sondern überwand.

Ich nahm die Herausforderung an und leistete viel. Nur isolierte ich mich dabei ein wenig von anderen Menschen, so daß ich bei einem kinderpsychologischen Test ein Haus einmal so malte: großer Zaun drum, keine Tür, und nur ich im Fenster. Mögen alle Kinder Eltern wie die meinen haben, die mich daraufhin sanft in den YMCA und damit in eine ungeahnte Fülle freundschaftlicher Kontakte und gemeinsamer Unternehmungen schubsten!

Ort der Familie

Wann konzentriert sich wie in einer Kristallkugel, ob eine Familie in Mitteleuropa funktioniert oder nur Fassade ist? Wann brechen latente Konflikte auf oder wird Liebe fast übermächtig spürbar? An Weihnachten, jenem Fest des Glücks oder des Ausbruchs.

Wir hatten schlicht und einfach wunderbare Weihnachten. Ob es nun überirdische Kräfte oder einfach die Eltern waren, die das alles hinbekamen – in jedem Fall war es jedes Jahr neu eine ungeahnte Überhöhung des Lebens.

Der Nikolaus kam nicht einfach. Er kam mit einem Pferd, und das hatte Flügel und »machte« goldene Äpfel. Wir, die wir wartend fleißig überaus nützliche Weihnachtsdekorationen gebastelt hatten, waren geplättet. Jedes Jahr neu.

Ein paar Tage vor dem Heiligen Abend kam nachts das Christkind, sperrte das Wohnzimmer zu und behängte dessen Glastür mit einem weißen Tuch mit unendlich vielen Schokoladenkringeln mit Zuckerkügelchen darauf. Jeden Tag bis zum Fest konnten wir heruntergefallene nehmen (und darüber hinaus versuchen, eine große Pappe unter der Tür durchzuschieben, mit einem Stück Draht den innensteckenden Schlüssel herauszustoßen, so daß er auf die Pappe fiel, um dann die Pappe mit dem

Schlüssel darauf unter der Tür hervorzuziehen). Ansonsten konnten wir nur erahnen, was sich da Unglaubliches im Wohnzimmer zusammenbraute.

Am 24. dann wieder das schreckliche Warten, bis plötzlich eine Glocke läutete und uns ins Weihnachtszimmer rief. Das war der Beweis: Es mußte so etwas wie das Christkind geben, denn die gesamte Familie war ja beim Keksessen, und trotzdem läutete die Glocke!

Der magisch glänzende Baum, die Weihnachtsgeschichte, das Singen, die Umarmungen, die Tränen und der Gabentisch (fein säuberlich abgegrenzt in fünf Segmente) – schöner ging es nicht.

Später dann, als die Bedeutung der Geschenke kleiner und die des Essens und der Gespräche größer wurde, entwickelte sich eine andere wunderbare Tradition: Wir drei Männer gingen am Heiligabend vormittags einkaufen, und zwar alles, was ein Magen nur begehren kann. Und nach der Kurzbescherung bereiteten wir eine Tafel, an der wir dann alle Stunden um Stunden saßen. Inzwischen gehen schon meine Söhne am Weihnachtsmorgen mit einkaufen ...

Das war der Werbefilm. Doch er stimmt und zeigte uns jährlich, wie schön Familienleben an Festen sein kann.

Unsere Familie funktionierte allerdings nicht nur im Dezember. Wir wurden konsequent werte- und leistungsorientiert erzogen, aber immer voller Liebe und meistens voll Verständnis. Kleine, fast rituelle Gebote rammten Pflöcke ins Leben und waren unumstößlich: Bei Krankheiten mußte man zwei Tage fieberfrei sein, bevor man aufstehen durfte; und kurze Hosen durfte man erst ab 12 Grad anziehen. Und so weiter.

Tomatenketchup war verboten, Fernsehen wurde nicht allzu liberal gehandhabt. Wenn die Eltern ins Theater oder in die Oper gingen, hatten wir also nur zwei Dinge im Kopf: zuerst die Küche, wo wir uns Toasts mit Ketchup drauf in der Pfanne brieten; und dann das Wohnzimmer, wo wir dieselben fernsehend verzehrten. Fernsehen mache ich heute selbst, und mein Ketchupkonsum läßt manche Freunde an meinem guten Geschmack zweifeln ...

Mit drei Themen hatte ich in Kindheit und Jugend immer Probleme: Name, Frisur und Kleidung.

Florian war doch so ein schöner Name, süddeutsch-österreichisch und deswegen mutig selten im Berlin des Jahres 1955. Warum mußten mich alle Flo, Flöchen oder auch Igel nennen?!

Igel? Weil ich jahrelang eine Igelfrisur hatte. Die mochte ich, auch wenn mir die Erwachsenen ständig mit ihren Händen darin herumfuhren. Mein Vater hingegen meinte ein paar Monate vor der Konfirmation, ich sollte nun mal eine ordentliche Scheitelfrisur bekommen. Wir gingen zum »Barbier von Amsterdam« in Schwabing, und was kam heraus? Der Scheitel hielt bei meinen Spaghettihaaren natürlich nicht, und ich mußte sie zur Unterstützung immer unter die Brille hinterm Ohr klemmen. Schrecklich! Erst gen Ende der Schulzeit bekam ich plötzlich die Locken, die ich mir noch heute so ungern abschneiden lasse.

Und die Kleidung? Sicher, sie war praktisch. Aber das war auch alles. Strumpfhosen, Schalmützen, Russenkittel, Kapuzenanoraks – alles hielt warm und funktionierte, aber ganz tief innen erspüre ich noch heute das Unbehagen, das mir diese herrlichen Stücke aus dem Fundus der sechziger Jahre schon damals bereiteten. Ich brauche mir nur Fotos von 1964 anzusehen.

Es gäbe so vieles zu erwähnen, begibt man sich nur auf die Suche nach der verlorenen Zeit: das tägliche Raufen mit meinem Vater, der überhaupt viel Zeit aus seinem vollen beruflichen Alltag für gemeinsame Projekte und insbesondere Wochenendtouren herausmeißelte; oder die Tage und Wochen bei »Tante May« in Hanau, deren Zuwendung und Fürsorge mir einen sicheren Weg durch das Dickicht des Lebens schlugen; oder die zahllosen Familienaufenthalte – fast immer durfte man einen Freund mitnehmen – in Berchtesgaden, Jesolo, Elmau ...

Unter uns Geschwistern lief alles korrekt: Wir mochten uns von Herzen. Und waren kein lebender Beweis für die These, daß die Zahl Drei bei Geschwistern zu einem lebenslang zementierten 2:1-Verhältnis führen muß. Die Fraktionen wechselten stündlich, und ich kann nicht sagen, wen ich mehr liebe, meine Schwester oder meinen Bruder. Mit ihm konnte ich raufen und mit Autos spielen, und ich erinnere mich an langwierige Verhandlungen um Grenzziehungen in unserem Spielzimmer. Und sie (inzwischen Tierärztin) brachte die Tiere ins Haus. Zeitweise hatten wir über zwanzig auf einmal: Hasen, Meerschweinchen,

Hamster, Schildkröten, Wellensittiche, Enten und sogar ein Terrarium mit Gelbbauchunken. Die als Futter dafür angelegte Schmeißfliegen- und Mehlmottenzucht war nur ein schrecklicher Auswuchs dieser unbedingten Tierliebe. Ähnlich wie der Kakadu im Badezimmer, der immer wieder nachts auf die Zahnbürsten von Andreas und mir sein Geschäft erledigte ...

Wir waren unterschiedlich, wir konnten unendlich über- und miteinander lachen, und wir respektierten uns gegenseitig enorm. Und trotzdem gab es etwas, das keiner von uns wirklich schätzte und das erst zwanzig Jahre später auf einer gemeinsamen Reise nach Sri Lanka wirklich herauskam. Wir hatten – wohl um das Leben miteinander angenehmer zu machen und zu harte Konkurrenz zu vermeiden – uns gemeinsam in gewisse Rollenfixierungen manövriert. Ein Familienmitglied war kritisch-intellektuell, ein anderes charmant-witzig, wieder ein anderes verständnisvoll-human etc. Das funktionierte zwar jahrelang gut, da alle wesentlichen Rollen vertreten waren, begrenzte aber jeden von uns im Rahmen der Familie zu stark auf einen bestimmten Aspekt des Seins. Dies kam erst später klar zum Vorschein, als wir uns alle zu breit angelegten Persönlichkeiten entwickelt hatten und immer wieder feststellten, wie schnell man im Familienkreis auf die alte Rolle zurückgeschnitten wird. Um bei den Beispielen zu bleiben: Beim Intellektuellen lachte eben keiner in der Familie über einen Witz, so lustig ihn Fremde auch gefunden hätten; und dem Entertainer hörte niemand zu, wenn er sich über die Theaterinszenierung des letzten Abends auslassen wollte. Das prägt unser aller Rollenverhalten in komplexer Weise noch heute, auch wenn wir inzwischen viel darüber gelernt haben.

Dank

Was mich angesichts des Geschriebenen erfüllt, ist ein Gefühl von Dank. Den Geschwistern gegenüber für eine wunderschöne gemeinsame Kindheit und die erste Erfahrung der Auseinandersetzung mit Gleichaltrigen, für Respekt und Rauferei.
Den Großeltern gegenüber für Liebe, Zeit und Verständnis.
Und den Eltern gegenuber?

Für das Vorbild humanen und fürsorglichen Lebens.

Für Liebe und Verständnis auch in allen schwierigen Lebensphasen.

Für das Vorleben einer optimistischen Grundhaltung, die mich zum Unternehmer gemacht und mir das Schreiben von »1000 Glücksmomente« ermöglicht hat.

Für den lebenden Beweis, daß langjährige Liebe zwischen Mann und Frau möglich ist. (Den wünsche ich allen, die an der Ehe verzweifeln!)

Für glänzende Ausbildungen und Auslandsaufenthalte.

Für ausreichend Freiheit, um innerlich unabhängig zu werden.

Für die materielle Grundversorgung und ein Dach über dem Kopf.

Für keinerlei Zwang zur Übernahme des väterlichen Berufes und Toleranz gegenüber anderen Zielprioritäten.

Ohne all das wäre ich nicht da, wo ich heute stehe. Ich versuche, möglichst viel davon an meine beiden Söhne weiterzugeben. Ihnen verdanke ich schon jetzt, daß ich durch sie meine Kindheit kontinuierlich wiedererleben und mich selbst in ihren Freuden und Sorgen ab und zu wiedererkennen darf. Zu gerne würde ich heute lesen, was sie einmal über ihr Zuhause zu Papier bringen werden!

Dr. Michel Friedman wurde 1956 in Paris geboren. Als Neunjähriger kam er mit seinen Eltern nach Frankfurt am Main und machte dort Abitur. Er studierte zunächst Medizin, anschließend Jura und beendete 1987 sein Studium mit dem 2. Staatsexamen. 1994 wurde ihm von der Universität Mainz die Doktorwürde verliehen.

Seit 1987 ist Michel Friedman Rechtsanwalt in Frankfurt am Main. Er ist Präsidiumsmitglied im Zentralrat der Juden in Deutschland (zuständig für Kultur, Medien und Jugend), Präsidiumsmitglied im Fernsehrat des ZDF und im Bundesvorstand der CDU.

Darüber hinaus ist er seit 1985 Stadtverordneter der Stadt Frankfurt am Main und Mitglied des Planungs- und Bauausschusses, desgleichen Mitglied des Vorstands der Freunde für Tel Aviv, der Freunde der hebräischen Universität Jerusalem, der A. Korn Stiftung und der Speyer Stiftung.

Michel Friedman

Ich glaube an den Menschen – trotz allem

Wie oft habe ich mich in meiner Kindheit gefragt, warum ich nicht das hatte, was alle meine nichtjüdischen Freunde hatten: Großmutter, Großvater, Onkel, Tante, Cousin, Cousine – Familie. Bei uns zu Hause: nur meine Mutter, mein Vater, meine Großmutter selig und mein Bruder.

Wie oft habe ich mich in meiner Kindheit gefragt, warum meine Mutter so oft weinte, wenn sie im Fernsehen Bilder des Dritten Reiches, des Holocaust, des Judentums sah.

Wie oft habe ich mich in meiner Kindheit darüber gewundert, daß meine Eltern zusammenzuckten, wenn wir auf der Straße uniformierte Polizisten oder Soldaten sahen.

Wie oft habe ich mich in meiner Kindheit darüber gewundert, daß meine Eltern, wenn nachts das Telefon klingelte und keiner an der anderen Seite der Leitung war, oft stundenlang bei hellem Licht miteinander sprachen und ihre Stimmen zitterten?

Wie oft habe ich sie gefragt, warum dies alles so sei. Mosaikstein für
Mosaikstein habe ich in den Jahren der Kindheit die Antworten zusam-
menpuzzeln müssen. In meiner Kindheit herrschte so oft das Gefühl der
Trauer, der Wehmut, der Einsamkeit. Ich konnte nicht verstehen, daß
auch Lachen, Glück und Zukunftsplanung den Alltag mitprägen. Wie oft
habe ich mich gefragt, wie meine Eltern weiterleben konnten, nachdem
sie erlebt hatten, daß die eigenen Geschwister, der eigene Vater und die
eigene Mutter getreten, gequält, umgebracht – entmenschlicht wurden.
Wie konnten sie Kraft und Energie für eine Zukunft aufbringen, nachdem die Vergangenheit, die Familiengeschichte von Deutschen ermordet
wurden? Wie konnten sie noch Hoffnungen, Sehnsüchte, Träume haben, nachdem sie erlebt hatten, wozu Menschen fähig sind?

Bei mir zu Hause herrschten Liebe und ungeteilte Aufmerksamkeit für
diese kleine Familie, die wir nun waren. Meine Eltern lebten für ihre
Kinder, für die Freiheit ihrer Kinder, für die Unabhängigkeit ihrer Kinder,
für die Würde ihrer Kinder und damit für ihre eigene Freiheit und
Unabhängigkeit. Sie lebten gegen das Vergessen, aber auch für eine
menschliche Zukunft und Gegenwart. Ich habe nie ein Wort des Hasses
gehört, eher Diskussionen, die geprägt waren von den Gefühlen der Wut
und des Unverständnisses über das, wozu Menschen fähig sind. Sie
haben nicht oft über das gesprochen, was sie selbst erlebt hatten, und
doch war dies immer gegenwärtig.

Bei uns zu Hause wurde aber auch von Oskar Schindler gesprochen,
dem Mann, der meine Eltern und meine Großmutter gerettet hatte.
Auch ein Deutscher. Und wenn ein Deutscher sich so benommen hatte,
wurde nie mehr von *den* Deutschen gesprochen. Er gab mir die Kraft,
daran zu glauben, daß es lohnt zu helfen, sich gegen Unmenschlichkeit
zu stellen, sich zu engagieren und Mensch zu bleiben. Er ist für mich ein
Synonym für Hoffnung und Erkenntnis.

In den Jahren meiner Kindheit habe ich gelernt, daß man trotz großen
Unglücks glücklich sein kann, trotz großer Schmerzen lachen, trotz
schwieriger Vergangenheit glückliche Zukunft entwickeln, trotz Hoff-
nungslosigkeit Hoffnung behalten, trotz Gewalt den Dialog suchen,
trotz Bitternis das Süße des Lebens schmecken kann.

Michel Friedman zusammen mit Oskar Schindler

Bei uns zu Hause habe ich gelernt, daß es nicht das Entweder-oder, sondern oft das Sowohl-als-auch im Leben gibt, das nicht schwarz oder weiß, aber auch nicht grau sein muß. Daß die Vielfalt der Farbtupfer zueinander stehen und jeder Mensch sich frei und selbstverantwortlich entscheiden kann, welche Farbe er diesem Bild des Lebens hinzufügt.

Bei uns zu Hause habe ich gelernt, daß Liebe – und nur Liebe – alles bewältigen kann, selbst den Haß.

Prof. Dr. Margarita Mathiopoulos, Zeithistorikerin und Publizistin, wurde 1957 in Bonn geboren. Die gelernte Journalistin ist seit 1992 Direktorin des Bereichs Kommunikation und Marketing der Norddeutschen Landesbank Hannover und Professorin für Amerikanische Politik und Internationale Beziehungen an der Technischen Universität Braunschweig und an der Universität Hannover. Von 1990 bis 1992 war sie DAAD-Gastprofessorin für Amerikanische Politik und Internationale Beziehungen an der Humboldt-Universität zu Berlin, von 1987 bis 1989 stellvertretende Direktorin des internationalen Ost-West-Instituts ASPEN Berlin. Gleichzeitig war sie von 1988 bis 1991 Lehrbeauftragte und Gastdozentin an der Freien Universität Berlin. Von ihr sind zahlreiche Veröffentlichungen erschienen, unter anderem »Amerika: Das Experiment des Fortschritts. Ein Vergleich des politischen Denkens in den USA und Europa« (Vorwort: Karl Dietrich Bracher), 1987, »History and Progress, In Search of the European and American Mind« (Vorwort:

Gordon A. Craig), 1989, »Das Neue Europa – Ein europäisch-amerikanischer Dialog an der Humboldt-Universität« (Hg.), 1992, »Das Ende der Bonner Republik. Beobachtungen einer Europäerin«, 1993, »Rendezvous mit der DDR: Politische Mythen und ihre Aufklärung«, 1994, und »Über die Zerbrechlichkeit der Demokratie«, 1995.

Margarita Mathiopoulos ist mit Dr. Friedbert Pflüger, MdB, verheiratet.

Margarita Mathiopoulos

Eine politische Kindheit

Wann hört ein Kind auf, Kind zu sein? Mit zehn, zwölf oder vierzehn Jahren? Ist das Ende der Kindheit einzig durch biologische Kriterien bestimmt? Wohl kaum! Das Erwachsensein bemißt sich nicht allein an der Zahl der Lebensjahre oder bloß an körperlicher Reife. Einschneidende Erfahrungen, Schicksalsschläge, das leidvolle Erleben äußerster Gefahr, die bewußte Wahrnehmung dessen, was man den Ernst des Lebens nennt, können jäh das Blatt der Kindheit in das des Erwachsenseins wenden. Der eine macht diese Erfahrung früher, der andere später, ein dritter nie.

Ich habe sie im Frühjahr 1967 gemacht und war damals zehn Jahre, vom Alter her also durchaus noch ein Kind. Und doch stellen die drei Wochen vom 21. April bis zum 10. Mai 1967 eine Zäsur in meinem Leben dar, die mein politisches Bewußtsein entscheidend und nachhaltig geprägt hat und mich, so erstaunlich es sich anhören mag, auf merkwürdige Weise »erwachsen« werden ließ.

Im Frühjahr 1967 war die konservative Regierung Kanellopoulos zu schwach, um die ambitionierte Rechte der Armee zu bremsen. Georgios

Papandreou, der damalige Oppositionsführer, sagte meinem Vater: »Basil, die Lage ist undurchsichtig. Man muß mit allem rechnen.«

Mitte April 1967 eröffnet mein Vater meiner Mutter und mir, daß er Thilo Koch und dessen Fernsehteam nach Athen begleiten werde. Er wisse, daß die Situation brenzlig sei, wolle es aber dennoch wagen. Er habe sich die Entscheidung nicht leichtgemacht, denn er wisse, daß nach der Auflösung des Parlamentes am 11. April sich die Krise ihrem Siedepunkt nähere. Als Journalist habe er sich in kritischen Augenblicken wie ein Arzt oder Priester dort aufzuhalten, »wo der Kranke« sei. Meine Mutter reagierte besorgt, doch verständnisvoll. Sie hat meinen Vater auf seinem Weg vor, während und nach der Diktatur ebenso politisch begleitet, was für beide, aber besonders für sie, die ihre eigenen beruflichen Wege gegangen ist, viele Opfer bedeutete. Ihre Auffassungen korrespondierten.

Am 16. April fliegt das Fernsehteam nach Athen. Fünf Tage später finde ich meine Mutter morgens wie gelähmt vor dem Radio sitzen. Eine kleine Gruppe reaktionärer Offiziere hat die Regierung gestürzt und eine Militärdiktatur errichtet. Mein Vater, bekannt als kritischer Journalist und Freund des Demokraten Georgios Papandreou, ist den Obristen auf griechischem Territorium ausgeliefert. Drei endlos quälende Wochen liegen vor uns.

Das Telefon klingelt. Mein Vater. Als führen sie vor unserem Bonner Haus vorbei, vernehme ich das schwere Rollen der Panzer. Meinen Vater kann ich kaum verstehen. Unsere Angst ist grenzenlos. Wir wissen, daß die Militärjunta meinen Vater jagen wird. Als Korrespondent hatte er über Jahre hinweg gegen die extremen Rechtskräfte angeschrieben. Hinzu kam seine Freundschaft mit Georgios Papandreou.

Drei Tage hält er sich bei Freunden versteckt. Nur kurz verweilt er bei seiner Mutter. Da den griechischen Behörden seine Anwesenheit bekannt ist, befindet er sich ständig auf der Flucht. Die Militärjunta veröffentlicht ein Dekret, nach dem kein Grieche das Land ohne Ausreisegenehmigung verlassen darf. Verstöße dagegen würden hart geahndet.

Mein Vater entschließt sich trotz der offenkundigen Gefahr, die Ausreisegenehmigung zu beantragen, und wird am 24. April in der Odos Bouboulinas beim Staatssicherheitsdienst vorstellig. Man heißt ihn, ein Formular auszufüllen. Dann läßt man ihn warten. Die Stunden fließen

Margarita Mathiopoulos im
Alter von zwei Jahren auf dem
Schoß ihrer Großmutter müt-
terlicherseits in Bonn

Die vierjährige Margarita

dahin. Mein Vater schöpft Verdacht. Er taucht erneut unter. Am folgenden Tag ruft er meine Großmutter an. Aufgelöst berichtet sie ihm, daß
am Vorabend »Zivilbeamte« in ihr Haus eingedrungen seien, um meinen Vater zu verhaften. Sie drohten ihr, alles würde schlimmer, sollte
mein Vater sich nicht freiwillig stellen. Mit Thilo Koch und dessen
Assistent Peter Otto berät mein Vater fieberhaft, was zu tun sei. Es gibt
nur einen Ausweg: Mein Vater muß in der deutschen Botschaft um Asyl
bitten.

In diesen Tagen trauert die Bundesrepublik Deutschland um Konrad
Adenauer, der am 19. April 1967 gestorben ist. Sein Begräbnis bestimmte
über Tage die Fernsehbilder und trug dazu bei, daß der Putsch in
Griechenland in Deutschland nur ein mäßiges Echo fand. Tag und Nacht
klingelte bei uns das Telefon. Immer in der Hoffnung, es könnte mein
Vater sein, nahmen wir jeden Anruf entgegen. Meine Mutter wurde
ständig bedroht. Angehörige des griechischen Geheimdienstes terrori-
sierten uns, drohten mit Folter und Tod für meinen Vater. Ich wurde
unter Polizeischutz in die Schule gebracht und abgeholt. In dieser Zeit
widerfuhr uns die lebensnotwendige Hilfe und der Rückhalt der vielen
sozialdemokratischen Freunde meiner Eltern.

Alfred Nau, der Schatzmeister der SPD, der die griechischen Oppositionellen auch in der Folgezeit finanziell stark unterstützen wird, leistete
uns Beistand. Der spätere Bundespräsident Gustav Heinemann hielt Kontakt. Ebenso Carlo Schmid, Heinz Kühn, der frühere Ministerpräsident
Nordrhein-Westfalens, Günther Stephan, Vorstandsmitglied des DGB,
Hans-Erhard Dingels, der Internationale Sekretär der SPD, und andere.
Auch Frank Sommer, der spätere SPD-Sprecher, der als Korrespondent
des Berliner *Telegraph* mit meinem Vater ein Büro teilte, stand uns bei.

Als der griechische Außenminister der Militärregierung, Oekono-
mou-Gouras, zur Beerdigung Konrad Adenauers nach Bonn reiste,
wurde er reserviert empfangen. Besonders Willy Brandt sprach ihn in
einer einzigen Angelegenheit an: »Herr Außenminister! Ich möchte
Ihnen empfehlen, dem Journalisten Basil Mathiopoulos keine Schwierigkeiten zu machen. Lassen Sie ihn unbehelligt zu seiner Familie und in das
Land, in dem er seit sechzehn Jahren lebt, zurückkehren. Sollten diesem
Journalisten, der bei uns einen guten Ruf genießt, unvorhergesehene
Dinge zustoßen, bliebe das nicht ohne Auswirkungen.«

Margarita Mathiopoulos
im Alter von
zehn Jahren

In diesen Tagen lernte ich, daß die führenden Sozialdemokraten, aber auch Liberale in der Bundesrepublik Menschenrechte und Grundrechte ernst nahmen und sie in aller Konsequenz einforderten, unabhängig davon, ob ein bundesdeutscher Bürger oder ein »Ausländer« in Gefahr geriet. Für Brandt war es belanglos, daß mein Vater Grieche war. Ich werde nie vergessen, wie dieses Verhalten Willy Brandts und anderer meine Mutter und mich davor bewahrte, in tiefe Verzweiflung zu versinken. Ihr Mut und ihre Härte gegenüber den Diktatoren gaben uns Hoffnung. In diesen Monaten werde ich, obwohl noch sehr jung, mit existentiellen politischen Fragestellungen konfrontiert. Ich erfuhr, daß man sich auf die Sozialdemokraten in der Not verlassen konnte. Willy Brandt wurde in der Familie außergewöhnliche Verehrung zuteil.

Am Abend des 26. April 1967 begab sich mein Vater unter der Begleitung von Thilo Koch in die Deutsche Botschaft in Athen. Zunächst wurde er vom Presseattaché der Botschaft empfangen. Thilo Koch machte sich sofort auf die Suche nach Botschafter Oskar Schlitter mit den Worten: »Jetzt werde ich dem Botschafter unsere Anwesenheit mitteilen und die Bombe loslassen.«

Schlitter wand sich. Er wollte nicht. Erst auf die Drohung Kochs »Ich

werde Sie bloßstellen, wenn Sie Mathiopoulos auf die Straße setzen«
wurde er kooperativ. In den einschlägigen Völkerrechtsnormen suchten
die Diplomaten fieberhaft nach Asylregelungen, die das Recht verbrief-
ten, in ausländischen Botschaften um Asyl zu bitten. Ausdrückliche
Regelungen gab es nicht, so daß sich mein Vater auf die jahrhundertealte
Sitte berief, nach der Schutzsuchenden ein sicheres Refugium gewährt
wird. In der Botschaft wurde für meinen Vater ein Zimmer eingerichtet.
Thilo Koch flog zurück nach Bonn, um weitere Schritte zu veranlassen.

Noch in der Nacht nach Kochs Rückkehr liefen im Außenministe-
rium die Drähte heiß. Der Ministerialdirektor und spätere Staatssekretär
im Auswärtigen Amt, Paul Frank, setzte alle Hebel in Bewegung. Wir
werden ihm seine unermüdliche und schnelle Hilfe nie vergessen. Die
Angelegenheit »Mathiopoulos« wurde absolut vorrangig und ohne jede
Zögerlichkeit positiv beschieden. Bereits um 2 Uhr nachts übermittelte
das Auswärtige Amt ein Telex in seine Athener Botschaft und wies seinen
unschlüssigen Botschafter an, meinem Vater Asyl zu gewähren.

Dies geschah auf die persönliche Anweisung Willy Brandts. Er forderte
den Botschafter auf, alle erforderlichen Schritte zu unternehmen, damit
mein Vater unverzüglich zurückreisen könne. Dem rechtskonservativen
Staatssekretär Lahr mißfielen diese Aktivitäten. Er fragte Brandt: »Wieso
unterstützen Sie den? Das ist doch ein Kommunist.« Ein Blick Brandts
brachte ihn zum Schweigen. Es ist übrigens das Verdienst Willy Brandts,
eine Personalpolitik im Auswärtigen Amt verfolgt zu haben, die die
personelle Kontinuität der Belegschaft nach dem Dritten Reich abbrach.

Am Morgen des 27. April teilten Botschaftsrat Lederer und Presseattaché Schumacher meinem Vater mit, daß er fortan offizieller Gast der
Bundesrepublik in der Botschaft sei. In derselben Nacht klingelte um
2.05 Uhr unser Telefon. Jesco von Puttkamer, Chefredakteur des *Vor-
wärts* und späterer Botschafter, informierte meine Mutter, daß mein
Vater in Sicherheit sei und wir bald mit seiner Rückkehr rechnen dürften.

Willy Brandt erklärte dieser Tage während einer Pressekonferenz in
Bonn: »Militärdiktaturen haben innerhalb der NATO keine Zukunft.«
Dieser Ausspruch wurde nachts an die Mauern und Hauswände der
Athener Innenstadt geschrieben. Im Gegensatz zu Großbritannien hatte
die Bundesrepublik unter ihrem Außenminister Brandt das Militärre-
gime nicht anerkannt.

Die Junta versuchte mit allen Mitteln, die Ausreise meines Vaters zu verhindern. In Bonn nahm man freilich die Verzögerungstaktik nicht widerspruchslos hin. Die deutsche Delegation beim NATO-Frühjahrstreffen am 4. Mai in Paris legte dem griechischen Verteidigungsminister und stellvertretenden Ministerpräsidenten der Militärregierung, General Gregorios Spandidakis, einen Bericht über den Fall meines Vaters vor. Der deutsche Botschafter sprach täglich die Angelegenheit beim griechischen Außenminister an. Den Obristen wurde wiederholt klargemacht, daß sich die Bundesregierung die Ausreise meines Vaters zu einer übergeordneten Angelegenheit gemacht hatte. Ferner wurde der griechische Botschafter in Bonn, der sich wegen einer angeblichen Krankheit durch seinen Botschaftsrat vertreten ließ, ins Auswärtige Amt bestellt. Ihm wurde unmißverständlich erklärt, daß die Bundesrepublik ihre Haltung gegenüber dem Regime von der Behandlung meines Vaters abhängig machte. Dieselbe Stellungnahme übermittelte Botschafter Schlitter in Athen dem griechischen Ministerpräsidenten der Rechtsdiktatur, Konstantin Kollias.

Am 10. Mai gab der Polizeipräsident Athens im Auftrag des Militärregimes folgende Erklärung ab: Um der Bundesregierung und dem Bundesaußenminister einen Gefallen zu tun, hätte man gegen eine freie Ausreise Basil Mathiopoulos' nichts einzuwenden. Noch am selben Tag konnte mein Vater eine Lufthansa-Maschine auf dem Flughafen Ellenikon besteigen und nach Deutschland zurückkehren. Wir empfanden tiefe Dankbarkeit gegenüber all denen, die die Freilassung meines Vaters unermüdlich und unerbittlich vorangetrieben hatten.

Die Dramatik der Ereignisse des Frühjahrs 1967, die mein politisches Bewußtsein geweckt und in außerordentlichem Maße geschärft hat, kontrastierte mit der Lebenswelt einer Stadt, die in den sechziger Jahren vor allem durch Spannungslosigkeit, Eintönigkeit und Fadheit auffiel, um nicht zu sagen: aufstieß.

In Bonn wurde ich geboren. Hier bin ich aufgewachsen, hier habe ich erste Freundschaften geschlossen, die Schule besucht, das Abitur gemacht, weite Teile meines Studiums absolviert. In den Erinnerungen aus der Kinder- und Jugendzeit spielen daher die Streifzüge durch Bonn eine wesentliche Rolle, die mir die Stadt mehr und mehr erschlossen. Mit der Zeit verlor sie an Unübersichtlichkeit, man bekam sie sozusagen topographisch diesseits wie jenseits des Flusses in den Griff, sie war keine wirkliche Herausforderung mehr und wurde zu einer »kleinen Stadt am Rhein«. Und doch besaß sie auch ihren Reiz, ja, sie entfaltete diesen eigentlich erst, nachdem Vertrautheit wirklich hergestellt und gleichsam jeder Winkel bekannt war.

Der dreieckige Marktplatz, der sich vor dem von Leveilly in den dreißiger Jahren des 18. Jahrhunderts entworfenen Rathaus ausbreitet. Die nur wenige Schritte vom Marktplatz entfernte spätromanische Münsterbasilika mit ihrem schlank und stolz aufragenden, konisch sich zuspitzenden Turmhelm. Die ausgreifende, das Stadtzentrum dominierende ehemalige kurfürstliche Residenz, die der Universität als Haupt- und Repräsentationsgebäude dient. Das Lust- und Gartenschloß Clemensruhe, auf den Fundamenten einer mittelalterlichen Wasserburg erbaut und optisch auf die Residenz als deren miniaturisiertes Pendant bezogen. Die von gründerzeitlichen Villen gesäumte, keineswegs pompös aufgeputzte, vielmehr bürgerlich-betuliche Poppelsdorfer Allee, die Residenz und Schloß Clemensruhe verbindet. Der klar gegliederte und gerade in seiner Kompromißlosigkeit angenehm wirkende klassizistische Bau des Akademischen Kunstmuseums, das, der Universität gegenüber plaziert, den Hofgarten, viele Jahre *der* Demonstrationsort der Republik, südlich begrenzt. Der »Alte Friedhof«, eine Art »Insel der Seligen« inmitten einer der verkehrsreichsten Zonen Bonns, auf dem die Gräber Barthold Georg Niebuhrs, der Mutter Friedrich von Schillers oder Johanna Schopenhauers liegen. Die Adenauerallee, die parallel zum Rhein verlaufend das »kurfürstlich-höfische« Bonn mit dem »republikanisch-demokratischen« Bonn verbindet und an der Auswärtiges Amt, Villa Hammerschmidt und Palais Schaumburg den Übergang vom einen ins andere markieren. Das Parlamentsviertel, das nur aus einer Handvoll Straßen bestehend in seiner architektonischen Gestaltung den Willen der *Bonner Republik* zu bescheidenem und maßvollem Auftreten manifestiert. Der Venusberg und der Kreuzberg mit seiner kleinen barocken Wallfahrtskirche. Die dörflichen Stadtteile Kessenich, Endenich und Muffendorf, Dransdorf, Friesdorf und Duisdorf. All diese Punkte traten langsam immer enger zueinander und fügten sich wie in einem Koordinatensystem zum leicht überschaubaren Plan einer Stadt, die im Vergleich zu Weltmetropolen wie Berlin, New York, Paris oder London nicht durch Monumentalität und Urbanität glänzt, sondern ihren

Charme aus einem pragmatischen Understatement, einer mitunter an Trägheit oder Schläfrigkeit grenzenden Unaufgeregtheit sowie einem fast südländisch anmutenden Widerstand gegen Hast und Eile bezieht.

Während sich die »Ruhe« des Bonners in der subtilen und handlungs-hemmenden Differenzierung der Zeitadverbien »gleich« und »sofort« exemplarisch ausdrückt (»Ich komme gleich« heißt eben nicht »Ich komme sofort«, sondern »Ich komme irgendwann«, was an die nie ernst zu nehmende, vorzüglich Touristen zur Verzweiflung treibende, weil wörtlich verstandene Beteuerung des »vengo subito« im Italienischen erinnert), zeigt sich dessen »Milde« darin, daß aus dem Wissen gemein-menschlicher Fehlerhaftigkeit die Maxime »Leben und leben lassen« als Verhaltensnorm abgeleitet und jedermann prinzipiell zugestanden wird, sein »Sünden«konto selbst zu verwalten.

Von hieraus erklärt sich nicht nur die verniedlichende Diminution des »Sünders« zum »Sünderlein«, sondern auch der Satz »Jede' Jeck is' anders«, eine rheinisch-karnevalistische Lebensphilosophie, die impli-ziert, daß Menschsein einerseits viel mit Narretei, Verstellung und Mas-kerade zu tun hat, andererseits aber jeder ein Original ist und das Recht auf seine eigene Bühne, seine eigene Rollenwahl und Selbstinszenierung besitzt.

Nicht ausgeschlossen ist, daß die komödiantisch-ironische Haltung des Bonners zu Welt und Mensch in einer mehr als zweitausendjährigen historischen Erfahrung gründet, die seit keltischer und römischer Zeit ausgiebig Gelegenheit hatte, sich mit Erkenntnissen über die Launen der Geschichte, die Wechselhaftigkeit des Glücks, die Relativität mensch-licher Normierungen, den Unsinn ethnischer Marginalisierung und den Wert der Multikulturalität anzureichern.

Trotz unstreitiger Sympathien für das »Französisch-Westliche«, trotz einer grundsätzlich aufklärungsfreundlichen Atmosphäre kam es 1933 zu einem von der Bonner nationalsozialistischen Studentenschaft veran-stalteten Autodafé, auf dem unter anderem die Bücher eines berühmten jüdischen Kommilitonen aus dem 19. Jahrhundert verbrannt wurden, des deutschen Dichters Heinrich Heine nämlich, faßte die Philosophi-sche Fakultät der Rheinischen Friedrich-Wilhelm-Universität 1936 den Beschluß, Thomas Mann die wenige Jahre zuvor verliehene Ehrendok-torwürde abzuerkennen, wurde jüdischen Mitbürgern der Gelbe Stern ans Revers geheftet, gingen 1938 auch die Synagogen in Bonn in Flammen auf, wurde immer noch gelegentlich der »Ausländer« sorgfältig vom »Deutschen« geschieden.

War es zunächst nur der kleine Bezirk, der sich zwischen Kindergarten und Elternhaus ausspannte, so bedeutete die Einschulung eine erste, als beträchtlich empfundene Ausdehnung des Erfahrungsbereichs, erst recht der Eintritt ins Nicolaus-Cusanus-Gymnasium, das in Bad Godesberg und damit sozusagen vor den Toren Bonns lag und das von unserer Wohnung zu erreichen eine kleine Reise nötig machte.

Daß ich diese »Reise« allmorgendlich mit unverändert heiterem Gemüt angetreten hätte, will ich nicht sagen. Mir ging es wie wohl jedem Schüler. Die Stimmungen schwankten. Begann der Schulmorgen mit einem Unterrichtsfach, dessen Lehrinhalte mir, um es vorsichtig zu formulieren und ohne allzuviel zu verraten, eher überflüssig erschienen, oder hatte ich in der ersten Stunde schon einen Lehrer zu gewärtigen, dessen Auftreten oder Ansichten bei mir eher Kopfschütteln, wenn nicht gar Widerwillen hervorriefen, dann war meine Laune die beste nicht.

Gleiches trat ein, wenn sich die Meteorologen einmal nicht getäuscht hatten und man bereits an Bahn- und Bushaltestelle mit dem scheußlich naßkalten Wetter in Berührung kam, von dem es in der Vorhersage hieß, es werde den Tag über anhalten, und das die ganze Bonner Welt in ein tristes Grau-in-grau tauchte. Gegen diese trüben, Mißmut erzeugenden Aussichten versuchte ich mich mit guter Lektüre zu wappnen. Im überfüllten Bus zwischen wild gestikulierenden Schülern unterschiedlicher Altersstufen sitzend, die Kleidung klamm, las ich in Erwartung von sechs ebenso mühsamen wie ermüdenden Stunden den »Prozeß« etwa und stellte nicht ohne Beglückung fest, daß Kafka noch düsterer war als das Wetter draußen. Das half enorm und hob die Stimmung zudem insofern, da Kafkas Düsternis mit einer Ironie bar aller Süffisanz und aufdringlich-prätentiöser Witzigkeit korrespondierte oder von ihr sich herleitete, die mir hohes Vergnügen bereitete. Die Busfahrt unter wolkenverhangenem Himmel hatte deshalb etwas, so paradox es klingen mag, Aufhellendes.

Der morgendlichen Bahn- und Buslektüre Kafkas oder Heinrich Manns konnte ich mich allerdings erst widmen, nachdem in den öffentlichen Verkehrsmitteln die anfallenden Hausaufgaben gemacht und ausgetauscht worden waren. Arbeitsteilung war dabei schon aus zeitökonomischen Gründen absolut notwendig. Nur ein eingespieltes Team konnte rasch und erfolgreich operieren. Im Gegenzug für die Latein- und Griechischaufgaben erhielt ich die Lösungen der Mathematik- und Physikaufgaben. In Windeseile kursierten die Hefte. Routiniert und mit kühler Gleichgültigkeit wurde so die Hausaufgabenlast erledigt.

Freilich, im Frühjahr und Sommer, bei strahlender Sonne gestaltete sich der Schulalltag nahezu durchgehend angenehm. Dies nicht zuletzt deshalb, da Freistunden zu Gängen in die benachbarten Cafés genutzt wurden. Die Cafés in Godesberg betrachteten und schätzten meine Schulfreunde und ich als Orte des »repressionsfreien Diskurses«. Im »Café Frohn« waren wir Stammgäste. Hier konnte im Gegensatz zur Schule über Literatur, Politik, Geschichte ohne Hemmung frei und kontrovers diskutiert werden. Niemand belehrte, niemand hatte das letzte Wort, niemand versuchte zu bevormunden. Die Café-Gespräche waren Einübungen in Streitkultur, auch wenn es manchmal ein wenig unzivilisiert und wirr zuging. Doch der entscheidende Wert unserer außerschulischen Begegnungen bestand eben darin, daß man sich argumentativ zu behaupten und zu messen lernte. Diskussionen ganz anderer Art fanden allerdings in der »Gotenstube« statt, wo ich in die Mysterien des Skatspiels eingeführt wurde.

Mit fünfzehn Jahren avancierten Simone de Beauvoir und Jean-Paul Sartre zu meinen Lieblingsautoren. Beide waren in der Bibliothek meiner Eltern präsent, die Buchrücken von »Der Ekel«, »Die Mauer«, »Das Sein und das Nichts«, »Das Spiel ist aus«, »Die Wörter«, »Amerika – Tag und Nacht«, »Das andere Geschlecht«, »Sie kam und blieb« oder »Die Mandarins von Paris« seit langem bekannt. Die Bücher warteten förmlich darauf, von mir in die Hand genommen und gelesen zu werden. Sie hatten mich gewissermaßen über Jahre stumm beobachtet und den rechten Zeitpunkt abgepaßt, um mit mir in einen Dialog einzutreten. Aufgenommen habe ich diesen Dialog mit Sartres epischem Filmdrehbuch »Das Spiel ist aus«, das ich in mein Zimmer »entführte« und heimlich unter der Bettdecke las. In den Werken Jean-Paul Sartres und Simone de Beauvoirs, später zudem im Œuvre Albert Camus' fand ich vieles von dem ausgesprochen, was auch mich sozusagen existentiell bewegte und bis heute nicht mehr loslassen sollte. Zumal die Gestaltung der Partnerschaft de Beauvoirs und Sartres, die freilich nicht immer problemlose Gewährung gegenseitiger Freiheit und die völlige Gleichberechtigung, die zwischen ihnen herrschte, erschienen mir vorbildlich für die Beziehung von Mann und Frau. Simone de Beauvoir, daran hatte ich keinen Zweifel, war emanzipiert, lange bevor der Begriff in Mode kam.

Mein Verhältnis zu Bonn war lange Jahre ein ambivalentes, ja, ein gespanntes. Zwar war mir die ehemalige Bundeshauptstadt durchaus räumliche Heimat, aber Bonn fehlte jedes Großstädtische, was mich gerade an Berlin faszinierte. Einen Umzug in die damals noch geteilte Stadt hätte ich als Jugendliche als Befreiung aus der Bonner Enge empfunden und begrüßt. Die Kritik an Bonn schlug indes in Sympathie um, nachdem ich in der *Bonner Republik* das politische System erkannte, das den Deutschen im Westen vierzig Jahre lang Demokratie, Freiheit, Sicherheit und Wohlstand garantierte, den Willen zu Offenheit, Pluralität und Toleranz ein gutes Stück verinnerlicht hatte, sich in die demokratische Tradition des Westens einfügte und auf Europa ausgerichtet war. Die *Bonner Republik* wurde mir politische Heimat.

Und Griechenland? Nun, Griechenland ist nicht nur das Herkunftsland meiner Eltern, es ist auch *mein* Land. Ein Land, das ich genauso wie Deutschland liebe und dessen Kultur und Sprache mir ebenso vertraut und wertvoll sind wie die deutsche Kultur und Sprache. Beides möchte ich nicht missen, beides steht für mich im übrigen auch nicht in einem Gegensatz zueinander, sondern ergänzt sich. Ich empfinde es als Reichtum, mich sozusagen aus dem Fundus zweier Kulturen bedienen zu können, habe freilich aber schon früh erfahren, daß sich hierzulande damit auch ein Problem verbindet, das, wenn die Zeichen nicht trügen, gegenwärtig an Schärfe noch zugenommen hat.

Wende ich den Blick zurück in den Anfang der sechziger Jahre, so stellen sie sich mir in der Retrospektive einerseits als eine Zeit wohlbehüteter und unbeschwerter Kindheit, andererseits aber als eine Zeit muffiger Biederkeit dar. Unter der Decke der freiheitlich-demokratischen Grundordnung räkelten sich noch etliche Ressentimentgeister.

Zu meinem sechsten Geburtstag lud ich mehrere Kinder meiner Klasse für den Nachmittag in unsere Wohnung in Bonn-Endenich ein. Meine Mutter hatte verschiedene Kuchen gebacken und Kerzen aufgestellt, ich trug mein rotes Samtkleid und hatte viele Spiele vorbereitet. Es wurde 3 Uhr, es wurde halb vier, schließlich 4 Uhr – doch es erschien niemand. Am nächsten Tag fragte ich einige Mädchen und Jungen, warum sie denn nicht gekommen seien. Daraufhin antworteten sie, ihre Eltern hätten ihnen gesagt, daß sie nicht zu »Ausländer«kindern gehen dürften.

Wäre ich nicht in Bonn, sondern in einer amerikanischen Stadt geboren, dann wäre ich automatisch Amerikanerin geworden. So aber wußte ich als Kind nicht genau, was ich war: eine Deutsche, eine Griechin, beides oder beides nicht richtig – oder eine Europäerin? Jeder, der in verschiedenen Kulturen aufwächst, kennt diese nach Identität dürstenden Gedanken.

Zunächst erhielt ich einen griechischen Paß mit einer unbefristeten Aufenthaltsgenehmigung, später einen deutschen. Ein Paß enthält zwar die kürzeste Identitätsgeschichte eines Menschen, zugleich blendet er aber die Komplexität der Herkunftsgeschichten, auch die Vielschichtigkeit des Zugehörigkeitsgefühls und verschieden ausgerichteter kultureller Affinitäten aus und fixiert, zumal in Deutschland, den Inhaber auf eine Nationalität, die sich aus einem diffus-irrationalen, weil völkisch grundierten »Blutrecht« ableitet.

Bis zu meinem sechsten Lebensjahr wohnten wir in Bonn in einer Siedlung, in der sehr viele Botschaftsangehörige lebten. Da gab es viele »ausländische« Kinder – Russen, Holländer, Inder –, mit denen ich spielte. Das »Ausländer«sein wurde dort sozusagen dadurch egalisiert, daß fast alle Bewohner der Siedler »Ausländer« waren. Niemand, erst recht nicht uns Kinder, interessierte, ob die Spielkameraden aus Moskau, Den Haag oder Neu-Delhi stammten. Wir verstanden uns in des Wortes eigentlicher Bedeutung spielend, weshalb ich diese Phase in guter Erinnerung habe, ebenso die Zeit im Kindergarten. Dort wurde ich nicht anders behandelt als deutsche Kinder auch.

Als ich schulpflichtig wurde, zogen wir in eine Gegend um, die ziemlich spießig war und die häßliche Seite der wirtschaftswunderbaren sechziger Jahre zeigte. Nirgends durfte man in der Julius-Plücker-Straße den Rasen betreten, beim Spielen mußte man bestimmte Uhrzeiten einhalten. Samstagvormittag wurden Besorgungen gemacht und die Wohnungen gesäubert, nachmittags – das Leben war bereits weitgehend zum Stillstand gekommen – die Autos gewaschen und die Vorgärten in

Ordnung gebracht. Am frühen Abend überzog das große Schweigen die Siedlung. Den Wannen entstiegen, saßen die Familien, an Haupt und Gliedern rein, bei Salzstangen, Konfekt, Limonade und Bier vor den Fernsehern, vergnügten sich mit Peter Frankenfeld, Rudi Carrell oder Kuli. Wenn ich gegen neun von meinem Kinderzimmer aus nach draußen guckte, war in den Nachbarhäusern das zuckende bläulich-graue Geflimmer der eingeschalteten Apparate zu sehen. Wir hatten zu Hause kein Fernsehen, denn ich sollte TV-frei aufwachsen. Sonntag morgens dann formierten sich Eltern und Kinder in sperriger Kleidung zum obligaten Kirchgang, nachdem das Glockengeläut die Gläubigen zum Gottesdienstbesuch aufgefordert hatte. Meine Familie suchte die orthodoxe Kirche auf. Die engen Lackschuhe, die auch ich tragen mußte, ließen die Liturgie zu einer Demutsübung ganz eigener Art werden. Mittags durchzog der Duft von Schweinebraten und Dosengemüse die Straße, quasi das sonntägliche Einheitsgericht, das die Unterschiede zwischen den Menschen auf sonderbare Weise zum Verschwinden brachte und sie einander verteufelt gleich machte. Kein Mucks war zu hören, allenfalls hier und da das Geklapper von Töpfen und Geschirr. Nachmittags stand der Familienspaziergang auf der Tagesordnung. Daß man ihn gemeinhin mit Tortenkauf verband, gehörte zu den Üblichkeiten, die in den sechziger Jahren nicht nur von kaum jemandem angefochten, sondern vielmehr als sinnstiftende Regeln geschätzt wurden.

Dergleichen gab es in Griechenland nicht. Dort lebte meine Großmutter väterlicherseits, bei der ich als Kind zwei bis drei Monate im Jahr in Athen verbrachte. Athen war für mich einfach herrlich, die reinste Erholung. Fast täglich fuhr meine Großmutter mit mir ans Meer, in dem man seinerzeit noch sorglos baden konnte. Am Strand lockten wunderbare Pferdekarussells, die immer von Kindertrauben umringt waren. Daß die Erinnerung an die Aufenthalte in Athen einiges verklärt, da diese eine Ausnahmesituation waren, ist kaum abzustreiten. Damit mag zusammenhängen, daß mir das Leben in Griechenland freier und bunter erschien. Niemand untersagte, fremdes Eigentum zu betreten. Niemand legte die Spielzeiten fest. Niemand störte, daß wir Kinder bis in den späten Abend auf der Straße tobten. Da ich keine Geschwister hatte, war es für mich in Athen besonders schön, denn hier wimmelte es von Cousinen und Vettern. An Spielkameraden bestand also nie Mangel.

Zudem schien mir in Griechenland der Riß zwischen einst und jetzt bei weitem nicht so tief zu gehen wie in Deutschland. So kam die Eierfrau auf einem Esel geritten, ebenso der Eismann, der das Eis brachte, womit die alten Kühlschränke aus den USA aufgefüllt werden mußten. Hin und wieder durfte ich aufsitzen und auf dem Esel eine Runde drehen. Das Haus meiner Großmutter stammte aus der Zeit vor dem Ersten Weltkrieg und hatte Außentreppen, über die ich zu den Etagen gelangte, auf denen die Zimmer lagen, die nicht mehr benutzt wurden und meist abgeschlossen waren. Manchmal ließ mich meine Großmutter in einen der verschlossenen Räume und dort in alten Truhen stöbern und aus ihnen Gegenstände hervorholen, die von einer längst entschwundenen Zeit erzählten. Dies beflügelte die Phantasie und regte dazu an, Geschichten zu ersinnen, in denen die Truheninhalte eine zentrale Bedeutung hatten. Vor dem Haus zog ein riesiger Jasminbusch die Aufmerksamkeit auf sich, von dem es allgemein hieß, er sei der prächtigste und schönste in Patissia, das damals ein malerischer Vorort Athens war, nun aber eine eher durchschnittliche Wohngegend ist. Noch heute habe ich den Jasmingeruch in der Nase. Und Jasmin ist meine Lieblingsblume geblieben. Hinter dem Haus befand sich der großelterliche Garten, in dem wunderschöne Feigenbäume standen, von denen ich mich reichlich bedienen konnte.

Besonders angenehm war und ist, daß sich in Griechenland der Dienstag vom Samstag etwa nur kalendarisch unterscheidet, das Wochenende also von den Werktagen nicht künstlich gespalten wird und sich das Leben auf Plätzen und Straßen, gleich ob in Athen, Saloniki, Alexandroupolis oder Rhodos, im selben Rhythmus hält. Wenn ich in Deutschland dagegen montags meinen Schulranzen wieder aufsetzte, dann war klar, jetzt lagen fünf »Werktage« vor mir. In meiner Freude auf den Unterricht in der Volksschule mischte sich auch ein Wermutstropfen. Denn meine Lehrerinnen waren zwar herzlich und offen. Viele Mitschüler ließen mich jedoch immer wieder spüren, daß ich eine »Fremde« war. Erstmals erlebte ich Ausgrenzung. Sie hatte keinen anderen Grund als den Umstand, keine blonden Haare, keine blauen Augen, vor allem aber keine deutschen Eltern zu haben und nicht Schneider, Zimmermann oder Schmitz zu heißen. Die Tatsache, in Bonn geboren zu sein und den Bonner Dialekt beherrschen zu können, wog wenig.

Später auf dem Nicolaus-Cusanus-Gymnasium erlebte ich dagegen viel Solidarität zwischen »ausländischen« und deutschen Schülern. Wir hingen zusammen wie Pech und Schwefel. Die Leitung der humanistischen Oberschule versuchte ganz bewußt, »ausländische« Kinder, vorwiegend aus Diplomatenfamilien, zu integrieren, und nahm hier und da auch Gastarbeiterkinder auf. Das bedeutete allerdings nicht, daß das Schulleben von Diskriminierungen frei gewesen wäre.

Meine beste Freundin kam aus Italien, sie hieß Camilla. Ihr Vater war wie der meine Korrespondent. Mit einer weiteren Freundin bildeten wir eine Troika, die sich vor allem durch eines auszeichnete: Frechheit. Eine Reihe Lehrer hatte es weiß Gott nicht leicht mit uns, was man auch so formulieren kann: Wir taten uns mit Haltung und Denkart einer Reihe Lehrer schwer. Die Dinge traten in ein ernstes Stadium, als die Schulleitung unseren Eltern die Empfehlung geben zu müssen glaubte, uns von der Schule zu nehmen und in ein nonnengeführtes Mädchenpensionat zu stecken. Das war nun das letzte, wonach uns der Sinn stand. Da unsere Eltern gleichfalls keine Veranlassung für einen Schulwechsel sahen und die Godesberger Neuauflage der »Querelle des Anciens et des Modernes« als Bagatelle einstuften, blieben wir zum Mißvergnügen eines Teils des Lehrkörpers auf dem Gymnasium. Freilich fanden sich im Kollegium keineswegs nur üble Vertreter des Lehrerstands. So hatten wir etwa eine sehr nette jüdische Deutschlehrerin. Ich erinnere mich auch sehr gut an unseren Kunstlehrer, den wir alle liebten, ansonsten aber gab es auch bedauerlicherweise noch genügend alte Nazis, von denen einige noch nicht einmal einen Hehl daraus machten. Einer der Lehrer, mit dem ich negative Erinnerungen verbinde, hieß ausgerechnet Fröhlich. Er war aus der »Ostzone« geflohen und konnte »Ausländer« nicht ausstehen, was er uns auch spüren ließ.

Als »Ausländer«sprecherin versuchte ich mich besonders für Gastarbeiterkinder an unserer Schule einzusetzen, die es schwerer hatten als wir, die Kinder aus »besseren« »Ausländer«häusern. Die Wohnsituation der Gastarbeiter war fast immer katastrophal. Drei Generationen lebten oft in zwei Zimmern. Die Zimmer waren eng, die Einrichtung armselig. Den Kindern blieb für die Hausaufgaben nur selten Zeit, weil sie immer den Eltern helfen mußten. Nur wenige Kinder schafften es bis auf das Gymnasium. Diese Tatsache offenbarte mir in Jugendjahren bereits, daß soziale Gerechtigkeit und Chancengleichheit dringliche politische Erfordernisse darstellen. Auch wenn die *Bonner Republik* der freiheitlichste Staat war, der je auf deutschem Boden existierte, so lag doch noch vieles im argen. Nicht allein im sozialen Bereich, sondern auch auf dem Feld der Justiz.

Es war am 22. September 1971. Als ich mittags aus der Schule zurückkehre, sehe ich, wie unser Haus umlagert von Polizeibeamten ist. Erschrocken begebe ich mich ins Haus. Meine Mutter erklärt mir, dies sei der Staatsanwalt Bellinghausen von der Kölner Staatsanwaltschaft, er durchsuche unser Haus nach Sprengstoff und weiterem Beweismaterial, das meinen Vater als »Hintermann einer griechischen kriminellen Vereinigung«, die gegen die Athener Obristen arbeitet, entlarven soll.

Die Beamten kehren das Unterste zuoberst, durchwühlen unsere Schränke, schrecken auch nicht vor der Kommode mit der Wäsche meiner Großmutter mütterlicherseits zurück, die vollkommen verzweifelt daneben steht. Einen entdecke ich entsetzt mit meiner roten Schatulle, in der ich meine geheimsten Dinge aufbewahre. Unser Rechtsanwalt Helmut Neumann – von meinem Vater herbeigerufen – ist auch zugegen. Mein Vater scheint bitter amüsiert. Er und Neumann fragen den Staatsanwalt, ob sie schon das Bonner Korrespondentenbüro meines Vaters im Tulpenfeld, der zentralen Ansiedlung aller Bonner Journalisten, durchsucht haben. Der verdutzte Staatsanwalt verneint und macht sich mit seinen Beamten auf den Weg ins Tulpenfeld. Dort angekommen, werden sie von den inzwischen informierten Journalisten empfangen. Es gibt ein großes Tohuwabohu. Unter den hämischen und bösen Kommentaren der anwesenden Presse gehen die Beamten trotzdem ihrer Spurensuche nach Sprengstoff nach. Frank Sommer, der Büroleiter meines Vaters, steht während ihrer erfolglosen Aktion beobachtend daneben.

Auch hier ließen uns die Sozialdemokraten ihre Hilfe angedeihen. Conny Ahlers, der damalige Regierungssprecher der sozialliberalen Koalition, erklärte später im Bundestag: »Die Bundesregierung schätzt Basil Mathiopoulos als Demokrat, Journalist und Mensch.«

Herbert Wehner entschuldigt sich später bei meinem Vater für die Irrtümer der Kölner Staatsanwaltschaft mit den Worten: »Herr Mathiopoulos, Sie sind wie ein Krimineller behandelt worden, dafür entschuldige ich mich.« Und Willy Brandt erklärte hörbar meinem Vater auf dem

50. Geburtstag Wolfgang Mischnicks: »Es tut mir außerordentlich leid
für das, was passiert ist.«

Einige Tage später empfing Bundespräsident Gustav Heinemann meinen Vater in der Villa Hammerschmidt. Sein Pressesprecher Gert Müller-
Gerbes gab dazu folgende Presseerklärung ab: »Der Bundespräsident hat
den im Exil lebenden griechischen Journalisten Basil Mathiopoulos zu
einem längeren Gespräch empfangen.« Das war eine demonstrative Geste zugunsten meines Vaters während des noch anhängigen Ermittlungs-
verfahrens, denn ansonsten werden über Journalistengespräche keine
Presseerklärungen abgegeben. Einige Zeit später offenbarte Gustav Heinemann sein Vertrauen in die deutsche Justiz: Mein Vater könne froh
sein, so Heinemann, daß die Staatsanwälte den Sprengstoff nicht selbst
mitgebracht hätten. Auch die gesamte Bonner Presse, rechte wie linke
Journalisten, standen zu meinem Vater.

Wie war es zu dem Verdacht gegen Basil Mathiopoulos gekommen?
Auf dem Weg von Skandinavien nach Griechenland wurden zwei griechische Widerständler, die im Besitz von Sprengstoff waren, im Eisen-
bahnzug festgenommen. Alarmiert schritt die deutsche Justizverwaltung
zur Tat. Aus nicht nachvollziehbaren Gründen verdächtigte sie meinen
Vater sowie vier andere in der Bundesrepublik lebende Griechen, ebenfalls Sprengstoff in ihrem Besitz zu hüten, und entwickelte einen sonder-
baren Eifer. Unser Rechtsanwalt Neumann hegte den begründeten Verdacht, daß die Staatsanwaltschaft ihre Ermittlungsgrundlage ungeprüft
den Diffamierungen des griechischen Geheimdienstes entnahm. Sofort
wurden die Kriminalbehörden im europäischen Ausland informiert. Wie
in Frankreich, so war auch die Londoner Staatsanwaltschaft skeptisch ob
der Herkunft der Informationen. Spiros Mercuri, der Bruder der späteren griechischen Kulturministerin Melina Mercuri, gehörte ebenfalls zum
Kreis der Oppositionellen in Großbritannien. Statt ihn wie einen Kriminellen zu behandeln und mit weiteren Nachforschungen die Intimsphäre
seiner Wohnung zu stören, sprachen die britischen Beamten höflich vor
und entlarvten die lächerlichen und absurden aus Athen gestreuten
Verdächtigungen. Der Persönlichkeitsschutz steht dem im europäischen
Ausland und in den USA wie vorsintflutlich gegenüber. Als Rechtsanwalt Neumann seiner Empörung über das Vorgehen der Kölner Justiz
Ausdruck verlieh, wurde ihm gar ein Ermittlungsverfahren wegen Belei-

digung angehängt, das dann mangels hinreichenden Tatverdachts klein-
laut wieder eingestellt wurde.

Die von meinem Vater angestrengte Dienstaufsichtsbeschwerde gegen
Staatsanwalt Bellinghausen wurde als »unbegründet« zurückgewiesen!
Das von Josef Bellinghausen angestrengte Verfahren gegen meinen Vater
dauerte dagegen fast zwei Jahre und wurde nicht nach § 170 mangels
Tatverdachts eingestellt, sondern nach § 153 wegen Geringfügigkeit. Die
Einstellung des Verfahrens nach § 153 gab, so klärte mich unser Anwalt
auf, der Staatsanwaltschaft die Möglichkeit, *weiterhin* den Vorwurf der
Unterstützung einer »kriminellen Vereinigung« – wenngleich mit geringer Schuld – gegenüber meinem Vater zu erheben, ohne daß dagegen
ein Rechtsmittel möglich wäre. Diese Verfahrensbeendigung hatte also
das Ziel, das Eingeständnis, man habe sich geirrt, zu vermeiden. Der
damalige Justizminister in Nordrhein-Westfalen versicherte meiner Familie seine Empörung über das Vorgehen der Staatsanwaltschaft, von
dem er spät erfuhr.

Einer der festgenommenen Widerständler, Andreas Christodoulidis,
der neun Monate in der Justizvollzugsanstalt im Kölner Klingelpütz saß,
wurde 1974 unter der demokratischen Regierung der »Nea Dimokratia«
Generaldirektor der griechischen Presseagentur (AP). Selbst konservative Kreise in Athen bewerteten seine Tat nicht als »terroristisch« – wie
die Kölner Staatsanwaltschaft –, sondern als mutig und heldenhaft.

Meine bis heute anhaltende Skepsis an der demokratischen Grundein-
stellung nicht geringer Teile der deutschen Justiz rührt auch von dem
Erlebnis des 22. September 1971 her und dem, was sich daraus entwickelte. Hautnah erfuhr meine Familie, was es bedeutet, obgleich unschuldig, erst unter einen absurden Verdacht und dann in die Mühlen einer
Justiz zu geraten, die wider besseres Wissen einen Irrtum nicht zuzugeben und aus Prestigegründen einen zu Unrecht Beschuldigten vom
Makel der Schuld nicht gänzlich zu befreien bereit ist. Freilich nimmt
diese negative Erfahrung nichts von der positiven, die sich mit den
Solidaritätsbekundungen des Frühjahrs 1967 verknüpft.

Rückblickend erscheinen mir die Vorgänge der Jahre 1967 bis 1974 als
Markpfeiler meines politischen Denkens. Sie fallen zusammen mit dem
Ende meiner Kindheit.